神話誌07

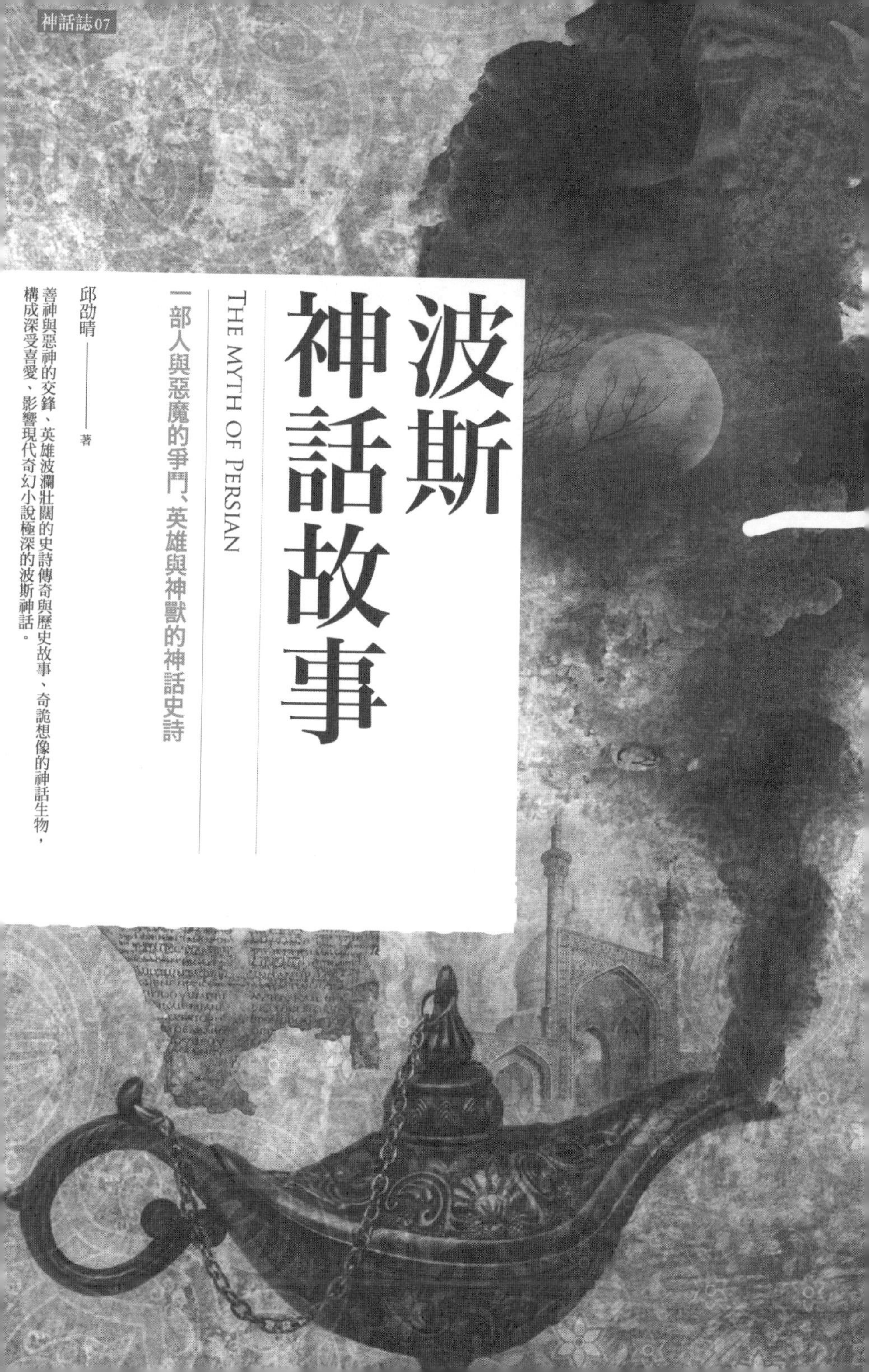

波斯神話故事

THE MYTH OF PERSIAN

一部人與惡魔的爭鬥、英雄與神獸的神話史詩

邱劭晴——著

善神與惡神的交鋒、英雄波瀾壯闊的史詩傳奇與歷史故事、奇詭想像的神話生物，構成深受喜愛、影響現代奇幻小說極深的波斯神話。

CONTENTS

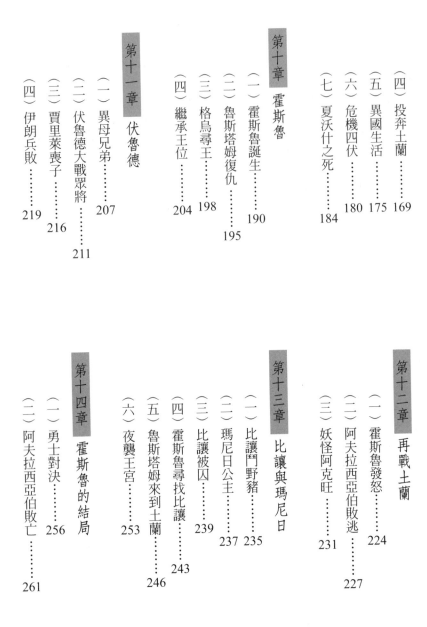

第一部

善惡二神

宇宙初始，分成光明與黑暗，由善神與惡神各自主宰。兩位神遙遙相對，互不干擾。善神阿胡拉・馬茲達（Ahura Mazda）住在最高處的光明中，統御無盡的光亮。他的對手——惡神阿里曼（Ahriman）住在幽深的黑暗裡，對光明與善神一概不知。兩神的領地之間隔著一片虛無。

第一章　光明與黑暗

（一）善惡二神立約

宇宙初始，分成光明與黑暗，由善神與惡神各自主宰。兩位神遙遙相對，互不干擾。善神阿胡拉・馬茲達（Ahura Mazda）住在最高處的光明中，統御無盡的光亮。他的對手——惡神阿里曼（Ahriman）住在幽深的黑暗裡，對光明與善神一概不知。兩神的領地之間隔著一片虛無。

阿胡拉・馬茲達無所不知。他一直知道阿里曼的存在，卻沒有理會惡神，因爲他已預見善惡之戰中，最後將由自己得勝。他開始打造未來能協助他作戰的幫手。這些幫手只擁有靈魂，而沒有形體，既不會移動，也無法思考。在這個當下，阿胡拉・馬茲達暫且還不需要用上他們。

善惡二神相安無事，平靜地度過了三千年。

有天，阿里曼在黑暗中偶然抬頭仰望，第一次看見阿胡拉・馬茲達的世界。那裡是多麼光芒萬丈，燦爛奪目。阿里曼心裡感到忌妒，憤而飛向光明，打算摧毀那裡的一切，大肆破壞。

但是，善神的力量太過強大。阿里曼敵不過光明，只能挫敗地躲回黑暗深淵裡。從那天起，爲了擊敗阿胡拉·馬茲達，阿里曼開始創造各種妖魔鬼怪，組織邪惡大軍。

阿胡拉·馬茲達發現了阿里曼的詭計，著手壯大光明的力量，以抵禦強敵。不過，他也擔心雙方如果在此刻開戰，自己所創造的一切恐怕會被阿里曼引誘，投奔邪惡勢力。爲了爭取更多時間備戰，阿胡拉·馬茲達深入黑暗，親自拜訪阿里曼，希望雙方可以靜下心來和談。

他對阿里曼說：「倘若你願意幫助並讚頌我創造的一切，你和你所造的事物將能永生不朽。」

阿里曼不屑地拒絕。他堅持摧毀阿胡拉·馬茲達創造的萬物，還要誘使良善變成邪惡。

「邪魔，聽清楚，你並非全知全能。」阿胡拉·馬茲達警告他，「你無法擊敗我，也無法奪走我創造的一切。」

阿胡拉·馬茲達向阿里曼提議，雙方進行爲期九千年的爭鬥，藉此決定勝負。他心裡明白，九千年以後，惡神必敗無疑。

阿里曼缺少阿胡拉·馬茲達的先見之明，只覺得這提議聽來合理，沒有多想就同意了。

阿胡拉·馬茲達重返光明，吟唱咒文，向阿里曼揭示善惡雙方未來爭鬥的結果。咒文的力量相當強大，使得阿里曼倒臥在黑暗中，動彈不得。

然而，這個咒文並非永遠有效。善神知道，三千年後，阿里曼一定會重新甦醒。預見未來的能力向阿胡拉·馬茲達揭示，善惡二神往後的爭鬥將分為三個時期：最初的三千年，善神將不受惡神所擾，世界也得以享有寧靜。第二個三千年，善惡雙方注定激烈交戰，難分高下。直到最後的三千年，善神才能擊敗惡神，獲得永恆的勝利。

（二）善神創世

善神創造世間萬物

三千年間，惡神阿里曼動彈不得。善神阿胡拉·馬茲達便利用這段時間，創造了天地與世間萬物。

他從無盡的光明中創造出火，用火創造氣，用氣創造水，再用水創造土。世間的一切幾乎都是由水而生，除了人類與動物是以火造出來的。

善神第一個創造的是天空，作為未來對抗邪惡的利器。這浩大的工程歷時整整四十天，最後他休息了五天。

第二個創造的是與水有關的事物，為世間解渴。阿胡拉·馬茲達採用天空的物質，創造出水來。從此以後，世界有了風和雨，也有了雲朵、白雪與雷電。他用五十五天創造這一切，然後休息五天。

第三個創造的是大地。阿胡拉．馬茲達從水中造出大地。世界自此擁有高山與各種礦物。他讓大地的三分之一堅硬無比，另外三分之一充滿塵土，最後三分之一則成爲地面。歷經七十天的創造後，善神又休息五天。

第四個創造的是樹。世界上的第一棵樹生長在大地中央，僅有幾呎高，既沒有樹枝，也沒有樹皮與荊棘，是一棵最美好的幼苗。爲了讓樹安然成長，阿胡拉．馬茲達帶來水與火。如此，樹就可以吸收水分，隔著四根指頭的距離外還有火焰燃燒，提供樹生長的動力。這次，善神用了二十五天創造，五天休息。

第五個創造的是動物。阿胡拉．馬茲達在大地中央的河岸邊創造了一隻美麗的牛。牠潔白猶如月亮，不斷散發光明。靠著水與樹的幫助，首生牛得以成長茁壯。善神耗費七十五天創造，隨後休息五天。

第六個創造的是人類。第一個人類名叫凱尤瑪爾斯（Gayomard），他的外表燦爛有如太陽，住在大地中央的河岸上，隔著河水與首生牛遙遙相望。善神之所以創造人類，爲的也是希望他們能在日後出力幫忙，抵抗惡神與那些邪惡的爪牙。他用了七十天創造第一個人類，最後休息五天。

星辰、月亮、太陽

在天與地之間，阿胡拉・馬茲達也造出了可以帶來光明的星辰、月亮與太陽。繁星在蒼穹上排列成星座，其中十二個名聲響亮。它們是牡羊（Varak）、金牛（Tora）、雙子（Do-patkar）、巨蟹（Kalachang）、獅子（Sher）、處女（Khushak）、天秤（Tarazhuk）、天蠍（Gazdum）、射手（Nimasp）、魔羯（Vahik或Nahazik）、水瓶（Dul）與雙魚（Mahik）。

六百四十八萬顆星辰都是阿胡拉・馬茲達忠心的戰士。未來，它們將與阿里曼派出的邪魔大軍決鬥。善神從繁星中選出四個領袖，讓它們主宰東南西北四個方位。東方統領是蒂什塔爾（Tishtar），西方統領是薩塔維斯（Sataves），南方統領是瓦南德（Vanand），北方統領則是赫普托林（Haptoring）。它們是天空的護衛，王者之星。除了這些天體，阿胡拉・馬茲達還有其他助手，亦即他創造的天神。

善神的六大天神

爲了對抗邪魔大軍，阿胡拉・馬茲達創造出各種神，增強光明的力量。首先有六位大天神：

第一位大天神是巴赫曼（Bahman），善神與人類靈魂溝通的管道，代表善神的睿智與良善，負責看顧動物。

第二位大天神是奧爾迪貝赫什特（Ordibehesht），火神，代表善神的眞誠與純潔，負責保護法律與秩序。

第三位大天神是沙赫里瓦爾（Shahrivar），金屬之神，代表善神的威嚴與統治，統治上界與下界。

第四位大天神是埃斯潘德（Espand），大地之神，代表善神的謙遜與仁慈，被認爲是善神之女。

第五位大天神是霍爾達德（Khordad），水神，代表善神的完美與健康。

第六位大天神阿莫爾達德（Amordad），植物之神，代表善神的永恆不朽。

其他隸屬於善神勢力的天神各有其名，統稱爲「亞茲丹」（Yazdan）。

惡神的六位魔鬼

惡神阿里曼麾下也有許多妖魔鬼怪，其中六位魔鬼負責與六大天神作戰：

阿庫曼（Akuman），代表邪惡與愚蠢，對抗第一位大天神巴赫曼。

多魯格（Dorough），代表虛僞與欺騙，對抗第二位大天神奧爾迪貝赫什特。

哈什姆（Khashm），代表暴虐，對抗第三位大天神沙赫里瓦爾。

塔魯馬特（Tarumat），代表狂妄與自負，對抗第四位大天神埃斯潘德。

圖里茲（Turiz），代表疾病，對抗第五位大天神霍爾達德。

阿斯特維達特（Astvidat），代表死亡，對抗第六位大天神阿莫爾達德。

（三）惡神甦醒

女妖與經血

眼看善神阿胡拉・馬茲達不斷壯大自己的勢力，惡神阿里曼的妖魔爪牙著急得抓狂。他們來到一動也不動的阿里曼身邊，不停大聲呼喚他，希望惡神甦醒過來，摧毀善神創造的一切。三千年過去了，阿里曼仍舊沒有絲毫動靜。這時，女妖賈赫（Jeh）來到了阿里曼面前，高聲呼喊：

「啊，創造我們的父親，請你快點醒來吧！我滿心期盼去破壞善神創造的所有事物。」

阿里曼聽見她的呼喊，從長睡中甦醒過來。他爲賈赫說的話感到高興，傾身親吻她的前額，以此一吻創造了經血。

阿里曼的出征

阿里曼率領妖魔大軍出征，決定一一摧毀阿胡拉・馬茲達造出的萬物。

他們試圖摧毀水，卻只能讓一部份的水變得苦澀。他們試圖摧毀大地，卻只能使得大地顫動，創造出高山與低谷。他們試圖讓植物枯萎，反而讓植物生出防禦敵人的尖角。

阿里曼創造出蠍、蛙、蛇、蜥蜴等有毒生物，讓他們侵擾世間。雨神蒂什塔爾（Tishtar）於是先後化身爲人、馬與牛的形象，每個形象維持十天，在三十天裡不斷大放光明。蒂什塔爾降下大雨，淹沒了整片大地，殺死了阿里曼創造的魔物。

洪水退去後，毒物的臭味仍然殘留在泥土中。蒂什塔爾爲了消除這些有毒的氣味，化爲一匹白馬來到世上。阿里曼命旱魃阿普什（Apaosh）變成一匹可怕的黑馬，與蒂什塔爾大戰。蒂什塔爾祈求阿胡拉・馬茲達以神力援助他，最終成功趕走了阿普什。

風將大地上的水集結起來，吹進海裡，創造出奧爾卡夏海（Vourukasha）。大地被分成七個區塊，最中間的肥沃土地就是後來的伊朗。高大的萬樹之源生長在奧爾卡夏海中央，卻因惡神的攻擊枯萎而死。植物之神阿莫爾達德（Amerodad）把死去的萬樹之源搗成細小的碎片，與蒂什塔爾的雨水混在一起。雨水帶著這些碎片降到地表，長出了一萬種植物，抵抗惡神的一萬種病害。之後，這一萬種植物又生出了十萬種植物。

在原本的萬樹之源旁，還生長著白赫姆樹（White Haoma）。此樹具有治療的神力，甚至可以讓人永生不死。阿里曼想要摧毀白赫姆樹，創造出一隻邪惡的巨蜥，讓牠在深海裡傷害這棵樹。阿胡拉・馬茲達爲了保護白赫姆樹，造出了十隻卡爾魚（Kar fish），永遠繞著樹游泳，監視惡神的蜥蜴。

最後，惡神與他的爪牙找到辦法，讓疾病降臨在第一個人類凱尤瑪爾斯身上，並殘忍地殺死了首生牛。

首生牛死後，從牠的身軀生出了五十五種穀物以及十二種藥草，牠的血化成了甘甜的美酒。月亮從首生牛身上取出可用的元素，創造更多生靈。首先是兩頭牛，一公一母，接著又造出兩百八十二種動物。世界自此變得更加繽紛熱鬧。

（四）人類的祖先

馬什亞與馬什亞娜

首生牛被殺害後，凱尤瑪爾斯也染上疾病，在三十年後死去。他的生命種子升天，經過太陽淨化，才重新返回大地，保存了四十年之久。生命種子最後長成了一株形貌古怪的草，既有男人，也有女人的形狀。男女形狀的草互相纏住彼此，逐漸茁壯，長成一對兄妹。男的名叫馬什亞（Mashya），女的名叫馬什亞娜（Mashyana）。

阿胡拉．馬茲達對他們說：「你們是人類的祖先，由我親手創造出來。從今以後，你們要謹守律法，心存善念，口說好話，盡力行善。不要去敬拜邪惡的魔鬼。」

馬什亞與馬什亞娜起初聽從阿胡拉．馬茲達的教誨，但邪惡還是找到方法侵蝕他們的心智。馬什亞與馬什亞娜轉而崇拜邪惡，認爲是惡神創造了世間的一切。之後三十天來，他們沒有食物可吃，只得到荒野裡流浪。在那裡，兩人發現了一頭白山羊，擠牠的羊奶來充飢。

又過了三十天，他們發現一頭肥嫩的綿羊，立刻把牠宰來當食物。靠著天使的指引，兩兄妹燃起火堆，烤熟綿羊。他們把三塊肉丟進火裡，作爲獻給火的禮物。接著把另一塊肉拋向天空，打算送給天使。一隻禿鷹飛過，叼走了些許的肉。

馬什亞與馬什亞娜在荒野中發現了衣裳，又從地下找出鐵來。他們將鐵打得鋒利，用木頭爲自己建了一座庇護所。邪惡的力量糾纏他們不放，馬什亞與馬什亞娜時常暴力相向，魔鬼則在黑暗裡叫好：「人類本來就該崇拜邪惡啊！」

五十年過去後，馬什亞與馬什亞娜有了性慾。兄妹二人結合，生下一對雙胞胎，也是一男一女。可是，這兩個孩子剛出世不久，就不幸被自己的父母當作食物吃掉。

阿胡拉．馬茲達知道這件事後，相當震驚。爲了讓人類能夠留下後代，他消除了這對夫妻吃孩子的習性，從此人類的子嗣便不斷繁衍。

第一位國王

關於人類的起源還有另一個說法：第一個人類凱尤瑪爾斯並沒有被疾病害死。他獲得上天的

第二部

列王與英雄

厄爾布爾士山杳無人煙，山勢高聳。神鳥斯姆爾格（Simurgh）的巢就位在這裡。

一天，巢裡的幼鳥餓了，斯姆爾格便離巢覓食。牠在山中飛著，突然聽見人類嬰兒的哭聲。神鳥飛近一看，在荒涼的黑色土地上，躺著一個赤裸的嬰兒。天上的太陽無情地曬在他身上。神鳥困惑不已：這孩子的親人在哪？怎麼沒有替他找一片樹蔭乘涼？

上天讓神鳥的心裡產生了同情。牠決定暫時不替自己的孩子找食物，立刻飛向地面，伸出爪子抓住那個棄嬰，帶他回到鳥巢。

「不要傷害這個孩子。」神鳥告訴幼鳥們，「你們看，這小傢伙哭得多麼可憐。他原本身陷危難，是上天讓我把他救了回來。」

第一章 建國諸王

（一）凱尤瑪爾斯

伊朗第一位國王是凱尤瑪爾斯（Gaiumart）。那時，世界綠意盎然，陽光普照，人間一片光明。

凱尤瑪爾斯國王穿著獸皮製成的衣裳，在高山上的宮殿統治伊朗。他改善了衣食，又教導人們如何飼養牲畜與家禽，人民因此生活富足。無論是人類或飛禽走獸都相當敬愛這位國王。他們不辭辛勞，爬上位於高山的宮殿，來到王座前行禮。萬物都為凱尤瑪爾斯祈禱，但願這樣的賢王能長命百歲，永遠守護他的子民。

凱尤瑪爾斯有個兒子，名叫西亞瑪克（Siyamak），生得既英俊又聰明。凱尤瑪爾斯十分疼愛他，每次看見他，心中就充滿喜悅。父子二人與他們的子民過著平靜的生活，可惜好景不常。

惡神阿里曼看見這個世界如此繁榮祥和，不禁忌妒起凱尤瑪爾斯，決心與他作對。阿里曼也有一個兒子，生性殘暴好鬥，凶狠如狼。為了奪取凱尤瑪爾斯的王位，阿里曼之子率軍進犯。惡神也毫不掩飾野心，逢人便說自己謀反的計畫，事情就這麼流傳開來。

凱尤瑪爾斯一直被蒙在鼓裡，直到天使來到他面前，揭示阿里曼的陰謀，國王才恍然大悟。

此時，西亞瑪克也聽說了阿里曼的詭計。他敬愛父親，一想到卑劣的惡神父子竟打算謀害凱尤瑪爾斯，便滿腔怒火。年輕的王子熱血沸騰，渴望擊敗阿里曼，讓世界重獲安寧。他派人打探敵情，又召集兵馬，穿上豹皮戰袍，率軍抵擋阿里曼之子的邪魔大軍。

兩軍交戰不久，西亞瑪克找到了阿里曼之子。他無懼地向前應戰，與阿里曼之子扭打成一團。可是，命運並沒有眷顧西亞瑪克。惡神之子逐漸占了上風。他從後緊緊抓住西亞瑪克，猛力一折，折彎了西亞瑪克的身軀。緊接著，他將西亞瑪克丟在地上，手掌向下一劈，打爛了西亞瑪克的肝臟。王子就這麼死了。伊朗的軍隊一看見統帥陣亡，軍心潰散，很快就被阿里曼之子擊退。

西亞瑪克的死訊傳回王宮，凱尤瑪爾斯頓時陷入絕望。他慘叫一聲，跌下王座，雙手胡亂抓著自己的身體，熱淚滾下他的雙頰。國王的內心悲憤無比：「啊，命運怎能對我如此殘忍？竟然奪走了我最疼愛的西亞瑪克！」

伊朗的士兵跟著國王大聲痛哭。他們列隊來到宮門前，不停哭喊。飛禽走獸也登上高山，傷心地嚎叫。

整個王國深陷於悲痛中，度過了艱難的一年。終於，上天傳來旨意，要人們節哀，重新振作。「只要遵從天意行事，往後必能戰勝惡魔，替西亞瑪克復仇。」凱尤瑪爾斯聽見這話，擦乾眼淚，收起悲傷。他稱頌至高無上的天神：「願上天嚴懲惡神阿里曼，保佑伊朗大軍獲勝。」從此，國王日夜忙於政事，一心一意壯大國力，期盼有天能爲西亞瑪克報仇。

西亞瑪克留下一個兒子，取名胡山（Hushang）。這個年輕人不僅聰明，還頗具王者氣質，凱尤瑪爾斯十分欣賞他，把他當作兒子般扶養。老國王沒有一天忘記替兒子復仇的心願。等到時機成熟，他召來胡山，道出那段悲傷的往事，並闡明自己復仇的決心。

「如今時候已到，我將率領大軍出征，命你擔任先鋒。」凱尤瑪爾斯說，「倘若我不幸戰死，大軍就由你統領。」

凱尤瑪爾斯從四面八方召集軍隊。不只是人類，就連野獸和天使也前來響應。伊朗大軍浩浩蕩蕩出發，凱尤瑪爾斯殿後指揮，胡山則奉祖父命令，在最前頭率領軍隊。

阿里曼之子得知凱尤瑪爾斯的軍隊進逼，不禁感到害怕，派出邪魔大軍迎戰。凱尤瑪爾斯麾下的野獸齊聲吼叫，妖魔鬼怪嚇得直打哆嗦，原本的鬥志也跟著動搖。

頃刻間，兩方軍隊衝向彼此。伊朗人這次多了群獸幫助，逐漸擊退邪魔大軍。在戰場上，胡山遇見阿里曼之子，毫不猶豫地與他對決。胡山一把抓住阿里曼之子的腰帶，奮力拖住他，最後斬斷他的頭顱。惡神之子的屍體被推倒在地，身上一大塊皮膚也讓胡山扯了下來。

凱尤瑪爾斯見到胡山替他報了殺子之仇，心裡十分滿足。他自知大限已到，對這世界也不再留戀，便撒手人寰，把王位留給了他鍾愛的孫子。

（二）發現火的胡山

凱尤瑪爾斯統治伊朗三十年，他死後，胡山繼承王位。新王順從天意，和他的祖父一樣以仁愛治國，公正無私。他在位時，世界享有和平與繁榮。

胡山替人們的生活帶來許多改變。首先，他從石頭中取出鐵來，發展冶鐵技術。在那之後，鐵製的斧頭、榔頭與鋸子接連出現。人們因此能開河造渠，引水灌溉田地。從前，人們只能採集水果充飢，如今在胡山的領導下，他們學會如何播種、耕作與收穫，生活自給自足。

胡山創造了許多奇蹟，然而最神奇的事卻尚未發生。

一天，胡山帶著眾臣登上高山。一行人走到半途，突然看見遠處冒出一隻蛇怪。那怪物渾身漆黑，雖然體型長而龐大，行動卻異常敏捷。牠那雙眼睛猶如兩潭血紅色的泉水，嘴裡不斷冒出濃濃黑煙，汙染了原來乾淨的天地。

胡山站在原地，不動聲色，謹慎地觀察怪物的一舉一動。然後，他隨手撿起一顆石頭，用他君王般的神力，使勁朝蛇怪丟去。那噴火的巨蛇迅速閃開，毫髮無傷。胡山扔出的石頭落在一塊岩石上，撞擊的力道過猛，使得兩塊石頭應聲而碎。胡山發現，兩石撞擊之際，竟有耀眼的火光閃現，不禁大感驚訝。他雖然沒有擊斃蛇怪，卻意外找出了藏在石中的秘密，也就是火。胡山連忙頌揚上天，感謝神將火賜給人類。

胡山認爲，人類應當爲這樣的厚禮表達感激，便傳下聖旨設宴。那天晚上被定爲良辰吉時。夜幕低垂，人們點燃火焰，大臣圍坐在國王身旁，飲酒作樂。這吉祥的日子即是「薩德」（Sada），聖火節。胡山定下這個節日，代代相傳，後世的國王也總是遵循傳統，熱烈慶祝。百姓感念胡山的貢獻，無不在心中歌頌他的美名。

除了發現火，胡山還一一區分飛禽走獸。他從野獸中揀選出牛、驢與羊，讓能夠幫忙農事的動物協助人們耕田，又教導人們將牲畜成雙成對放在一起，繁衍後代。這樣一來，人們既有動物可以驅使，又多了食物填飽肚子。人們也學會捕殺毛皮珍稀的野獸，用牠們的毛皮製衣，貴族因此可以穿著松鼠、狐狸、雪貂與黑貂毛皮製成的衣裳。

善良又慷慨的胡山統治了四十年。他在世時盡全力造福百姓，就算遇見困難也毫不退縮。不過，當他的壽命走到盡頭，這位慈愛的國王也只能離開他的子民，辭世而去。人們又失去了一位賢明的君王。

（三）降伏魔鬼的塔赫姆列斯

胡山死後，他的兒子塔赫姆列斯（Tahmuras）繼位。塔赫姆列斯希望成為名符其實的世界之王，決心盡一己之力，剷除世間所有罪惡與妖魔鬼怪。凡是對百姓有益的事情，他一定全力達成。

在塔赫姆列斯的教導下，人們學會剪下山羊與綿羊的毛，用羊毛紡線，做成衣裳與地毯。塔赫姆列斯也教人馴養能奔善跑的動物，餵牠們吃大麥與青草，細心照顧。他從山林裡捉回野獸，讓人們能在家中飼養，同時也馴服了飛禽中比較通人性的鳥兒，譬如山鷹與老鷹。國王對馴養的飛禽十分溫和，說話時總是低聲細語。除此之外，他還培育了公雞與母雞，讓牠們在黎明時放聲啼叫。種種事蹟都讓百姓佩服不已。

塔赫姆列斯手下有位賢臣，名叫施達斯帕（Shidasp），相當受人愛戴。施達斯帕處理政事總是不辭辛勞，幾乎可以整天不吃不喝，從早到晚隨侍在國王身旁，協助塔赫姆列斯治理國家。施達斯帕信仰虔誠，不只日夜向上天禱告，還行遍各地，幫助有需要的人民。他總能挫敗惡人，獻上良策，讓邪惡遠離塔赫姆列斯。君臣二人同心協力，讓百姓得以過著安適的日子。

不過，即便如此，邪惡依然蠢蠢欲動。塔赫姆列斯一直留意著惡神阿里曼與他那些魔鬼爪牙。只要有時間，塔赫姆列斯總是命人備好坐騎，親自騎馬出巡，探查民情。魔鬼們知道國王經常外出，便心生邪念，醞釀起了陰謀。他們計畫殺死塔赫姆列斯，奪走他的王位。

塔赫姆列斯發現這個陰謀，勃然大怒，向妖魔宣戰。他全副武裝，威風凜凜，胸前掛著一根狼牙棒。勇敢的伊朗軍隊追隨著他，來到戰場上。

魔鬼、妖怪與術士組成大軍，聚集在戰場另一頭，不斷散發出火光與濃煙。一群剽悍的魔鬼站在邪魔大軍前，高聲嚎叫，可怕的叫聲直入雲霄。他們的腳步震起塵土，天地一片昏暗。

塔赫姆列斯的士兵見了這情景，一點也不畏懼。戰爭開打，他們各個奮勇殺敵。才不過兩個時辰過去，就有許多魔鬼倒地而死，倖存下來的則成爲俘虜。戰敗的妖魔精疲力盡，害怕受到嚴懲，便可憐兮兮地哀求塔赫姆列斯赦免他們：

「國王啊，請你高抬貴手，留下我們的性命吧。倘若你不殺我們，我們願意把本領全都教給你們。」

塔赫姆列斯愼重考慮一番，決定赦免這些魔鬼，條件是他們必須信守承諾。魔鬼們被釋放後，對國王感激不已，果眞履行誓言，傾囊相授。他們教塔赫姆列斯書寫文字，國王因此熟知近三十種語言，其中有些語言甚至前所未聞。

塔赫姆列斯的統治持續了三十年。時光雖然短暫，他卻完成了許多偉大的績業。後世牢記塔赫姆列斯對百姓的貢獻，也不忘他降伏魔鬼的英勇事蹟。

（四）賈姆希德

成功降魔的塔赫姆列斯辭世，他的兒子賈姆希德（Jamshid）坐上王位。賈姆希德遵從父親的教誨，盡心治國，在位長達七百年。

最初，賈姆希德登基時，世界彷彿煥然一新。新王有著遠大的志向，立誓要對抗邪惡，指引人們迎向光明。

賈姆希德首先鑄造兵器。他熔鐵鍛造盔甲與長矛，製作穿在戰甲下的襯衣，將這些精良的武器全都交到士兵手中。他也利用獸毛、亞麻、蟬絲與生絲製作衣服，教導百姓紡線、織成衣料，用水洗過，再縫製成衣。整整一百年來，人們豐衣足食，賈姆希德也非常滿足。

他的王國共分爲四個階層。第一個階層是負責敬拜天神的祭司。賈姆希德在深山裡爲他們建造居所，命他們離群索居，全心向上天禱告，爲國王祈福。第二個階層是勇猛如獅的戰士。他們保家衛國，捍衛榮譽，負責守護王座。第三個階層是農夫與地主。他們自給自足，努力耕種。這些人穿著樸實的衣裳，無求於人，生活無憂無慮。大地繁榮和人民溫飽全都指靠他們。第四個階層是手藝精湛的工匠。他們分工精細，腦袋裡永遠有最新奇的主意。五十年來，人們團結合作，充分發揮自己的才能。

賈姆希德又命令魔鬼將水澆在土上，混合成泥，用坯模製成泥坯。魔鬼製作的石頭與白灰被用來建築石牆，再加上幾何原理的精密測量，人們就能建造足以遮風避雨的宮殿。

賈姆希德窮盡心力，探索世間一切奧秘。他發現花崗岩中藏著閃閃發亮的寶石，就把這些寶石取出來，人們因此有了金、銀、琥珀與紅寶石。此外，賈姆希德還製作各種香料，像是櫻桃李、樟腦、麝香、龍涎香、沉香與玫瑰香精，都成了百姓生活中不可或缺的東西。國王通曉醫術，替人們治療百病。此外，他還找出在水上駛船的方法，大幅改善交通。多虧賈姆希德的辛勤與智慧，人民過著幸福的生活，如此又度過五十年。

漸漸地，賈姆希德似乎已經把該做的事情都做完了。他回首過去，認為自己立下了這麼多非凡的功業，實在了不起，不禁開始變得自滿。賈姆希德驕傲地揚起下巴，目中無人的態度越來越明顯。他不僅藐視旁人，還自認所有的事物都應該歸功於他。

他為自己重新打造一個王座，其上鑲有無數珍貴的寶石。只要他一時興起，就命令魔鬼抬起王座，把他從平地舉到天上。賈姆希德置身高空，覺得自己宛如太陽般光芒萬丈。「還有誰比我更適合主宰人世的一切呢？」他得意地自問。

一天，人們遵照國王的命令，向他拋撒寶石，又載歌載舞。賈姆希德高興極了，將那個日子定為新年的第一天，規定往後每到這個節日，人們都要設宴歡慶。整整三百年來，人們不曾陷入悲愁，沒有人死去，沒有人生病，也沒有人偷懶不工作。人們是那麼純樸又善良，就連魔鬼也像最服從的奴僕，誠心侍奉國王。賈姆希德坐在王位上，眼看將士與飛禽列隊排在兩側，百姓也都聽命於他，心中實在欣喜，也就變得更加傲慢。

一年又一年過去了，賈姆希德的驕傲不減反增。這位原本信仰虔誠的國王如今已不再敬拜上天。他不願服從天神的旨意，只聽得進自己的想法。賈姆希德召來眾臣，不斷吹噓自己多麼偉大：「在這世上，沒有人能與我相比。你們看，我把世界打造得多麼美麗，人間所有技能都是我創造的。百姓能夠過著富足的生活，也都是拜我所賜。像我這樣高貴的世界之主，過去有哪位國王比得上我？還有誰能像我一樣？那些膽敢質疑我、不服我的人，簡直與惡神阿里曼沒兩樣。憑我的功績，你們應當把我認作是造物的上天呀！」

大臣們聽了，只是低頭不語，不敢違抗國王。

賈姆希德這麼自滿，上天對他非常失望，決定收回所有的祝福與眷顧。國王失去了上天的恩寵，運氣全消，往後的生活越來越灰暗。他成為百姓議論和嘲諷的對象：「賈姆希德太過自滿，才會受到上天責罰。」國王聽得氣極了，只要有人稍微讓他不高興，就會被立刻趕出王宮。

二十三年過去，賈姆希德的統治變得岌岌可危。他終於感到恐懼，從前的自信蕩然無存。賈姆希德明白了，凡人不該自認與神一樣崇高。誰要是敢對上天不敬，就會受到嚴厲的懲罰。上天這樣震怒，都是因為他太過驕傲。一旦觸犯天神，即使是國王也會落入悲慘的處境。

賈姆希德內心飽受折磨，這才重新向上天祈禱，希望獲得寬恕。然而一切為時已晚。上天的眷顧早已離他遠去，他的故事也注定以悲劇收場。

第二章 蛇王

(一) 蛇王佐哈克

惡神誘騙王子

從前，草原上有個執矛的部族，由一位老國王統治。國王名叫瑪爾達斯（Mardas），不只公正賢明，還有著善良的心腸。他飼養一群又一群綿羊、駱駝、小羊、奶牛與阿拉伯駿馬，把可供擠奶的牲畜交給人們，教他們如何取奶來喝。瑪爾達斯無疑是位仁慈的君王。他愛他的百姓，也深愛他的兒子佐哈克（Zahhak）。

佐哈克王子是位野心勃勃的年輕人。他雖然得到瑪爾達斯的賞識，卻不像父親那樣善良慷慨，反而性情乖戾。王子擁有一萬匹配有金馬鞍的好馬，他年輕氣盛，喜愛騎馬四處闖蕩，逞凶鬥狠。他的態度衝動輕浮，做事時常有欠考慮，因此容易被旁人影響。

惡神阿里曼看見佐哈克，再度打起壞主意。他決定騙王子離開良善，投效邪惡。這樣一來，世界便會增添更多不幸與混亂。阿里曼喬裝成一位貴族，到王宮拜訪佐哈克。他靠著花言巧語，一下子就籠絡了這位青年的心。佐哈克年輕單純，徹底相信惡神說的每一句話。他怎麼也沒料到，眼前這位睿智和善的貴族竟是惡神假扮。

阿里曼確信自己已獲得王子的信任，便放膽大肆吹噓。佐哈克一邊聽著，一邊由衷地佩服。惡神逮住機會，對佐哈克說：「殿下，其實我心底藏著一個秘密，至今從未對他人提起。」

他的話引起了佐哈克的好奇。「是什麼事呢？請你放心說出來，我願聽你的高見。」

「先別急。你得發誓，絕不會把我說的話洩露出去。這樣子，我才能把秘密告訴你。」

佐哈克的心被蒙蔽了，無知的他立刻發誓，永遠不會洩露聽到的一字一句。惡神隨即向王子進言：「殿下呀，我時常好奇，爲什麼主宰這個國家的人是你的父親，而不是你？像你這麼優秀的王子，你父親還有哪裡不滿意？好好思考我說的話，留心記著。可敬的國王年老體弱，卻霸佔王位不放。他在位的時間實在太久啦，你應該奪取他的王位。照我說的話做吧，王位會因你增添光彩，一旦你成爲一國之主，將受萬民景仰。」

佐哈克聽到這裡，心裡頓時充滿悲痛與懊悔。他怎麼也不希望傷害父親，便拒絕了惡神，打算收回誓言。

「要是你不聽我的勸告，就是違背誓言。」阿里曼威脅他，「你父親只會拖累你。只要他還活著，你就永遠是個無名小卒。」

阿里曼用盡天花亂墜之詞，終究扭轉了王子的心意，說服了他。邪惡的念頭從此在佐哈克的心中滋長。

在王宮裡，有座清新幽靜的花園。瑪爾達斯國王每天都會到花園散步，沒有侍從陪伴，也沒有燈火照明。

阿里曼在國王時常經過的路上挖了一口深井，再用乾草覆蓋，把陷阱隱藏起來。那天晚上，國王照常到花園散步。他走到阿里曼的陷阱旁，不慎失足跌落，一命嗚呼。

靠著阿里曼的陰謀，佐哈克順利登基。可憐他的老父親辛苦扶養他長大，極盡所能疼愛，作兒子的最後卻痛下毒手，忘記了父親的養育之恩。

惡神誘騙吃肉

佐哈克成為國王後，阿里曼的黑心仍然無法滿足。他變成一位廚藝精湛的青年，來到宮裡，希望擔任御廚。佐哈克爽快地答應了他。惡神就這麼進入王宮的廚房，替國王料理飲食。

那時，人們只吃素，動物、家禽的肉不曾擺上餐桌，平日飲食多半從田野採集回來。阿里曼卻宰殺動物，用各式各樣的肉，烹調出一盤又一盤佳餚。佐哈克從未嘗過這樣的食物，感到十分驚奇。每天享用這些新穎的菜色，也使他獲得了雄獅般的野性與力氣。

一天，佐哈克吃了阿里曼用蛋黃做成的料理，讚不絕口。惡神答應隔天獻上更可口的餐點，徹夜苦思如何討好佐哈克。到了第二天清晨，湛藍的天空顯露紅寶石般的光暈，阿里曼才有了主意。他用白嫩的斑鳩與雉雞做成佳餚，親自獻給佐哈克。不出他所料，佐哈克對這道菜相當滿意。

阿里曼陸續端上新奇的料理。第三天的餐點是母雞與小羊，第四天是牛肉加上番紅花與玫瑰香水，搭配陳年美酒與各式香料。佐哈克爲御廚的手藝驚嘆。他召來御廚，打算好好賞賜一番。

惡神阿里曼等的就是這一刻。他畢恭畢敬地對國王說：「如果陛下對我滿意，我不求別的，只希望能在你的雙肩各吻一下。」

佐哈克以爲御廚希望藉此提高聲譽，沒有多想，就答應了他的請求。阿里曼湊近佐哈克，在他的雙肩分別印下一吻。突然間，惡神憑空消失，再也不見蹤影。在場的人們都爲眼前所見感到驚駭。

更可怕的景象接著來到。在眾目睽睽下，從佐哈克的雙肩，也就是阿里曼親吻過的地方，長出了兩條漆黑的毒蛇，對人們吐出嘶嘶蛇信。

佐哈克嚇壞了，命人把兩條毒蛇從肩膀上割除。但是，每次除去毒蛇後，佐哈克的雙肩又會重新長出兩條毒蛇。賢者與醫生各個束手無策。

這時，阿里曼再度喬裝打扮，變成一位醫生。他來到王宮，對佐哈克說：「陛下，你這個怪病恐怕永遠治不好，這兩條毒蛇怎麼也無法切除。這樣吧，你就每天準備食物，給那兩條毒蛇吃人的腦袋，餵飽牠們。一段時日後，說不定蛇就會消失了。」

佐哈克遵照這個提議，每天殺死兩個男人，用他們的腦袋餵食肩上的兩條毒蛇。百姓對佐哈克國王的恐懼變得越來越深。

統治伊朗

那時，統治伊朗的正是賈姆希德。他因爲傲慢不敬神，不僅失去神的恩寵，也喪失了在民間的威望。百姓不再效忠國王，紛紛造反，伊朗境內不斷陷入戰亂。賈姆希德失魂落魄，不知如何是好。

伊朗人日夜渴望擁戴新的國王。他們早已聽說，在阿拉伯有位佐哈克國王，雙肩生蛇，威嚴勇猛。他們決定立佐哈克爲王，於是派使者探訪，邀請佐哈克坐上賈姆希德的王位。

佐哈克立即動身，如暴風般迅速進軍。伊朗人甚至與他組成聯軍，打算推翻賈姆希德。大軍步步進逼，走投無路的賈姆希德只能逃走。他的領土、王座與軍隊從此落入佐哈克的手裡。

賈姆希德隱姓埋名，躲藏起來，深怕被佐哈克發現。整整一百年來，沒有人知道他的下落。最後，在遙遠的中國海邊，佐哈克的手下逮住了賈姆希德。他們按照佐哈克的命令，把賈姆希德鋸成兩半，結束了他的生命。

黑暗的年代

「蛇王」佐哈克在位的時間比賈姆希德更久，長達一千年。這段期間，伊朗災禍不斷，罪惡與恐懼橫行無阻。

賈姆希德的兩個妹妹被拖出閨房，帶到佐哈克的宮殿，隨侍在蛇王身旁。她們一個叫沙赫爾納茲（Shahrinaz），一個叫阿爾納瓦茲（Arnawaz），兩姊妹都美麗無比，深得佐哈克寵愛。

在佐哈克的統治下，藝術與文化接連衰亡，賢臣與律法也被推翻。惡魔到處肆虐，危害人間。美好的年代如今只存在人們的記憶中。更恐怖的是，佐哈克每天固定讓廚子殺死兩個男人，取出人腦餵食毒蛇。

王宮裡的兩位廚子其實是善良的好人。他們無法忍受蛇王的暴政，看不慣殺人取腦這樣的壞事，「究竟有什麼辦法，既不會違背廚師的職責，又能幫助不幸的百姓呢？」兩人苦思對策。

這天，佐哈克的手下又帶回了兩個年輕人。兩位青年被帶進廚房，立刻被按倒在地上，準備處死。兩個廚子見了，心如刀割，爲佐哈克的殘暴感到憤恨。他們你看我，我看你，最後決定偷偷放走一個年輕人，用羊腦代替人腦，與另一個年輕人的腦混在一起，交差了事。他們放走那個幸運的青年時，不忘悄聲吩咐：「你離開之後，請千萬不要洩露這個秘密，趕快躲進人煙稀少的高山或深谷吧。」

從那天起，兩位廚子就用羊腦混合人腦，爲毒蛇準備佳餚。照著這個辦法，他們每天都能救一個人，每個月都有三十人逃離厄運。漸漸地，成功逃命的人數竟累積到了兩百人。好心的廚子還爲那些人準備食物，打點些羊肉，讓他們帶到山野中。據說，庫德族就是那些人的後裔，只是因爲時間久遠，早已遺忘了這段古老的故事。

佐哈克殘暴無情，凡事都得聽他命令。若有人膽敢忤逆，就會立刻被斬首處死。他還找來美麗的貴族少女，要她們日夜在他身旁服侍，完全不顧王室的傳統與規矩。

黑暗籠罩了這片原本受光明眷顧的土地，人們的生活苦不堪言。

（二）蛇王的惡夢

佐哈克在位的最後四十年，一個可怕的惡夢前來造訪他。

一天晚上，佐哈克突然從睡夢中醒來，恍惚看見三個全副武裝的人闖進王宮。其中最年輕的是個少年，頗具王者風範，頭上似有靈光。少年手握一根巨大的牛頭棒，快步逼近佐哈克，舉起棒子狠狠打向佐哈克的頭，接著拿出繩索，把佐哈克從頭到腳緊緊綑綁。佐哈克雙手被綁，肩扛枷鎖，被少年痛打一番，受盡羞辱。之後，少年與另外兩人把佐哈克拖出王宮，帶到達馬溫德峰（Mount Damawand）。

蛇王害怕得醒來，慘叫出聲。聲音之大，使得整個王宮也跟著震動。睡在佐哈克身旁的阿爾納瓦茲嚇醒了，連忙問起緣由。佐哈克說：「這件事不得外傳。我的夢境十分古怪，如果你知道我夢見什麼，一定也會爲我感到恐懼。」

「陛下，就算你不願告訴別人這個夢，也該告訴我。也許我能爲你想出個辦法。」

佐哈克這才道出夢中的遭遇。阿爾納瓦茲仔細聽完，回答：「陛下應該召集智者，向祭司和星相家敘述這個夢。他們可以爲陛下占卜，看究竟是誰要威脅陛下的性命，到時再想辦法好好對付。」

佐哈克覺得有理，立刻派人尋找賢士，讓他們齊聚宮中，聽他描述這場怪夢。佐哈克心急難耐，擔憂全顯現在臉上：「你們快點解釋清楚，這場夢究竟是怎麼一回事？這個可怕的命運何時降臨在我身上？王冠與寶座又會落入誰的手中？」

賢士與祭司們私下討論，爲了該如何應對感到困擾。如果實話實說，恐怕會觸怒蛇王，斷送性命。但是，如果隱瞞實情，最後他們可能一個也活不了。賢者們躊躇了三天，誰也不敢對佐哈克說實話。第四天，佐哈克終於失去耐性。

「再不據實以告，我就下令絞死你們。」他厲聲威脅。

賢者們垂下頭，焦急的淚水在眼裡打轉，不知如何應對。有位聰明的祭司眼看事情走到這個地步，覺得倒不如把實話全說出來。他心一橫，鎮定地走到國王面前說：「陛下，請你不要擔心。只要是凡人，都難逃一死。在你之前，許多國王曾在塵世建立偉業，終究也得辭世而去。你的江山最後確實會落到別人手中，這個人將決定你的命運。他名叫法里東（Faridun），此時還沒出生，所以你暫且不需害怕。等他長大成人後，他就會來奪走你的王冠與寶座。他會帶著鐵製的大棒，用那大棒打你的頭，再拿繩索把你綁起來，拖出王宮。」

「他為什麼要這麼做？我和他之間有什麼深仇大恨？」佐哈克問。

「陛下，在這世上，所有的仇恨必有原因。未來，你會下令殺死法里東的父親。有頭神牛將扶養法里東長大，你之後也會宰殺牠。法里東就是為這些緣故，才會前來復仇。」

佐哈克聽完，嚇得跌下王座，昏了過去。待他甦醒過來，重新穩定心神，便下令捉拿法里東。從那天起，佐哈克寢食難安，每天都在擔心自己的安危，害怕厄運降臨。

（三）法里東誕生

由牛哺育成大

許多年過去了，受神祝福的法里東終於誕生。此時，佐哈克的手下正在四處捉人，百姓怨聲載道。法里東的父親阿貝廷（Abtin）有次出門，不幸落入陷阱，被佐哈克的手下帶回王宮處死。他們取出他的腦袋，餵給佐哈克的兩條毒蛇吃。

法里東的母親法蘭納克（Farunak）知道丈夫死去，心痛萬分。她流著眼淚，抱著兒子逃進一座森林躲藏。有位牧牛人住在森林裡，他養了一頭神奇的牛，名叫巴爾瑪耶（Birmaya），可以稱得上是舉世無雙的牛。牠一生下來，毛皮就光彩斑斕，猶如孔雀般美麗。人們從未見過這麼奇特的牛，許多賢者慕名而來，就想一探巴爾瑪耶的模樣。

法蘭納克逃進森林，遇見了牧牛人，哀求他幫忙：「這個還在吃奶的孩子無依無靠，請你收留他，作他的養父吧。你可以用這頭牛的奶哺育這孩子。若要報酬，我以自己的生命擔保，日後一定會報答你的恩情。」

牧牛人看著這對母子，不禁心生同情，答應了她的請求。法蘭納克將兒子交給牧牛人，細心叮囑一番後，才不捨地離去。

牧牛人信守諾言，用巴爾瑪耶的牛奶哺餵法里東，把他當作親生兒子般小心翼翼扶養。

三年後，蛇王佐哈克仍然沒有放棄尋找法里東，繼續派人打探這孩子的下落。此時，法蘭納克又回到森林裡，對牧牛人說：「上天讓我想到了一條妙計。事不宜遲，我應該立即行動，帶這孩子離開這片紛擾之地。我們要遠走他鄉，到厄爾布爾士山（Alburz）離群索居。」

她說完後，向牧牛人道別，抱起孩子離開。法蘭納克竭盡全力，趕赴厄爾布爾士山。那裡住著一個虔誠的山民，許久不問世事。法蘭納克誠心地請他幫忙：「好心人，我的兒子原本在伊朗過著舒適的生活，卻被迫逃命。他命中注定成爲未來的國王，結束佐哈克的暴政。請你收留這個孩子，像父親一樣扶養他長大。」

善良的山民一點也不覺得勉強，他收留了法里東，對這孩子視如己出。

關於巴爾瑪耶的傳言輾轉來到王宮。佐哈克聽說牠躲在一座森林裡，發瘋似地趕到那個地方，殺死巴爾瑪耶以及當地所有牲畜。但他找了又找，仍然沒有看見法里東。佐哈克來到法蘭納克的舊家門前，徹底搜查每個角落，終究不見半個人影。他怒氣難消，下令放火燒了這戶人家，憤而回宮。

法里東得知身世

時光飛逝，法里東安然長大，如今已是十六歲的少年。他走下厄爾布爾士山，來到平原尋找母親，向她詢問自己的身世。

法蘭納克回答：「從前，在伊朗有個人名叫阿貝廷。他睿智、老實又勇敢，是塔赫姆列斯國王的後人。他是我的丈夫，也就是你的父親。星相家曾告訴佐哈克，你將來必會奪去他的性命，佐哈克想趁早除掉敵人，所以才想盡辦法也要找到你。我抱著你逃跑，東躲西藏，經歷了一段艱苦的日子。當初我獨自逃入森林，把你交給牧牛人扶養，讓他用巴爾瑪耶的牛奶哺育你，所以你才能像鱷魚般健壯。後來，佐哈克打聽到了消息，我逼不得已，只能帶你逃離故鄉。他這暴君毫不留情，不僅殺死了你的奶娘巴爾瑪耶，還摧毀了我的家。」

法里東聽著母親訴說往事，內心的怒火越來越熾熱。「邪惡的佐哈克做盡壞事，如今輪到我報仇。」這位勇敢的年輕人皺緊雙眉，告訴法蘭納克，「我一定要推翻佐哈克，讓他的王宮變成灰燼。」

法蘭納克擔心兒子的安危，連忙勸阻他：「這可不行。你只有一個人，怎麼對付得了佐哈克和他的手下？佐哈克大權在握，還有軍隊保護。只要他一聲令下，立刻就有十萬大軍響應，爲他出征殺敵。我的孩子，我衷心希望你未來能推翻蛇王，但你畢竟太年輕了，缺乏閱歷，難免一時衝動。記住我的話，孩子。凡事都要設想周全，千萬不要意氣用事。倘若莽撞行動，最後只會自取滅亡。」

（四）鐵匠卡維

每日每夜，佐哈克被恐懼折磨，近乎發狂。他總是不由自主地唸著法里東的名字，深怕法里東前來復仇。

爲了重振威風，佐哈克找來賢者與祭司，對他們說：「你們都知道，有個敵人正暗中策劃推翻我。他年紀雖輕，卻英勇無比，我們絕不能輕忽。因此，我決定壯大軍力，讓百姓與鬼神組成一支前所未有的強大軍隊，好對付這個敵人。此外，我也要請諸位簽名作證，替我闢謠。你們要告訴世人，我是一位公正的國王，我的所作所爲都是善行，所說的話都是至理名言。」

這些人害怕蛇王，只能無奈地聽從命令，一一簽名宣誓。

這時，王宮的大門前突然傳來吵嚷聲。有個老人高聲喊叫，希望爲自己乞求公道。他被衛兵帶到佐哈克面前，貴族臣子困惑地望著他，不知道老人究竟爲何而來。

佐哈克問：「你是誰？要告的又是什麼人？」

「我是鐵匠卡維（Kawa），要告的就是你這位殘酷的國王。」老人回答，「如果你心懷仁慈，肯定能成爲受人敬重的君主，可是你卻不斷作惡，折磨我們這些老百姓。你爲什麼要欺凌我們？爲什麼要讓災禍降臨在我們頭上？從前，我有十八個兒子，現在只剩一個活著。你的手下卻把他捉進宮裡。發發慈悲，請饒了他吧。可憐可憐我這個老父親。失去最後一個兒子，我就失去了希望。」

悲慘的命運把老鐵匠壓得彎腰駝背，令人同情。佐哈克聽完他的話，不禁感到詫異。爲了討鐵匠歡心，他下令釋放卡維的兒子，證明自己是仁慈的君王。隨後，佐哈克命人將寫著證詞的卷軸交給卡維，要他和其他人一樣在上頭簽名。

卡維讀了證詞，發現竟是要自己承認佐哈克是賢明的國王。他氣得轉向在場的貴族臣子，毫不畏懼地大喊：「你們這些人，難道把靈魂交給魔鬼了嗎？竟然願意屈服在他的旨意之下。我絕不同意這個證詞，也絕不向恐懼妥協。」

卡維渾身顫抖著，撕碎了證詞，把它狠狠踩在腳下。他一把抓住兒子，快步奔出王宮。眾臣嚇壞了，連忙安撫國王，對佐哈克說：「陛下是賢明的國王沒錯。區區一個鐵匠怎能如此不敬，竟敢撕碎又踐踏誓詞。」

佐哈克還沒從震驚中回過神來，聽見大臣們的呼喊，這才慢慢回答：「我早該看出這個老人不懷好意。但是，天意如此難測，誰知道我究竟會有什麼樣的結局呢？」

卡維帶著兒子奔出王宮後，百姓紛紛趕到他面前。老鐵匠振臂疾呼，要眾人團結起來，捍衛失去已久的正義。他脫下打鐵用的皮圍裙，綁在長矛尖端當作旗幟，舉到空中奮力揮舞。

「敬神的人們啊，不要再忍受佐哈克的暴政了。國王是邪惡的魔鬼，處處與上天作對。我們該去尋找法里東，擁戴他成爲新王。」

眾人起而響應。最後，這條普通的皮圍裙竟成爲精神象徵，召集了各方勇士前來投靠。卡維帶著人們來到法里東的家，向新的領袖高聲歡呼。

法里東看見矛尖上旗幟飛揚，明白這是上天的旨意。他將旗幟染成金黃，用錦緞、珍珠與寶石裝飾，在旗桿繫上黃色、紫色與紅色的彩帶。旗幟被高舉過頭，宛如天上的明月，爲人們再次帶來希望。

這面旗幟後來被稱爲「卡維之旗」，由王室代代相傳，成爲伊朗的象徵。往後無論誰登基爲王，都要把珍珠與寶石點綴在旗幟上，讓它顯得光彩奪目。

佐哈克大勢已去，法里東滿懷希望地與法蘭納克辭行，誓言奪下王冠。「母親，孩兒即將出征，請你留在家裡，為我禱告。我相信上天必會保佑我度過難關，獲得最後的勝利。」

法蘭納克流下眼淚，按捺住心中的痛苦，與兒子告別。她誠心祈禱，希望上天眷顧法里東，讓他可以不受壞人傷害，順利擊敗邪惡。

（五）英雄法里東

受天使保護的法里東

法里東著手準備推翻蛇王。他親自畫下牛頭的圖樣，請市集裡的鐵匠為他打造武器。鐵匠手藝高超，一下子就造出了牛頭棒。棒子巨大又沉重，猶如陽光般耀眼。法里東很滿意，發誓這次出征，絕不會辜負百姓的期望。

很快地，法里東就率領大軍出發。他的兩個哥哥基亞努什（Kaianush）與普爾馬耶（Purmaya）陪伴在旁，都希望能替這場戰爭出力。為了早日結束蛇王的暴政，眾人快馬加鞭趕路。終於，軍隊在一個信仰虔誠的村莊停下，打算好好歇息。

夜幕低垂，村裡有一個人慢慢走到軍營。這個人臉色紅潤，有著長長的頭髮，一直垂到雙腳。他是上天派來的天使索魯什（Surush），專程來教導法里東如何化險爲夷。法里東得知自己受到天使保護，十分激動。他暫且放下了緊張的心情，吃完晚餐後便放心地倒頭睡去。

基亞努什與普爾馬耶看見弟弟特別受到上天眷顧，忍不住忌妒他。兩人暗地商量，想出了一椿毒計，要害死法里東。軍營附近有座山，山勢險峻。兩兄弟趁夜爬上高山，找到一塊巨石，朝法里東熟睡的地方丟去，想要把他砸死。

巨石滾落，發出隆隆聲響。法里東從夢中驚醒，眼看大難臨頭。突然間，那顆巨石彷彿被無形的力量阻止，就這麼懸在空中，動也不動。兩位哥哥看見這副景象，明白天意不可違逆。他們向弟弟道歉求饒，法里東也寬恕了他們，不再追究。

法里東進入王宮

之後，大軍繼續趕路，來到底格里斯河（Dijla）。法里東找到船夫，請他們準備好渡船，讓軍隊過河。船夫們卻斷然拒絕：「佐哈克國王有令，沒有他的允許，任何船都不能渡河。」

法里東勃然大怒。「這條河的波濤休想阻擋我。」他一邊說著，一邊勒緊腰帶，騎著他的駿馬衝入水中。士兵爭先恐後跟隨他，無懼洶湧的河水。大軍平安渡河，抵達對岸。

到了王城，法里東遠遠觀察，只見佐哈克高聳入雲的宮殿，像繁星般光芒四射，頂端彷彿可以觸及星辰。法里東重新鼓舞士氣，朝王宮策馬疾馳，好似天火降臨。宮廷侍衛前來應戰，法里東揮舞牛頭棒，擊退了他們。侍衛很快就一個也不剩，法里東也順利進入王宮。此時，埋伏在宮裡的妖魔張牙舞爪，撲向法里東。他們雖然身強體壯，最後仍接連敗在這位年輕英雄的手上。

法里東來到空蕩的王座前，戴上王冠。眾人搜遍王宮，不放過各個角落，卻依然沒有發現佐哈克的蹤影。

沙赫爾納茲和阿爾納瓦茲被帶到法里東面前。他吩咐手下細心照顧兩位公主，讓她們擺脫過往的陰影。沙赫爾納茲和阿爾納瓦茲流下眼淚，連聲稱讚法里東，又哀嘆她們從前不幸落入蛇王魔掌的命運。法里東安慰兩位公主，替她們掃去心頭的憂愁。兩位公主也向他透露佐哈克的下落。

原來，佐哈克見情勢不利，早已悄悄逃往印度斯坦（Hindustan）。狡詐的蛇王不願輕易把王位拱手讓人。他想學習法術，幫自己整頓勢力，捲土重來。

佐哈克逃走前，把王國交給大臣坎德魯（Kundrav）代為管理。王宮陷落後，坎德魯向法里東宣誓效忠，依照新王的命令安排宴會。王宮上下徹夜歡慶。

隔天清晨，趁著天色未明，坎德魯偷偷離開，找到佐哈克。「陛下，你的王國不保了。士兵攻陷王宮，率領他們的是一位英勇的青年。他戴上你的王冠，除掉了你的舊臣，把他們全都推下城牆處死。」

「不過是位無禮的客人罷了，不用如此驚慌。」佐哈克回答，一時沒想到那位青年就是法里東，「坎德魯，賓客來訪應該是吉祥的預兆，你怎麼忘了？」

坎德魯一聽，趕緊說道：「哪有客人手提牛頭棒闖入王宮？他大搖大擺坐在你的王座上，懲罰不服從他的人，之後又來到你的後宮，與賈姆希德的兩個妹妹交談。他一邊手挽沙赫爾納茲，一邊還親吻阿爾納瓦茲。到了夜裡，他甚至與兩位美女相伴入眠。」

佐哈克聽到這裡，氣得口出惡言。他沒辦法接受這樣的羞辱，大吼著命人備馬，率領士兵與魔鬼組成的大軍返回王城。城裡的百姓早就對佐哈克不滿，一發現蛇王的大軍歸來，便爬到屋頂上，對他們投擲磚石。幾乎全城的百姓都出來戰鬥，高聲吶喊：「佐哈克不是我們的王！」

法里東的軍隊也奮勇抗敵。兩軍纏鬥，塵土漫天飛揚。佐哈克眼看自己失去了民心，憤恨地直衝出大軍。他手裡拿著套索，攀上王宮的屋頂窺探。當他看見兩位公主陪伴在法里東身旁時，佐哈克妒火中燒。他飛身躍下，取出短刀，往兩位公主砍殺過去。法里東立刻迎擊，手執牛頭棒朝佐哈克的頭猛力一揮，打裂了佐哈克的頭盔。

這時，天使的聲音突然傳來，告訴法里東，此刻並非佐哈克的死期：「你只要把他牢牢綁緊，關在幽暗的山洞裡就好。」法里東聽命行事，連忙用獅皮繩索綁住佐哈克的手腳，讓蛇王無法掙脫。然後，他命人把佐哈克押解到達馬溫德峰。

佐哈克氣數已盡，再也沒有力量反抗。他被綑綁起來，囚禁在深不見底的山洞中。人們把他高高吊起，用鐵釘釘牢他的雙手。佐哈克的親族與朋友一律與他斷絕關係。他孤伶伶地待在那裡，鮮血流到地上，爲他過去的惡行付出代價。

英雄法里東加冕爲王，王公貴族皆高舉酒杯，對新王致意。法里東傳信給法蘭納克，向母親報告這個好消息。法蘭納克高興得掉淚，感謝上天爲好人主持公道。她平時就樂於幫助窮人，這次一連七天接濟貧民，又一連七天設宴，用美食佳餚款待賓客。不僅如此，她還把自己所有的財寶都送給人們。法蘭納克盡情與眾人分享喜悅，隨後也動身前往王宮，爲法里東獻上祝福。

第三章　法里東

（一）三個王子

法里東的統治長達五百年。他登基五十年後，得了三個兒子。長子和次子的母親是沙赫爾納茲，么子的母親則是阿爾納瓦茲。三位王子都生得英俊非凡，氣質出眾。法里東深愛他們。但是，直到三位王子長大成人，他都沒有替他們取名。

一天，法里東召來大臣欽達爾（Jandal）。這位大臣是國王的得力助手，只要是國王交辦的事，他一定盡力達成。法里東命欽達爾到各地巡視，挑選三位淑女，作三位王子的妻子。除此之外，他還開出幾個條件：這三位女子得是皇族之後，與王室門當戶對，並且由同一對父母所生。最重要的是，這三位女子無論容貌或姿態，看上去必須沒有任何差異，難以分辨。

欽達爾拜別國王，帶著幾位侍從出發，一路不斷打聽，想知道哪戶人家的女兒符合國王的要求。他們走遍各地，卻一直沒有進展。最後，一行人來到葉門，總算發現配得上王子的姑娘。

原來，葉門國王薩爾夫（Sarv）有三個女兒，不僅生得美麗，長相也十分相似，完全符合法里東開出的條件。欽達爾又驚又喜，趕忙來到王宮，拜訪薩爾夫。

葉門國王對這位使者感到十分好奇。「你來自哪個王國？這次前來，又是爲了什麼事？」

欽達爾恭敬地行禮致意，祝福國王，隨後說明來意：「陛下，我是伊朗國王法里東的使者。這次前來，是爲了替我王致意。他有三個兒子，各個年輕英俊，尚未成婚，既不缺財產，也不缺榮譽。國王認爲他們每一個都配登上王位，把他們看得比自己的雙眼還重要。他聽說葉門有三位公主，既貌美又純潔，也還沒訂下婚約。因此，他希望兩國聯姻，讓他的三個兒子娶你的三個女兒爲妻。不知你意下如何？」

薩爾夫聽完，頓時變得悶悶不樂，宛如凋謝的茉莉花。他在心中暗想：對我來說，我的女兒就如同三個月亮，失去她們，世界就會變得一片黑暗。法里東想讓我們骨肉分離，簡直欺人太甚。

薩爾夫決定暫且不回答，打發欽達爾到驛館歇息。然後，他召開會議，與眾臣商量對策。薩爾夫十分苦惱，對大臣們抱怨：「我要是答應了，就得放棄我的三位愛女，忍受分離之苦。要是拒絕，恐怕會得罪伊朗國王。法里東可是擊敗蛇王的英雄，與他爲敵實在不智。」

眾臣商討之後，答覆國王：「我們不是法里東的奴僕。難道我們該臣服在他的命令下，讓他稱心如意嗎？若有需要，我們也能拿起武器，與法里東的大軍一決高下。陛下若是不忍三位公主遠嫁，請別輕易屈服，應該提出法里東無法滿足的條件，讓他知難而退。」

薩爾夫覺得此計可行，隨即召欽達爾入宮。

「請轉告法里東國王，我深愛我的三個女兒，正如同他深愛他的三個兒子。倘若他要我獻上雙眼與國土，我一定照辦。但是，若要我獻上女兒，等於是摘了我的心肝。不過，請別擔心，我願意同意這門婚事，只是有一個條件。我想先見見那三個王子，請他們到葉門作客，讓我一睹他們的風采。這樣，我才能放心讓女兒出嫁。」

欽達爾告辭離去，返回伊朗，向法里東仔細轉述薩爾夫的答覆。睿智的法里東一下就明瞭葉門國王的計謀。他仔細思考後，找來三個兒子，把求親之事從頭到尾解釋一遍，要他們準備動身，去葉門娶妻。

「牢記我說的話。」他對三個兒子叮嚀道，「凡事多加考慮，言談舉止務必穩重，不要失了王子的身份。葉門國王非常聰明，肯定會考驗你們。第一天，他必定設宴款待，表示歡迎之意。國王會帶來他的三個女兒。最先來到宴會上的，應該是小公主，而後是二公主，最後才是大公主。你們要小心留意，好好觀察。到時，國王會問你們三個女兒的長幼次序。你們只要記住我的話，照著回答，就能從容應對。」

三位王子謹記法里東的吩咐，向父親告別，滿懷期待地往葉門出發。

（二）葉門國王的考驗

三位王子來到葉門，薩爾夫連忙派人迎接。百姓爭先恐後湧到街上，想看看三位王子究竟是何模樣。他們用珍貴的寶石點綴番紅花，把加了香料的美酒撒向馬鬃，或者拋擲一把又一把金幣，盛大歡迎三位王子。

為了迎接遠道而來的貴客，葉門的王宮被裝飾得好似天堂。宮中牆壁皆由金銀鑄成，搭配羅馬錦緞，輝煌耀眼。薩爾夫不僅設宴款待三位王子，還親自引導他們入座。

不出法里東所料，在宴席上，薩爾夫果然召來三個女兒。三位公主依序來到宴席中入座，每個都像天上的月亮一樣美麗。

薩爾夫轉向三位王子，問他們知不知道哪個是小公主，哪個是二公主，哪個又是大公主？王子們謹記父親的叮嚀，按照正確的順序一一指出：最先進來的是小公主，接著進來的是二公主，最後進來的才是大公主。

三位王子竟然通過考驗，薩爾夫十分驚訝，當下也想不出其他辦法。國王發窘，眾臣也面面相覷。最後，薩爾夫只好重新安排三位公主入座，讓她們與三位王子坐在一起，年紀長的陪伴年紀長的，年紀小的陪伴年紀小的。

公主們知道父親的計謀被看穿，害羞得臉紅。這三位王子英俊瀟灑，令她們傾心。後來，公主們告辭離去，在回宮的路上想起王子們，還愉快地輕輕哼起歌來。

薩爾夫請樂師演奏悠揚的樂曲，又備好美酒佳餚，讓三位王子盡情享用。夜漸漸深了。三位王子不敵醉意，只好昏昏沉沉地向薩爾夫告退。國王將玫瑰香水輕彈在他們的額上，命人為三位王子準備歇息的地方。他們被帶到花園裡的一棵樹下，在那裡悠然睡去。

這時，薩爾夫準備了第二個考驗。由於他精通法術，便想趁機施展魔法，讓三位王子見不到明天的太陽。如此一來，他就不需要和三位愛女分開。薩爾夫召喚寒風吹向花園，把大地凍得瑟瑟發抖。凜冽的寒風毫不留情，徹夜肆虐，吹打在熟睡的三位王子身上。

隔天早上，太陽再度升起，薩爾夫迫不及待前往花園，想看看自己的計謀是否成功。他認為王子們絕對熬不過寒冷的一夜，早就凍死了。沒想到，當他踏進花園時，卻看見三位王子神采奕奕，坐在花園裡談笑。

「王子肯定受到上天眷顧，再給他們其他考驗也只是徒勞。」薩爾夫無奈地想著，終於決定退讓。

國王召來祭司與大臣，向他們宣布自己已經改變心意。「我願意把三位愛女許配給三位王子，希望他們能愛護她們，視她們如自己的至親與生命。」然後，他喚來三個女兒，命人替她們好好打扮，讓她們出嫁時都能成為最美的新娘。

婚禮的一切按照王室傳統安排。對薩爾夫而言，女兒的婚姻可是終生大事，說什麼也要辦得隆重盛大。他打開封閉多年的寶庫，讓駱駝隊伍背起豐厚的嫁妝。一個又一個籃子裡裝滿了金銀珠寶。車隊接連不斷，珠寶的光芒彷彿把整個葉門都點亮了。

三位王子成功娶得美嬌娘，相當得意。他們帶著三位公主踏上返鄉之路，等不及回到王宮，與父親相聚。

（三）法里東的考驗

法里東聽說三個兒子順利娶妻歸來，高興之餘，也想趁機考驗他們。他把自己變成一隻巨龍，不僅噴出烈火，還發出可怕的叫聲，嚇得眾人魂飛魄散。法里東飛到漆黑的高山之間，巨大的翅膀捲起塵土，遮住了陽光。

他一看見三個兒子接近，便振翅飛起，朝大王子撲過去。大王子嚇了一跳，敏捷地閃到一旁，靠著機靈躲過了龍的攻擊。法里東接著翻身，撲向二王子。二王子立刻拉弓射箭。不過，雖然他不怕對手，還是覺得小心為妙，很快也跟著兄長退到一邊去。

最小的王子看見龍擋住了眾人的去路，便催馬向前，抽出寶劍。他對巨龍大喊：「趁著還來得及，你快點離開吧。要是你聽過法里東國王的大名，絕不會在此地撒野。我們三人是法里東的兒子，每一個都驍勇善戰，如果你執意與我們作對，到時候別怪我無情。」

法里東對三個兒子十分滿意，決定不再考驗他們，振翅離去。回到王宮後，他變回原來那位高貴英俊的國王，請人們擊鼓奏樂，歡迎三位王子歸來。王公貴族跟在法里東後面，出外迎接三位王子。

三兄弟看見父王來到，立刻下馬，親吻土地致意。法里東帶他們走進王宮，感謝上天讓他們三人平安返回故鄉。

然後，他把三個兒子喚到身旁，對他們解釋：「你們半路上遇見的那隻巨龍，其實是我變成的，爲的就是要考驗你們。現在，考驗結束了，我也能正式替你們取名。」

法里東替大王子取名「薩勒姆」（Salm），願他在世上事事順利。當初他迅速躲開巨龍的攻擊，保護自己不受傷害，相當機智。法里東深知，如果誰撞見強壯的雄獅或發怒的大象，還不願閃躲，只能證明他是個瘋子，並不代表他武功高強。

然而，勇氣也是非常珍貴的特質。二王子英勇善戰，看見巨龍的火焰毫不畏懼，反而鼓起勇氣。法里東替他取名「土爾」（Tur），願他公正地統治臣民。

最小的王子行動前懂得再三考慮，即使遭遇危難，仍能做出正確的選擇。法里東認爲他的表現比兩位哥哥優秀，替他取名「伊拉治」（Iraj），願他未來可以成爲賢明的國王，從容應付各種艱難的挑戰。

法里東也賜給三位葉門公主新的名字。薩勒姆的妻子名叫「阿莉祖」（Arzu），土爾的妻子名叫「阿扎德胡」（Mah-i-Azada Khu），伊拉治的妻子名叫「尼克佩」（Sahi）。

命名結束後，法里東決定分封國土。他找來星相家，請他們爲三位王子占卜，看看他們未來的命運是吉是凶。星相家謹愼觀察星象，向法里東回報：薩勒姆的命星是射手宮中的木星，土爾的命星是獅子宮中的太陽，表示兩人未來命運吉祥。只有伊拉治的命星是巨蟹宮中的月亮，預告他前途多舛，將來必會遭遇不幸。

法里東聽完，心裡十分哀傷，忍不住長嘆一聲。他深知凡人無法改變命運，無論歡喜或憂傷，上天自有安排。

（四）兄弟相殘

法里東深思熟慮後，將領土一分爲三。薩勒姆成爲羅馬之主，統治西方。土爾分到土蘭與中國，主宰東方。伊拉治得到伊朗，掌管伊朗與阿拉伯兩地。大臣與百姓爲伊拉治歡呼，慶祝他成爲伊朗的君王。

多年來，三個兒子對父王的安排十分滿意。然而，當法里東逐漸老去，薩勒姆的野心卻日漸強大。忌妒與貪慾啃食他的心。薩勒姆時常自問：爲什麼父親把伊朗的王位傳給年紀最小的伊拉治，卻不讓身爲長子的我繼承？

薩勒姆日思夜想，不斷累積的怨恨使他的眉頭緊緊皺起來。他再也忍不下這口氣，派使者到東方去，傳話給土爾：

「威武的土爾，父親心胸狹窄，對待我們實在不公平。如今，伊拉治坐在王座上，統治伊朗，地位遠高於他的兩位兄長。照理說，父親即便不封我爲伊朗國王，也該對你加以重賞。他分明是打從心底看不起我們。難道我們就該忍氣吞聲，接受這樣不公平的待遇嗎？」

土爾個性易怒，聽完哥哥的話，內心有如暴風肆虐。他像一頭發怒的獅子，派使者返回西方，告訴薩勒姆：「勇敢的薩勒姆，當初我們年少無知，才會受父親欺騙。現在，父親親手栽種的這棵毒樹已經結出了苦澀的鮮血之果。你我二人應立即會面，想出個辦法，扭轉我們的命運。」

兄弟倆見面後商討一番，決定派出一位能言善辯的使者，向法里東闡明他們二人的想法。使者趕到王宮，被帶到國王面前。氣勢宏偉的大殿上，貴族與高官在旁伺候，兩側鎖著獅子、班豹與戰象，令使者看得崇拜不已。

法里東威嚴地坐在王座上，露出溫和謙遜的微笑，彷彿散發著燦爛金光。他開口與使者寒暄，禮貌地請他入座。法里東向使者詢問兩位王子近來可好，想知道他們的身體是否健康。隨後，他又感謝使者如此辛苦，爲傳信一路奔波。

使者受到國王的款待，想起自己帶來的消息，不禁心懷愧疚。他對法里東說：「兩位王子之所以能享有幸福，都是托陛下的福。希望陛下理解，我一向效忠於你，所以這次替兩位王子傳信，我十分無奈。他們已經失去理智，只剩下仇恨與怒火。」

在法里東的要求下，使者完整地道出了自己出發前，薩勒姆托他傳達的話。薩勒姆譴責父親不敬神，當年分封土地時偏心，對長子與次子的愛遠不及最小的兒子。他威脅父親，要伊拉治交出王位，並且從此隱居。不然，他和土爾勢必發動大軍報復，殺死伊拉治。

法里東聽了這位逆子的狂言，既心痛又憤怒。「你放心，這件事與你無關，我不會懲罰你。」他對使者承諾。

國王爲兩位兒子的背叛失望透頂，氣憤地說：「兩個無知的惡棍！如今我看明白了，魔鬼已經擄獲你們的心。你們不聽父親的勸告，竟敢如此無恥，絲毫不怕上天懲罰。我用日月星辰、領土與寶座的名義向上天發誓，我對三個兒子並無不公。當年爲了分封土地，我每天傾聽學者、祭司與星相家的建議，與他們一同商量，好不容易才得出最後的結果。」

他要使者轉達他的話，勸兩位王子放棄野心，好好統治領地。「心存邪念之人，將來必有報應。只有一心向善，才能避免日後陷入悲傷。」使者記下了法里東的教誨，謙卑地親吻地面致意，告辭離去。

悲痛的法里東送走使者後，一刻也沒有猶豫。他找到伊拉治，要他召集軍隊，為戰爭做好準備。「薩勒姆與土爾的良心被忌妒蒙蔽。他們毀棄手足之情，打算率軍前來，逼你放棄王位。」

儘管法里東如此警告，伊拉治仍不願與兩位兄長為敵。他注視著他敬愛的父王，回答：「過去那些尊貴的國王從來不把仇恨放在心上。父親，你不是教我永遠不要記恨他人嗎？我一直謹記著你的教誨。對我來說，王位和江山隨時都可以放棄，我的兩位哥哥卻像我的生命一樣珍貴。請准許我獨自前去，會見薩勒姆與土爾。也許我有辦法撫平他們心中的怒火。」

法里東見伊拉治如此善良，心中的悲傷更深了。

「我的兒子，你那兩位兄長一心想要開戰，你卻渴望和平。」他嘆息，「倘若這是你的心願，那就去吧。不過，記住我說的話，儘管兄弟情深，最珍貴的還是自己的生命。如今你即將接近毒蛇，必定要隨時保持清醒，不要被牠咬傷。我心地善良的孩子，你得為自己備好退路。請從軍中選出幾位勇士，讓他們陪你一同前去。事成之後，你務必要早日歸來，平安回到我的身邊。」

在伊拉治離開前，法里東把自己親筆寫的信交給他，請他轉交給薩勒姆與土爾。信裡滿是這位老父親的哀求：

「我兒薩勒姆與土爾，對我來說，在這世上最重要的，不是財寶與王座，而是你們三兄弟能夠和睦相處。我誠心期盼我的三個兒子可以言歸於好。伊拉治這次去探望你們，是真心看重手足之情。但願你們親切待他，讓他安然返回。」

伊拉治帶著父親的信，與護衛們匆匆抵達兩位兄長紮營的地方。他滿心希望重獲和平，懷著對兩位兄長的敬愛，全身散發出神聖的光芒。軍營裡的士兵們見了，忍不住驚嘆：「像伊拉治這樣有著王者風度的人，確實應該繼承伊朗的王位！」

薩勒姆見到這情景，心裡更加憤恨。「你剛才都看見了。」眾人退下後，他才對土爾說，「士兵們神情有異，目不轉睛盯著伊拉治。他們敬仰他，打從心底服從他。往後，這些士兵都只會擁戴伊拉治。要是我們不趕快除掉他，將來遲早會失去王位。」

兩兄弟恨得咬牙切齒，對伊拉治的妒意越來越深。他們徹夜未眠，盤算如何除掉受人愛戴的小弟。

隔天，太陽升起，卻無法驅除兩兄弟心中的陰謀。薩勒姆與土爾來到伊拉治的帳篷裡，仇恨已使他們失去了羞恥之心。伊拉治看見他們，微笑著奔向兩個哥哥，請他們坐下談話。薩勒姆與土爾斷然拒絕。

土爾質問伊拉治：「你排行最小，憑什麼可以得到比我們更崇高的地位？難道我們作哥哥的，該對弟弟俯首稱臣？父親當年這樣安排，實在不公平。」

「兩位哥哥，請不要這麼說，且讓我們和好吧。」伊拉治回答，「我不想主宰天下，這樣至高的權力只會帶來悲傷的淚水。為了換回我們從前的兄弟之情，我願意退位，再也不當伊朗的國王。只求你們放下仇恨，不要受命運擺布。」

土爾聽了，起初十分錯愕。但他心中的怒火緊接著便重新燃燒。伊拉治的和善惹惱了他。土爾猛地站起來，抓起黃金座椅，朝伊拉治丟去。

伊拉治這才明白，兩位兄長已經決定置他於死地。他請他們千萬不要被邪念誘惑，殺死自己的弟弟。

「難道你們不怕神的懲罰嗎？生命如此珍貴，即使是螻蟻的生命也是如此，你們卻想奪去我的生命。難道你們不可憐父親嗎？他要是知道我們手足相殘，肯定會心碎。我已經答應把王位讓給你們，也願意從此隱居。只求你們不要違抗上天，犯下可怕的罪行。」

土爾完全不顧伊拉治的請求。他從靴子裡抽出沾有毒藥的匕首，狠狠地插進伊拉治的胸膛。鮮血濺在這位年輕人的臉上。伊拉治頓時失去血色，倒地而死。土爾還不罷休。他砍下伊拉治的頭，與薩勒姆聯手，用麝香保存弟弟的頭顱，送還給父親。

「好好欣賞你親愛兒子的頭顱吧。現在，你盡可以把王冠與寶座都賜給他。」兩兄弟留下這段話，拔營離去，各自返回自己的領土。

自從伊拉治離去後，法里東每天遙望遠方，期待看見兒子的身影。他算算日子，該是伊拉治回來的時候了。於是，王宮上下忙著張羅盛大的宴會，準備歡迎伊拉治歸來。法里東重新裝飾寶座與王冠，又騎馬率領將士來到路上，打算親自迎接伊拉治。

沒多久，眾人注意到前方的路上塵土飛揚。一位穿著喪服的使者騎著駱駝趕來，神情悲戚地停在法里東面前。老國王望見使者哀傷的眼神，頓時感覺到不祥的命運，心往下一沉。

使者帶來一具金棺。金棺裡放著染滿鮮血的絲綢，裡面包裹著伊拉治的頭顱。法里東見了，發出心碎的哭嚎，從馬背上摔落地面。隨行的將士得知伊拉治的死訊，也跟著哀號痛哭。他們扯破戰旗，倒懸戰鼓，整個隊伍換上了哀悼的黑色。

法里東走回王宮，將黑土撒向空蕩的王座。他撕扯自己的頭髮，淚流不止，慢慢走到伊拉治鍾愛的花園。過去，伊拉治曾在這裡多次與臣民歡聚，這樣的景象往後再也沒有了。法里東將伊拉治的頭顱緊緊抱在懷裡，抵著自己的胸口。他內心的哀痛如此劇烈，使他不住顫抖。

「主宰這個世界的神啊，看看這無辜的孩子，怎麼樣被他的兩個兄長殘忍地殺害。請施展迴的公理與正義，讓那兩位兇手的心永遠受痛苦煎熬，再也享受不到歡樂。請讓一位英雄在伊拉治的後代中誕生，爲他報仇。但願迴讓我活下去，親眼見證那個時刻。」

法里東日夜哭泣，最後雙目失明。即便如此，這位可憐的老人依然懷著傷痛，爲他最小的兒子哀悼：「喔，伊拉治，我的兒，我的兒。從未有王子像你這般悲慘地死去。」

（五）瑪努切赫爾復仇

伊拉治被殺，只留下一個女兒。他的女兒長大成婚後，生下一個漂亮的男嬰。人們找到法里東，向他道喜：「陛下，伊拉治後繼有人了。新誕生的男嬰十分好看，長得和伊拉治簡直一模一樣！」

法里東雖然高興，卻因爲雙目失明，無法親眼看看這個孩子。他向上天祈禱：「要是能看這孩子一眼，該有多好。但願上天施恩，讓我可以看見他的模樣。」

上天被法里東的祈禱感動，應允了他的心願。法里東的雙眼重獲光明，世間的一切再度顯現眼前，連那孩子的臉也變得清楚。老國王欣喜若狂，替懷裡的嬰兒取名瑪努切赫爾（Minuchihr）。

法里東相當疼愛曾孫，叮囑僕從細心照顧這孩子，絕不能讓他受到半點傷害或委屈。不只如此，法里東還親自教導瑪努切赫爾，把治國的學問與本領全交給他。法里東賜給瑪努切赫爾許多禮物：黃金寶座、翡翠王冠、各色錦緞、虎豹毛皮、配有金飾的阿拉伯駿馬、收在黃金鑲鞘裡的印度鋼刀、羅馬鎧甲與頭盔……每個都是國王寶庫裡的珍品。他把所有的希望寄託在這孩子身上，命全國的將士與貴族前來，向瑪努切赫爾宣誓效忠。

輔佐這位年輕王子的都是英雄人物：鐵匠卡維的兒子卡蘭（Karan）、勇猛如獅的希魯耶（Shirwi）、長槍勇士戈爾沙斯帕（Garshasp）、武士哥巴德（Kubad）、金盔卡什瓦德

（Kishwad）、納里曼（Nariman）之子薩姆（Sam），以及許許多多戰將。

薩勒姆與土爾聽說法里東打算輔佐新王登基，大爲震驚。兩兄弟都感覺到厄運即將降臨。他們反覆討論，卻想不出好的對策，最後只能派使者去向父親求情。另外又準備了許多珍稀的禮物，要使者一併帶去，獻給法里東。

使者來到法里東的王宮，轉達兩兄弟的話：「父親，我們兩兄弟心懷愧疚，眼裡充滿悔恨的淚水，希望你能寬恕我們的罪。過去發生的事都是命中注定，是魔鬼蠱惑了我們。如果父親願意饒恕我們，我們願向瑪努切赫爾俯首稱臣。」

法里東髮白如霜，端坐在寶座上，靜靜聆聽。年輕的瑪努切赫爾則頭戴王冠，陪在法里東身旁。老國王內心的憂愁不曾消逝，對兩個兒子早已絕望。他知道這些話不過是詭辯之詞，於是對使者說：「請你回去轉告我那兩個狠毒的兒子，事到如今，爲什麼他們還要繼續撒謊？他們如果願意愛瑪努切赫爾，當年爲什麼下手殺害伊拉治？這兩個無恥之人以爲我看不出他們正在醞釀陰謀嗎？我絕不會讓瑪努切赫爾前去與他們會面。若要相見，肯定是在戰場上。」

法里東拒絕收下兩個兒子送的禮物，遣走了使者。

使者心知薩勒姆與土爾前途堪憂，趕忙返回軍營，傳達法里東的答覆。兩兄弟聽完，嚇得臉色死白，忍不住打顫。他們私下商討對策時，土爾對薩勒姆說：「這樣看來，未來的情況對我們二人非常不利。瑪努切赫爾現在還年輕，但是，等幼獅長成雄獅，就有尖牙利爪對付我們。再說，到時候父親一定會指點瑪努切赫爾，幫助他擊敗我們。我們不能再耽誤時機，得趁早準備開戰。」

薩勒姆也同意。兩兄弟慌忙調動軍隊，從土蘭出發。大軍帶著眾多戰象，士兵各個身穿戰甲，在太陽底下閃著冷光，隨薩勒姆與土爾朝伊朗前進。

法里東得知兩個兒子已經出兵，命瑪努切赫爾從側翼出擊，在郊外部署兵力。臨別之際，他不忘叮嚀瑪努切赫爾沉著應對：「只要你心有計策，一定可以捉到兇猛的獅子。像他們這樣作惡之人，遲早會受到上天懲罰。」

瑪努切赫爾回答：「尊敬的陛下，如今惡人前來，他們不幸的命運早已注定。我此刻前去迎戰，沒有替祖父報仇，絕不卸甲歸來。」

瑪努切赫爾帶著卡蘭，率領三十萬大軍，從側翼出發。他命人舉起王室的聖旗，讓旗幟在戰場的空中飄揚。大軍行經平原與高山，宛如洶湧的海浪。士兵連聲高喊，鼓聲隆隆，震驚了天與地。

兩軍在平原上交戰，血流成河，連戰象的腳也被鮮血之海染紅。瑪努切赫爾逐漸擊退敵軍。雙方一直戰鬥到天色昏暗，才決議暫時休戰。薩勒姆與土爾趁機爲扭轉局勢苦思辦法，最後決定靠夜色掩護，襲擊瑪努切赫爾的軍營。

土爾親率十萬大軍，往瑪努切赫爾的軍營前進。他萬萬沒想到，軍中早有間諜走漏消息。瑪努切赫爾把絕大部分的兵力交給卡蘭，自己率三千士兵埋伏在路上。等土爾發覺大事不妙，已無路可退。兩軍厮殺成一片，砍殺聲不絕於耳。

土爾趁機逃跑，瑪努切赫爾在後緊追不放，一心想替伊拉治報仇。突然間，他的槍尖來到土爾背後，轉眼就挑飛了土爾手裡的刀。瑪努切赫爾抓住土爾，一把將他摔向地面，砍下土爾的頭顱。上天確實讓土爾接受了應有的懲罰。

瑪努切赫爾戰勝後，立刻傳信給法里東，獻上土爾的首級。老國王雖然為瑪努切赫爾高興，但土爾畢竟是他的親生兒子。見到次子如此慘死，法里東心裡哀痛欲絕。薩勒姆得知土爾的死訊，又聽說瑪努切赫爾正率軍襲來，驚慌不已。他決定躲到駐地後的一座要塞中，能撐多久算多久。瑪努切赫爾料想薩勒姆會堅守不出，向卡蘭道出自己的煩惱，深怕復仇計畫落空。

「殿下，你別擔心，我已有克敵妙計。」卡蘭回答，「請賜我一支軍隊，攻陷薩勒姆的要塞。除此之外，我還需要兩樣東西，一個是土爾的戒指，另一個是王室的戰旗。我打算趁今晚襲擊他們，請你千萬不要對任何人洩露這個計畫。」

卡蘭挑選了六千騎兵直奔要塞。到了半路，他把軍隊託付給希魯耶，自己喬裝打扮，策馬離開。卡蘭謹慎地接近薩勒姆的要塞，來到看守大門的衛兵面前。他假裝自己是土爾派來的使者，還拿出土爾的戒指讓他們檢查。衛兵戒心鬆懈，隨即打開大門，讓卡蘭進入要塞。等到夜幕降臨，月光灑落，卡蘭便舉起王室戰旗揮舞，高聲吶喊。

希魯耶看見卡蘭的信號，率領埋伏在外的軍隊奔赴要塞，奪下大門。清晨第一道陽光出現時，整個要塞都陷落了。卡蘭大獲全勝，撤軍回到瑪努切赫爾的軍營。

瑪努切赫爾對卡蘭讚譽有加。他告訴卡蘭，這段期間，蛇王佐哈克的孫子卡庫（Kakwi）曾率十萬大軍前來，與薩勒姆合作，殺死了一些戰士。「不過，你已經如此辛苦，請好好休息。這場戰役不需要你出擊。」瑪努切赫爾說，「我打算自己領兵上陣。」

伊朗大軍吹響號角，士兵手持武器，向戰場上的敵軍奔去。剎那間，血雨四濺，大地顫抖嚎哭。佐哈克之孫卡庫大吼一聲，撲向瑪努切赫爾。他往瑪努切赫爾的腰間猛刺一槍，破壞了瑪努切赫爾的征衣，使得藏在裡面的鎧甲裸露出來。瑪努切赫爾一咬牙，揮劍砍向卡庫，頓時讓對手全身鎧甲俱散。兩人一直打到日落，筋疲力竭。瑪努切赫爾不願繼續拖延，使勁抓住卡庫的腰帶，把那位壯碩如象的武士拉下馬來，一劍劈開卡庫的胸膛，這才結束了苦戰。

卡庫死了，薩勒姆終於知道自己大勢已去。他匆匆趕到河岸，卻找不到可以渡河的船隻。瑪努切赫爾催促大軍趕路，希望追上薩勒姆。可是戰後屍橫遍野，堵塞了道路，軍隊無法順利前進。瑪努切赫爾不願讓薩勒姆趁機逃跑。他拋開鎧甲，騎著白色的駿馬衝向薩勒姆。

「惡人，想往哪裡逃?當初你爲爭奪王冠，殺死弟弟伊拉治。看啊，如今我把王冠與寶座都帶來獻給你!」瑪努切赫爾大吼著，逼近河岸，揮劍朝薩勒姆砍去。

薩勒姆當場身首異處。伊朗士兵接過薩勒姆的頭顱，挑在長矛上，敵軍見了頓時軍心潰散，爭相逃離戰場。

有些敵軍留下來，向瑪努切赫爾求情。他們本就無心與瑪努切赫爾作對，這次前來打仗，僅僅是奉薩勒姆的命令。瑪努切赫爾赦免了他們，要他們返鄉繼續生活。這位年輕的英雄向軍中勇士喊道：「我們已為伊拉治報仇，從此可以不用再四處征戰。」

瑪努切赫爾差人向法里東報捷，獻上薩勒姆的首級以及要塞裡的財寶。隨後，他便率領大軍啓程，返回王宮。當瑪努切赫爾看見法里東的旗幟出現，連忙下馬俯身吻地，向曾祖父致敬。法里東牽起瑪努切赫爾的手親吻，安排曾孫登基，並親手為他戴上王冠。

兒子的仇已報，新王也順利即位。法里東為一切安排妥當，他的生命也走到了盡頭。這位曾像大樹般挺拔的國王，如今已成了枯萎的枝葉。每次想起他的三個兒子，法里東便忍不住哀嘆。

「我的心為我的三個兒子感到痛苦。都是因為我當年的安排，他們才會死得如此悽慘。」

他憂傷地陪伴著三個兒子的頭顱，終日淚如雨下，直到生命消逝那一天。

人們為法里東造了一座宏偉的陵墓。致上哀悼之意。等到先王的遺體安置好了，墓門也隨之封閉。瑪努切赫爾守喪整整七天。他失去了敬仰的曾祖父，雙眼的淚水不曾止歇。第八天，守喪結束，他才重新戴上王冠。

瑪努切赫爾成為一位受人愛戴的國王。他遵循法里東的榜樣，統治了一百二十年。天下百姓都稱讚他的公正與睿智。

第四章　白髮勇士扎爾

（一）白髮嬰兒

法里東去世前，曾交待納里曼之子薩姆輔佐瑪努切赫爾。這位勇士謹記老國王的指示，盡忠職守。薩姆對伊朗得以安享和平感到滿足，心裡卻有一個缺憾：這麼多年來，他一直沒有孩子。

每天，薩姆都向上天祈禱，希望可以有人繼承這個家族。日子一天天過去。終於，他的其中一位妻妾順利懷孕，替他產下一個男嬰。

但是，人們卻被這孩子嚇壞了。他的面貌雖然討人喜愛，頭髮卻白如霜雪。沒有人敢向薩姆報信。嬰兒的母親只能望著這個奇特的孩子，悲傷地低頭啜泣。

消息保密了整整七天，嬰兒的奶娘終於鼓起勇氣，對薩姆說：「勇士啊，祝福你，上天果眞應允了你的心願。你得到了一個兒子。」

薩姆聽了，十分高興。奶娘繼續說道：「這孩子相貌俊美，雙頰白裡透紅，實在好看。唯一美中不足的是，他的頭髮像雪一樣白——」奶娘看見薩姆臉色一變，趕緊勸他：「大人，這孩子是上天給你的恩賜，你千萬不可爲此心生怨恨，殘忍地拋棄他。」

薩姆沒有理會她，快步來到產房。當他看見那個白髮嬰兒時，所有的期望都化爲烏有。薩姆想到其他人會怎麼議論這件事，內心憂慮不已。「難道這是上天給我的懲罰嗎？這孩子才剛出生，卻像一位老人。他的眼睛深黑，頭髮卻像茉莉花一樣純白，好似惡神阿里曼親生。其他貴族見到他，會怎麼議論、怎麼取笑我？要是他們問起原因，我又要如何解釋？該說他是醜陋的妖怪，還是一隻黑白斑紋的小豹？有這樣古怪的兒子，我眞是沒臉見人了。」

他越想越絕望，緊緊皺起眉頭，心中悲憤交加。薩姆召來部下，要他們立刻把嬰兒抱走，丟到遙遠的荒野，任他自生自滅。

薩姆的部下遵照命令，帶著嬰兒來到厄爾布爾士山。可憐的孩子隨即被遺棄在深山之中，無人照顧。他又餓又累，一會兒大聲哭泣，一會兒吸吮自己的指頭。大地成了他的保姆，粗硬的石頭是他的搖籃。

厄爾布爾士山杳無人煙，山勢高聳。神鳥斯姆爾格（Simurgh）的巢就位在這裡。

一天，巢裡的幼鳥餓了，斯姆爾格便離巢覓食。牠在山中飛著，突然聽見人類嬰兒的哭聲。神鳥飛近一看，在荒涼的黑色土地上，躺著一個赤裸的嬰兒。天上的太陽無情地曬在他身上。神鳥困惑不已：這孩子的親人在哪？怎麼沒有替他找一片樹蔭乘涼？

上天讓神鳥的心裡產生了同情。牠決定暫時不替自己的孩子找食物，立刻飛向地面，伸出爪子抓住那個棄嬰，帶他回到鳥巢。

「不要傷害這個孩子。」神鳥告訴幼鳥們，「你們看，這小傢伙哭得多麼可憐。他原本身陷危難，是上天讓我把他救了回來。」

那無依無靠的孩子就這麼在神鳥的巢裡住下了。斯姆爾格替他取名「達斯坦」（Dastan），意思是「足智多謀之人」。牠與幼鳥們把達斯坦當作家人，細心照顧。神鳥沒有乳汁，就替那孩子捕捉幼小的動物，用血代替乳汁餵他。

時光流轉，一年又一年過去。達斯坦逐漸茁壯，成爲一位英俊挺拔的青年。

不久之後，有人在山裡看見這位奇特的年輕人。消息流傳出去，最後就連薩姆也聽說了。起初，薩姆並不相信這個傳言。但是，到了晚上，他越想越覺得不對勁，心情也變得煩悶，只能抑鬱而睡。

在睡夢中，薩姆望向遠處，注意到有人騎著快馬，從印度飛奔而來。這位騎士看見他，對他大喊：「你的兒子還活著！」

薩姆一聽，隨即驚醒過來。他召來祭司，道出自己的夢境，又提到人們奇怪的傳言。「各位智者，你們說說看，我這個夢境到底是好是壞？我的兒子還活著嗎？或者他沒有熬過飢寒，早已死在深山之中？」

祭司們回答：「即使是動物，都會感謝上天的恩賜，扶養自己的後代。你當初只因爲兒子有著白髮，就狠心拋棄了他，辜負上天的好意。現在，上天既然藉著夢境指引你路途，你應當趕快祈求寬恕，設法彌補過錯。」

薩姆心懷愧疚，隔日一早便帶著手下趕赴厄爾布爾士山，尋找當年被自己丟棄的兒子。那天晚上，薩姆累得沉沉睡去，又做了一個怪夢。

夢中，他又見到印度的高山。一支大軍等在那裡，率領他們的是一位年輕的勇士，身旁還有貴族與祭司隨侍。其中一人來到他面前，對他喊道：「你就是那個拋棄孩子的無恥之徒嗎？你兒子雖然無法得到你的愛，上天卻眷顧他，讓神鳥把他扶養長大。看看你自己吧。你當初把他的白髮當作恥辱，現在不也是鬢髮皆白？」

薩姆嚇得醒來，連忙帶著侍從往厄爾布爾士山頂趕去。山峰之高，直入雲中。薩姆遠遠望去，只見一個鳥巢高築在上頭。鳥巢有烏木與檀木支撐，還有沉香與紫檀作支架。神鳥堅固的巢使得薩姆嘖嘖稱奇。突然間，他看見一個白髮青年走到鳥巢旁，心中不禁感到雀躍。無論是氣質或相貌，那個青年和他都十分相像。薩姆知道自己已經找到兒子，忍不住俯身以額碰地，感謝上天指引。

斯姆爾格發現了薩姆一行人，知道他們此行是爲了尋找牠扶養的孩子。牠飛到達斯坦身邊，對這位青年柔聲說道：「孩子，你是我的驕傲。我像親生母親般撫育你，還給你取了名字。但是，如今你的親生父親來尋找你了。他名叫薩姆，是名聞遐邇的英雄，備受世人尊崇。過去他曾經拋棄你，現在已徹底悔改，希望與你重聚。既然如此，你就隨他回去吧，不要留在這裡受委屈。」

達斯坦聽了神鳥的話，雙眼溢滿淚水。他從未走入凡人的世界。是斯姆爾格教他如何說話，又傳授給他智慧與學問，他怎麼捨得離開牠？

「我感謝上天，也感謝你養育我長大。如果沒有你，我的生命不知會是什麼模樣。你的鳥巢就是我的家園，你的翅膀就是我的冠冕。難道你已經厭倦我，渴望與我分離嗎？」

「我當然不願與你分離。」神鳥哀傷地安慰他，「但是，此處不是你久留之地。跟你父親回去吧，去過嶄新的生活。人世的一切更適合你。你父親也能後繼有人。」牠說著，取下一根自己的羽毛，放到達斯坦手中，「這根羽毛送給你。只要你隨身帶著它，我就能永遠陪在你身邊。往後，你要是遇到困難，就把這根羽毛放進火裡，我會立刻趕到你面前。」

最後，神鳥依依不捨地與達斯坦道別。「再見了，達斯坦。我在自己的羽翼下扶養你長大，讓你和我的孩子們一起玩耍。希望你永遠不要忘記我。我會時時刻刻思念著你。」

牠強忍心痛，用爪子抓起達斯坦，把他帶到薩姆面前。眾人驚訝地望著神鳥與牠帶來的青年。達斯坦的白髮已經長至腰際。他如今身強體壯，面色紅潤健康，宛如太陽般耀眼。

薩姆見到兒子，忍不住痛哭失聲。他向神鳥俯身敬禮，感謝牠養育他的兒子長大：「鳥中之王，上天讓你擁有這樣偉大的力量，撫育深陷危難的棄嬰。全靠你的愛心，我的兒子才能活到今天。願你永遠平安，不受邪惡所擾。」

他說完，神鳥便振翅離去，在眾人的目送下飛回山頂。薩姆這才仔細打量兒子，發覺他相貌英俊，不僅擁有一雙強壯的臂膀，還散發著英雄的氣質，白色的眉毛襯托出一雙漆黑的眼睛。

「孩子啊，請你饒恕我。我向上天發誓，從今以後，絕不拋棄你。今後，如果你有任何願望，我一定會盡全力爲你達成。」

薩姆命人取來衣服，讓他的兒子穿上。下山後，他又送給兒子貴族的衣裳以及一匹戰馬。最後，薩姆賜給兒子一個新的名字，替他取名「扎爾」（Zal）。眾人與高采烈地歡呼，歡迎薩姆之子扎爾歸來。

瑪努切赫爾聽說薩姆找回了兒子，爲這位老將感到欣慰。他賞給扎爾許多珍寶，又賜給他眾多領地。

薩姆對扎爾百般疼愛，也非常信任他。當薩姆必須奉命出征時，他放心地把領地扎別爾斯坦（Zabulistan）交給扎爾治理。這位青年不負父親期望，妥善處理一切政事。每日每夜，他與賢人勇士切磋，不斷增長自己的學問。

人們知道薩姆之子不只相貌俊美，也富有智慧。男女老少都感到驚奇：這樣年輕的英雄，竟有著老人般的白髮！

（二）魯達貝公主

有天，扎爾一時興起，想去巡視各地。他帶著親信與隨從外出，每到一個地方，就在營帳裡擺設酒宴，與隨行的人們同樂。一行人走走停停，來到了喀布爾。

統治這裡的國王端莊又威嚴，名叫梅赫拉布（Mihrab）。他的祖先是蛇王佐哈克，不過他一點也不邪惡。梅赫拉布每年都向薩姆稱臣納貢。當他聽說扎爾來到，便親自相迎，獻上許多貴重的禮物。

扎爾設宴款待梅赫拉布，對這位國王留下了非常好的印象。待梅赫拉布離去，扎爾不禁讚揚起梅赫拉布的爲人。這時，有位隨行的貴族向扎爾透露，梅赫拉布不僅儀表非凡，還有一位美麗的女兒。

「公主的肌膚潔白宛如象牙，一頭烏黑秀髮泛著淡淡幽香。見過她的人都難以移開目光。她像陽光般耀眼，只有月亮能媲美她的容貌。她的雙眼動人，眉毛有如彎弓，睫毛好似烏羽。」

扎爾聽著這些形容，年輕的心爲之動情。他懷著對這位公主的念想，徹夜難眠。

隔天一早，扎爾再度宴請梅赫拉布，親切地與國王交談。梅赫拉布爲了答謝他，便邀請扎爾到喀布爾王宮作客。

扎爾心裡十分驚喜。他如果答應，就能見到梅赫拉布的女兒！可是，經過深思熟慮後，扎爾認爲這樣貿然同意並不妥當，只好遺憾地拒絕。「倘若瑪努切赫爾國王和我父親得知，我竟然到蛇王的後代家裡作客，他們肯定會發怒。」扎爾對梅赫拉布說，「除了這個請求，你有任何心願只管說出來，我都可以幫你達成。」

梅赫拉布覺得自己顏面掃地，只說了些客套話敷衍扎爾，隨即告辭離去。

梅赫拉布回到王宮，遇見他的妻子和女兒。信杜赫特王后（Sindukht）連忙向他打聽消息：「聽說薩姆之子扎爾一出生就白髮蒼蒼。他到底是什麼樣的人呢？」

「在世間所有英雄裡，再也找不到第二個像扎爾這樣的人物。」梅赫拉布回答，「我們宮中這麼多勇士，哪一位騎馬比得上他？扎爾待人慷慨，驍勇善戰，既年輕又英俊。雖然他那頭白髮實在奇怪，不過，配上他倒也合適。」

魯達貝公主（Rudaba）在一旁默不作聲地聽著，雙頰悄悄染上紅暈。她在心裡描繪這位年輕戰士的形象，爲他傾心不已。

魯達貝有五位忠心的侍女，她和她們向來無話不談。公主按捺不住對扎爾的思念，終於對侍女們說：「除了你們五個之外，我從未向其他人訴說這個秘密。我的心已經許給了扎爾。我深深思念著他，爲這份愛情感到痛苦，不知該如何是好。」

「殿下，這可不行！」侍女們回答，「你是公主，是王宮裡最珍貴的寶石，天上繁星都比不過你的美貌。多少帝王與貴族愛慕你，你卻決定把芳心許給這樣的人？他可是一出生就滿頭白髮，在野外由鳥兒扶養長大。像你這麼美麗的公主，怎麼會想要和這個奇怪的青年廝守呢？」

魯達貝沉下臉來，眉毛緊緊一擰：「我已經戀上星辰，又怎麼可能去愛月亮？不，我不愛羅馬君主，也不愛中國國王，更不把伊朗的君王放在心上。在這世上，我就愛扎爾一人。即使我們從未見面，我的心也只屬於他。我看重的是他這個人，一點也不在乎他的白髮。」

她堅定的心意最終打動了五位侍女。「殿下，你有什麼願望，儘管吩咐。我們一定會幫你。」她們向她承諾。其中一位侍女猜到了公主的想法，對魯達貝說：「殿下，你可別洩露出去。我們五個會努力想個辦法，瞞過宮裡上下，把扎爾帶來見你。」

五位侍女精心打扮，結伴來到河岸採花。那時正值一年的開端，扎爾與隨從們在河的對岸紮營。侍女們一邊漫步，一邊談笑，彷彿一點也不在意對面的河岸。

扎爾遠遠看見她們，問身旁的隨從，那些年輕的姑娘是誰。

「她們來自梅赫拉布的王宮，是公主的侍女。」隨從回答。

扎爾聽了，內心彷彿起了波濤，難以平靜。他來到河邊，備好弓箭，朝驚惶飛起的水鳥射去，一箭命中。水鳥落入水中，漂至對岸，把河水染得殷紅。

扎爾命令侍童取回水鳥。那孩子匆忙乘船來到對岸。侍女們一看見他，便快步前去，與他攀談。

「剛剛那一箭射得真好。射箭的是哪一位英雄？」

侍童連忙把手指放到唇上，示意她們不要大聲張揚：「那是薩姆之子扎爾。他是世上最美麗的人，也是獨一無二的英雄。」

侍女們輕輕笑了。「不對，不對。世上最美麗的人才不是他，是我們服侍的魯達貝公主。」她們仔細描述公主的外表，不斷誇讚她的絕世美貌。「這樣看來，公主和你的主人可眞是天生一對。要是他們能結爲夫妻，那該有多好。」

「沒錯，我也覺得他們是天作之合！」侍童附和道。

侍童答應幫忙穿針引線，來回過河，替侍女們傳話。扎爾請他送去許多禮物，侍童也不辭辛勞。最後，扎爾下定決心，親自前往河的對岸，與五位侍女談話。她們有問必答，說了許多關於魯達貝公主的事。扎爾懷著對公主的愛慕，希望能見她一面，請侍女們指點方法。

五位侍女告訴扎爾她們的計畫，與他約好時間，隨後便返回王宮，向魯達貝訴說她們在河邊的遭遇。侍女們見過扎爾，對他的印象更好了，誰也不敢再說公主的選擇是錯的。

夜深了，魯達貝來到屋頂，在月光下等待她傾慕的青年。扎爾收到侍女們的指示，也匆匆趕來王宮，迫不及待與公主幽會。魯達貝看見他的身影，輕聲對他喊道：「歡迎你，薩姆之子扎爾，我衷心希望上天永遠祝福你。」

扎爾聽見這優美的聲音，抬起頭來，望向站在高處的公主。她的美貌讓月光爲之遜色，彷彿照亮了整個屋頂。兩個年輕人在月下盡情交談，只恨彼此之間隔著距離，無法靠近。

魯達貝解開烏黑的秀髮，讓長長的髮辮垂到扎爾的手裡。「抓緊我的髮辮，沿著牆壁爬上來吧。」她說。

扎爾心裡十分驚奇，手裡握著髮辮，不停親吻。「這怎麼行呢？我絕不會傷害你，那會使我心裡痛苦不已。」他拿出隨身帶來的繩子，打好環扣，向上一拋，套住了宮牆的垛口。扎爾抓緊繩子，敏捷地爬上屋頂。

魯達貝牽住他的手，帶他走進金碧輝煌的宮殿。公主的臥房不只收藏了中國綢緞與純金的杯盤，還微微散發著花朵的幽香。

不過，在這些美麗的事物中，最讓扎爾驚豔的還是魯達貝公主。她的雙頰泛紅，秀髮有如流水，光彩耀眼。扎爾凝視著她，不禁出了神。魯達貝也深情地望著這位英雄，他不同凡俗的長相與氣質讓她心動。兩人再也無法抑止心中的感情，深情擁吻。

「要是瑪努切赫爾國王與我父親知道我們相愛，絕對不會贊同。」扎爾對魯達貝說，「但是，爲了你，我寧可犧牲生命，也不願背棄今天許下的誓言。願上天幫助我們，平息國王與父親的怒火，成全我們的愛情。」

「我也向你發誓，這輩子除了你之外，絕不嫁給任何人。」魯達貝回答。

扎爾在魯達貝的臥房裡度過一夜。報晨的鼓聲傳來時，這對愛侶才依依不捨地擁別，在心中責備太陽升起得實在太早。

（三）扎爾成親

扎爾返回營帳，找來賢人與智者，向他們徵詢意見。眾人聽說扎爾與魯達貝相愛，頓時陷入沉默，不知道該如何回答。他們深知，由於梅赫拉布的祖先是蛇王佐哈克，瑪努切赫爾國王絕對不會允許這門婚事。這些賢者只能請扎爾向薩姆坦承一切。說不定薩姆會諒解，替兒子在國王面前說情，讓瑪努切赫爾開恩。

扎爾寫信給父親，誠實道出他與魯達貝的戀情。他在信末寫道：「父親想必記得，在我們重逢的那一天，你曾發誓盡力滿足我的願望。娶魯達貝爲妻就是我唯一的心願。」

使者快馬加鞭，將扎爾的信送到薩姆手中。薩姆讀完信，因爲過度驚訝而呆立原地。「這孩子竟然希望與蛇王的後代結婚？」薩姆想著，陷入了苦惱。他找來星相家，請他們替這門婚事占卜。沒想到結果竟是吉祥的。

「扎爾與魯達貝如果結婚，將來必會生下一位蓋世無雙的勇士。」星相家說，「這位勇士將爲伊朗帶來好運與希望，成爲每個英雄的榜樣。」

薩姆鬆了一口氣。他對扎爾派來的使者說：「你立刻回去，告訴我的兒子，雖然這門婚事不合情理，但我既然對他許下了誓言，就絕對不會違背。今晚，我會親自奔赴王宮，向瑪努切赫爾國王說情。」

使者帶著這個消息，火速趕回喀布爾。扎爾聽說父親答應幫忙，高興得不得了，滿心期盼著與魯達貝成婚的那一天。

不過，在梅赫拉布的王宮裡，這對愛侶的秘密再也無法隱瞞下去。宮中有個女人，平時負責替魯達貝與扎爾傳信。這天，她來到公主的臥房，捎來好消息：「扎爾的父親已經同意這門婚事，此刻正要去說服伊朗國王。」

魯達貝喜不自禁，賞給那個女人一套新衣，又請她幫忙，把綴滿寶石的織巾與戒指送給扎爾作爲信物。

那女人收好禮物，快步走出公主的臥房。她正要趕路，不料卻被信杜赫特王后看見。王后常常見到這女人經過，早就起了疑心，這次索性把她攔下，加以質問。雖然女人辯解自己只是來與公主買賣珠寶，信杜赫特還是看出她在說謊。

王后從女人身上搜出公主的戒指，氣得跑進魯達貝的臥房。「我親愛的女兒，這戒指究竟是要送給哪個男人的禮物？他值得你這樣費盡心思，做出如此羞恥的事？」她一邊說著，一邊悲憤地哭了起來。

魯達貝低下頭，羞愧的眼淚順著她的雙頰流下。「啊，母親，我告訴你實話吧。我的心已經許給了扎爾，我們兩人深愛彼此。他向我求婚，我也答應了。他的父親得知此事，雖然苦惱，還是答應成全我們。剛才那個女人來此，爲的就是傳達這個好消息，也是我拜託她把戒指送給扎爾。」

信杜赫特稍稍平息了怒氣。她雖然覺得女兒與扎爾相配，卻擔心伊朗國王會反對這門婚事，到時候，瑪努切赫爾爲了阻止這對年輕人成婚，說不定還會率軍前來，攻打喀布爾。

她吩咐負責傳信的女人不准對外張揚，自己滿懷憂愁地回到房裡歇息。梅赫拉布返回王宮，發覺妻子愁眉不展，擔心地問起原因。信杜赫特被這麼一問，忍不住流下眼淚，道出女兒與扎爾私訂終身的秘密。

梅赫拉布氣得發抖，抓起匕首，直呼要親自了結魯達貝的性命。信杜赫特趕忙拉住他，勸他息怒，梅赫拉布生氣地推開她。「我現在就殺了魯達貝，免得她做出背叛祖先的醜事。這孩子怎麼不明白，她會給我們帶來多可怕的災難？瑪努切赫爾一旦知道了，肯定會率大軍親征，踏平我們的國家。」

信杜赫特急得向他解釋，薩姆已答應去向瑪努切赫爾說情。「陛下，你仔細想想，當初法里東不也是與葉門國王結親嗎？如果我們的女兒嫁給扎爾，這門婚事一定能替你樹立威嚴，讓敵人聞之喪膽。再說，你不是非常欣賞扎爾的爲人嗎？在我看來，他當魯達貝的丈夫再合適不過。」

信杜赫特不斷勸說，梅赫拉布才控制住怒火，發誓不殺女兒。

隨後，魯達貝被帶到梅赫拉布面前。她盛裝打扮，爲了愛情鼓起勇氣，絲毫不害怕可能降臨在自己身上的責罰。

「你這孩子真是愚蠢，怎麼能如此不顧王國的安危？」梅赫拉布雖然氣消，還是忍不住開口教訓女兒。魯達貝看見父親如此擔憂，只能低頭不發一語，傷心地走回自己的臥房。

喀布爾王室擔心的事情還是發生了。瑪努切赫爾早就接獲消息，得知扎爾與魯達貝的愛情。國王對眾臣說：「佐哈克雖然已被消滅，但他的後人隨時可能捲土重來。如果扎爾與魯達貝結合，他們生下的孩子是否會和蛇王一樣邪惡？倘若那孩子心中充滿邪念，覬覦王位，伊朗恐怕又要陷入戰亂。」

在場的謀士們齊聲稱頌國王英明，請他務必出兵，破壞佐哈克後人的陰謀。瑪努切赫爾於是召見薩姆。

這時，薩姆才請人送信給兒子，正在煩惱如何對國王解釋。他突然接獲瑪努切赫爾的命令，心裡雖然困惑，也只能匆忙趕到王宮。

瑪努切赫爾設宴招待薩姆，親切地詢問這位老將近來征戰的情形。薩姆據實以告，仔細描述在戰場上的經歷，又說起自己如何打了漂亮的勝仗。眾人飲酒作樂，直到天明。

隔天早上，薩姆認為此時正是大好時機，打算和國王討論兒子的婚事，不料卻被瑪努切赫爾搶先一步。

國王命薩姆率領大軍，再次出征。「我要你到喀布爾去，燒毀梅赫拉布的宮殿。我們必須把蛇王的後代趕盡殺絕，讓他們徹底消失。」

薩姆見到瑪努切赫爾嚴肅的神情，不敢違抗命令，只能俯身親吻王座。「陛下若有此意，微臣必定遵旨。」

伊朗大軍逐漸逼近，可怕的消息撼動了整個喀布爾。王室與臣民恐慌不已，對未來失去了希望。扎爾聽說瑪努切赫爾宣戰，騎馬匆匆離開喀布爾，希望能阻止他的父親。

到了伊朗軍營，扎爾立刻下馬，與薩姆會面。「父親，你難道忘記自己的誓言了嗎？倘若你執意攻打喀布爾，我會誓死保護他們，與喀布爾共存亡。」

薩姆被兒子的決心打動，當即決定給瑪努切赫爾寫信，要扎爾親自帶去。信中，這位老父親向國王說情。他一輩子奉獻給伊朗，爲王室征戰，如今已經一百二十歲。再厲害的勇士都無法抵抗歲月的摧殘。因此，薩姆打算讓扎爾繼承自己的位子，繼續替王室效力。「陛下，我從山裡把扎爾領回的那天，曾發誓完成他任何心願。這孩子從小在野外由鳥兒扶養長大，遇見魯達貝公主這樣的美人，會愛上她也是情有可原。希望陛下諒解，我兒已爲這份愛情痛苦不堪。他是我在世上僅剩的親人，我怎麼也不願違背對他許下的誓言。」

瑪努切赫爾讀了薩姆的信，輕輕一笑。

「雖然我心裡仍有顧慮，但是，看在薩姆眞誠道出心聲的份上，我決定成全你的愛情。」他對扎爾說，「請你在王宮暫住一段時日，讓我找人替你的婚事占卜。」

謀臣、賢士與星相家齊聚一堂，耗費整整三天觀察眾星運行。最後，他們向國王報告：「梅赫拉布之女與薩姆之子結合，必定生下一個男孩。這個男孩未來將成爲力大無窮的英雄，一生征戰享盡榮譽，讓敵軍聞風喪膽。他會是國王忠誠的將軍，也是伊朗勇士的榜樣。」

「此是天機，不可對外人洩露。」瑪努切赫爾吩咐道。

爲求愼重，瑪努切赫爾決定讓扎爾接受祭司的考驗。六位祭司輪流向扎爾提問，測試他的智慧。

第一位祭司說：「我看見十二棵大樹，每一棵樹都長著三十根枝條。」

第二位祭司說：「有兩匹駿馬，一匹漆黑有如瀝青，另一匹純白有如水晶。牠們全力奔馳，卻總是一前一後，無法比肩同行。」

第三位祭司說：「三十個騎士策馬奔馳，定睛一看，竟然少了一人。仔細數數，又恰好是三十人。」

第四位祭司說：「有個牧場綠草繁茂，卻有人揮舞鐮刀，胡亂割草，完全不聽旁人勸告。」

第五位祭司說：「有兩棵高高的柏樹，有隻鳥在上頭築巢。早晨，牠在一棵樹上，到了夜晚，又到另一棵樹上歇息。牠一飛離，樹就乾枯。牠一來到，樹就枝葉繁盛。」

第六位祭司說：「有座城池位於高山，既堅固又宏偉。居民卻寧願拋棄城池，住在荒涼的土地上。他們蓋了一座宮殿，把人分成兩種，一種是高貴主人，一種是卑賤的奴僕。人們遺忘了從前的城池，直到有天發生地震，土地被吞沒，他們才希望找回那座城池。」

扎爾專注地思考，沉吟片刻，然後一一回答這些問題：

「十二棵樹長著三十根枝條，代表一年裡的十二個月，每個月又有整整三十天。」

「黑馬與白馬分別代表黑夜與白晝。它們互相追趕，卻永遠無法趕上彼此。」

「三十個騎士就是一個月的天數。不過，一個月裡有時會少一天。」

「兩棵樹是宇宙的雙臂，那隻鳥兒即是太陽，運行在宇宙之間。」

「割草人代表時間，人們則是青草。時辰一到，凡人不免一死。」

「美麗的城池是人們最後的歸宿，荒涼的土地是現世暫時棲居之處。死亡有如地震，能讓現世的生活破滅。倘若到了那時才想起另一個世界，恐怕爲時已晚。」

扎爾正確地回答了每個問題，瑪努切赫爾非常滿意。不過，他還想試試這個青年的武功，於是請扎爾在宮裡多留一天。

在國王的邀請下，武藝高強的勇士們一一登場，大展身手。瑪努切赫爾坐在高台上，仔細觀察眾人比武。只見扎爾雙手撐開強弓，策馬奔馳，瞄準了一棵古樹射箭。利箭飛出，迅速射穿樹幹。國王深感佩服，這樣的勇士果眞前所未聞。接著，扎爾又拿起長矛，力抗國王派出的士兵，一連刺穿了三個盾牌，士兵們紛紛敗退。

國王起身，對在場的勇士們說：「你們哪位願意上前，與這位青年較量？」

一位勇士應聲自願，拿起盾牌與長矛，與扎爾展開搏鬥。扎爾抓住了勇士的腰帶，用力提起對手，把他高舉到空中。場上一片驚呼。

「年輕的英雄，你在世上已是無人能敵。」瑪努切赫爾驚訝地稱讚道，「薩姆何其有幸，有你這樣的兒子。」

靠著智慧與英勇，扎爾通過了瑪努切赫爾的考驗，獲得許多珍貴的獎品。國王也同意了他與魯達貝的婚事。

扎爾高興地返回薩姆的軍營，父子倆緊緊擁抱，互相述說彼此這段期間的遭遇。薩姆告訴扎爾，前些日子，信杜赫特王后曾來軍營求情，他也以禮相待。現在，喀布爾王室已聽說這門婚事獲得瑪努切赫爾同意，正欣喜地準備盛大的婚禮。

扎爾與魯達貝得到了眾人的祝福。兩人經歷重重難關，終於順利結爲夫妻。

第五章 大力士魯斯塔姆

(一) 魯斯塔姆誕生

扎爾與魯達貝結婚一段時日後，魯達貝發覺自己懷孕了，爲此十分高興。但是，日子一天天過去，她腹中的胎兒變得沉重，好像一塊石頭或鋼鐵。魯達貝痛苦不堪。她的健康每況愈下，人也變得憔悴，彷彿日漸枯萎的花朵。

等到生產的日子接近，魯達貝再也忍受不了疼痛，暈了過去。侍女們見了，驚慌失措地大叫，趕忙照顧昏厥的公主。信杜赫特王后嚇得不知如何是好，不停哭泣。

扎爾一聽說消息，立刻趕到妻子身旁。他流著眼淚，內心慌亂不已，深怕魯達貝就這麼死去。此時，他想起當初與斯姆爾格告別時，神鳥送給他的羽毛。扎爾安慰眾人，取出神鳥的羽毛，放進爐火焚燒。

剎那間，天昏地暗，斯姆爾格出現在扎爾面前，宛如從烏雲灑落的希望之光。牠看見扎爾深陷憂愁，便開口說道：「勇士啊，你爲什麼悲傷地哭泣？你的妻子將爲你生下一個健康強壯的兒子。無論是力量或膽識，都沒有人比得上他。他的出世是上天的恩賜。敵人只要看見他，沒有一個不感到害怕。」

斯姆爾格的話稍稍撫平了扎爾的擔憂。神鳥知道他擔心妻子的安危，又對他說：「我的孩子，你不用煩惱。不久以後，有位祭司將來到這裡。他的醫術高超，可以從魯達貝的腹中取出那孩子。母子兩人都會平安無事。」

斯姆爾格告訴扎爾，祭司會用酒麻醉魯達貝，再拿一把淬火鋼刀爲她剖腹。魯達貝絕不會感到疼痛。祭司取出胎兒後，也會細心縫合她的傷口。斯姆爾格說完這些，又教扎爾找一種神奇的藥草，將藥草搗爛，用牛奶與麝香攪拌，再塗到魯達貝腹部的傷口上。這樣一來，傷口就能順利癒合，完全不留痕跡。

扎爾這才放下心中的憂愁。神鳥向他告別，又送給他一根羽毛，展翅飛離。扎爾將那根羽毛妥善收好，耐心等待預言中的祭司來到。

不久，果眞有位祭司抵達。正如斯姆爾格的預言，祭司麻醉魯達貝，替她剖腹，取出一位男嬰。孩子面貌俊秀，有如小象般壯碩，人們看了都嘖嘖稱奇。

祭司縫好魯達貝的傷，照著扎爾的指示，把草藥塗在傷口上。魯達貝逐漸醒轉，看見那個剛出生的嬰孩，滿足地嘆了一口氣：「這下我如釋重負。」因爲這句話，孩子就取名爲「魯斯塔姆」（Rustam），發音與波斯語中的「我解脫了」十分相似。

魯達貝命人縫製一個絲綢娃娃，大小與嬰兒相仿。娃娃內裡塞了黑貂毛，額頭繪有太陽與金星，兩隻手臂畫了巨龍，兩隻小手畫成獅爪。這個小娃娃騎在馬上，一手舉著大棒，一手拉著韁繩，腋下夾了一支長槍，周圍還有僕人隨侍。

等娃娃做好了，就由使者送到薩姆面前，讓這位老將看看孫子的長相。薩姆高興得不得了：「這孩子長得簡直跟我一模一樣！小小年紀，身子就這麼強壯。等他長大，肯定是位魁梧的勇士。」

薩姆犒賞使者，又向窮人大方施捨錢財。樂師在宴席上演奏歡快的音樂，人們爲新生兒慶祝了整整七天。扎爾得知父親如此欣喜，心裡既感動又寬慰。

魯斯塔姆一天天長大。他年紀雖然還小，食量卻相當驚人，光是替他哺乳，就得動用十位奶娘。魯斯塔姆斷奶後，開始吃起正常的食物。他每天都吃肉與餅，一頓飯足足是十個壯漢的份量。到了魯斯塔姆八歲時，他已經長成一位如雄獅般強健的男孩，彷彿薩姆再世。眾人驚訝不已。

（二）魯斯塔姆殺死白象

在扎別爾斯坦，魯斯塔姆安然度過童年。有天，扎爾帶著已是少年的魯斯塔姆來到果園，與親友相聚，小酌一番。眾人興致高昂地暢談，把媲美紅寶石的美酒倒入晶亮的酒杯中。扎爾也趁機教魯斯塔姆如何對身邊出色的勇士封賞。

魯斯塔姆遵從父親的教誨，公平地讓每位勇士獲得應有的獎賞，其中不乏金銀珠寶以及來自阿拉伯的良馬。酒席結束後，眾人紛紛告辭，扎爾也返回內殿。美好的一天在祥和中結束。

魯斯塔姆因為多喝了幾杯，感到頭昏，只好回到臥房休息。他躺下之後，沒多久就進入了夢鄉。

突然間，外頭傳來喊聲。魯斯塔姆驚醒，聽見人們大聲求救：「唉呀，不好了！大人的白象掙脫鐵鍊，逃了出來。大家有危險了。」

魯斯塔姆立刻起身，抓起祖父傳給他的大棒，奪門而出。他把這個危機當作證明自己的機會，說什麼也要去制服白象。負責守衛的幾位侍從嚇壞了，他們擋在路上，設法攔住魯斯塔姆。其中一位侍從說：「沒有扎爾大人同意，我們不能擅自為你開門。請回去吧。現在天色已晚，白象又掙脫了鐵鍊，你若貿然外出，就是不顧自己安危。」

魯斯塔姆哪裡聽得了勸。他看這些侍從是鐵了心要攔阻他，頓時怒從中來，一拳打在說話的侍從頭上。可憐的侍從頭頂隨即腫了起來。

「現在還有誰敢阻止我？」魯斯塔姆轉向其他侍從。他們嚇得不敢說話，急忙讓路。

魯斯塔姆走向大門，舉起手中的大棒，用盡全力砸碎門鎖。這位少年勇往直前，毫不畏懼。他一路走著，肩上扛著那根棒子，心中熱血沸騰。當他終於看見白象時，魯斯塔姆朝牠大喊一聲，聲音宛如洶湧的河水。

發狂的白象發現了他，直奔而來，巨大的象腳踩得大地不斷震動。周遭的武士閃躲開來，各個都像綿羊見了惡狼似的，不敢上前迎戰。只有魯斯塔姆奮勇向前。

白象高舉長鼻，狠狠一掃，想要攻擊魯斯塔姆。魯斯塔姆趁機舉起大棒，朝象頭揮去，力道之猛，使得白象劇烈地顫抖。牠垂下頭，身軀變得彎曲，終於喪失力氣，倒在地上。

魯斯塔姆順利制伏白象，對自己的表現相當滿意。他從容地返回臥房，繼續呼呼大睡，一直到隔天正午才醒來。

（三）攻下斯潘德要塞

到了早上，有人向扎爾報告，昨晚魯斯塔姆如何大戰白象，導致那頭白象倒地不起，一命嗚呼。扎爾聽著他們活靈活現地描述，這才知道昨晚發生了這麼驚人的事情。他嘆了一口氣：「可惜了這頭白象。從前在戰場上，牠衝鋒時好比驚濤駭浪，敵人根本無法抵擋。這頭白象向來無人能敵，沒想到如今卻被我兒魯斯塔姆殺死。」

扎爾心底爲孩子感到驕傲，認爲是時候讓魯斯塔姆出外立功。他把魯斯塔姆找來，親吻兒子的頭，又摸摸他的肩膀。「我的孩子，時光飛逝，你已經成長茁壯。你雖然年輕，卻有著異於常人的力氣，身軀與臂膀如此強壯，像雄獅般勇猛。現在是你建功立業的好時機。因爲你尚未出名，敵人不會對你設防。你要把握這個機會，趁勢出征，踏平斯潘德要塞（Sipand）。」

魯斯塔姆聽父親這麼說，等不及試試自己的身手。「不過，爲什麼我的第一仗必須攻打斯潘德要塞？」

扎爾解釋：「當年，你的曾祖父納里曼曾想打下這座要塞，卻不幸被困，慘遭陰險的敵人用巨石砸死。你的祖父薩姆希望能爲父報仇，卻一直無法攻下要塞，因此十分沮喪。你要是能奪下那易守難攻之地，就可以替你的曾祖父報仇。」

「父親，放心交給我吧。我一定可以順利奪下要塞。」魯斯塔姆回答，自信滿滿。

足智多謀的扎爾早有準備，爲魯斯塔姆提供一條妙計。他要魯斯塔姆率領一隊士兵，假裝成四處旅行的賣鹽商人，這樣敵軍就無法猜出他們的來意。「在斯潘德一帶，鹽是相當罕見的寶物，鹽商在那買賣總是能夠大大獲利。山上的要塞裡，居民長年沒有鹽，做出來的菜餚味道淡薄。只要看見你的賣鹽商隊來到，男女老少都會爭相出來，向你買鹽。」

魯斯塔姆謹記父親的話，著手準備出發。他精挑細選，找出最機靈勇敢的幾位士兵，然後小心翼翼地把武器全都藏在貨物裡。一行人喬裝成普通的駱駝商隊，趕赴斯潘德要塞。

要塞建在高山上，位於伊朗與敵國土蘭的交界。哨兵遠遠望見逐漸接近的商隊，立刻向要塞的首領報告。

「這支商隊運來什麼貨物？」首領問。

「還不清楚。」哨兵回答，「不過，大概是珍貴的鹽吧。」

首領於是派出一人，去向商隊打聽看看，他們究竟帶來什麼樣的貨物。那人匆忙下山，一看見魯斯塔姆，便上前詢問：「你一定就是商隊首領吧？快告訴我，你們這次帶來什麼貨物？我還得趕回山上，向首領報告。」

魯斯塔姆回答：「告訴你們的首領，我的商隊只賣一種貨物，那就是鹽。」

那人急忙跑回要塞，向首領回報，這支商隊帶來的確實是鹽。首領高興地揚起嘴角，命人打開要塞大門，歡迎商隊來到。

魯斯塔姆帶著駱駝商隊抵達時，迫不及待的要塞居民早已聚集在狹窄的門口。當他望見要塞首領，便躬身行禮，親吻土地致意。他一邊向首領與居民寒暄，一邊卸下駱駝背負的鹽包，讓他們看個仔細。

首領誠摯地歡迎魯斯塔姆和他的同伴，讓這位年輕人領著商隊來到要塞裡的市場。人們爭先恐後搶著買鹽。有人拿出衣裳，有人拿出金銀，沒有一個人對這支商隊起疑。

慢慢地，天色暗了下來。夜幕低垂時，魯斯塔姆和隨行的勇士們準備妥當。他們快步來到要塞首領的住所。負責守衛的士兵發現有人偷襲，與魯斯塔姆打了起來。不過，他畢竟不是魯斯塔姆的對手。魯斯塔姆高高舉起大棒，朝士兵的頭打去，當場就把那位士兵幾乎打入地底。

要塞上下聽說有敵人來襲，急忙取出武器應戰。漆黑的夜裡，兵器閃爍著寒光，大地被鮮血染紅。魯斯塔姆銳不可擋，敵人的頭顱一顆接一顆滾落在地上。等到太陽升起，陽光照耀大地，要塞裡再也不見一個居民。他們有的被殺，有的倉皇逃跑。

魯斯塔姆的士兵挨家挨戶搜索，不放過任何角落。他們在山腳發現了一座花崗石建成的屋子。鐵製的大門做工精巧，堅固牢靠。魯斯塔姆一棒打爛鐵門，率領士兵進入石屋，這才驚覺此地其實是一座巨大的寶庫。財寶堆積如山，亮閃閃的金幣填滿了整座屋子。

魯斯塔姆訝異地打量這些寶物，對隨行的士兵說：「真沒想到，這座要塞裡居然藏著這麼多金銀財寶。全世界的金礦開採出的黃金，以及大海深處的各種稀奇寶物，肯定都藏在這裡。」

他寫信向父親報告戰果，得到了扎爾的讚許。魯斯塔姆按照父親的指示，把那些財寶蒐集起來，用扎爾派來的駱駝大隊運走。最後，他才放火焚毀斯潘德要塞。

年輕的勇士看著滾滾濃煙升起，心知自己已替曾祖父報仇，滿足地啓程返家。扎爾與魯達貝見到兒子平安歸來，高興地把他緊緊擁在懷裡，一家人終於團聚。

（四）新王卡烏斯

瑪努切赫爾死後，王位傳給他的兒子努扎爾（Naudar）。勇士薩姆盡力輔佐新王，直到自己終於因年老逝世。努扎爾登基不久，敵國土蘭派大軍來犯。伊朗雖然成功抗敵，努扎爾卻不幸在戰場上被俘，死在土蘭王子阿夫拉西亞伯（Afrasiyab）手上。

伊朗上下爲國王之死哀悼。扎爾率眾尋找適合繼承王位的皇族後人，最後選中了年事已高的扎夫（Zav）。新王登基時已高齡八十歲，執政五年後便與世長辭。他的兒子戈爾沙斯帕（Garshasp）繼位爲王，九年後駕崩，伊朗的王位又空了下來。

土蘭國王帕山（Pashang）看準時機，打算再度派軍隊奪下伊朗。爲了順利出征，帕山決定寬恕兒子阿夫拉西亞伯。王子之前殘殺同胞兄弟，受到父親憎恨。父子倆藉此機會和好，同心協力。伊朗此時沒有國王在位，又聽說外敵逼近，人們急得不知如何是好。

在這緊要關頭，扎爾挺身而出，率領伊朗軍隊抵禦土蘭。他認爲魯斯塔姆年紀已到，可以上戰場，就把薩姆的武器交給了他。魯斯塔姆選了一匹優秀的戰馬，取名拉赫什（Rakhsh）。眾馬之中，唯有這匹良駒可以承受魯斯塔姆非凡的力氣。

有位祭司告訴扎爾，在厄爾布爾士山住著一位皇族後裔，名叫哥巴德（Kubad），是最合適的王位繼承人。扎爾立刻派魯斯塔姆前往厄爾布爾士山。在那裡，魯斯塔姆果眞找到了一位年輕的首領。

哥巴德又驚又喜。原來，在魯斯塔姆抵達前日，哥巴德曾夢見兩隻白鷹從伊朗飛來，爲他戴上王冠。現在他瞭解了，魯斯塔姆就是他夢中的白鷹。

哥巴德登上王位，建立了新的王朝，與伊朗的勇士們合力抵抗土蘭大軍。伊朗人士氣大增，再加上魯斯塔姆的驍勇善戰，阿夫拉西亞伯最後只能倉皇退兵。帕山自知無法對抗伊朗，只得與哥巴德和談，兩國約定就此休戰。

在哥巴德統治的一百年間，伊朗安享和平。歲月流逝，哥巴德終究從年輕步向衰老。當他感覺自己的生命已走到盡頭，便把伊朗託付給長子卡烏斯（Kaus），辭世而去。

卡烏斯繼承王位，喜不自禁。一天，他在宴席上喝醉了，忍不住對在場的將軍們說：「像我這樣的國王，在這世上沒有人比我強大，也沒有人可以與我一較高下。」大家聽了，心裡都覺得驚訝，不知如何回答。

正巧，有位歌手來到宴席外，希望可以用自己的歌聲取悅國王。卡烏斯聽說了，立刻請侍衛放歌手進來。這位歌手用美妙的歌聲頌揚自己的故鄉馬贊得朗（Mazandaran），把那片土地描述得美麗無比，令人嚮往。那裡遍地是青山綠野，四季如春。夜鶯優雅啼唱，鹿群悠然徜徉。那裡的錢財多得無法數盡，貴族腰繫金帶、頭戴金冠，各個燦爛奪目。

歌手唱出了這片繁榮的景致，令卡烏斯十分心動，決定遠征馬贊得朗。他對眾人提出這主意，卻只見將領們面面相覷。他們當下雖然表示贊同，等到宴席散了，又聚在一起商討，深怕未來的命運蒙上陰影。「國王竟然想遠征，這對伊朗來說，肯定是場災難。」他們議論紛紛。

努扎爾之子圖斯（Tus）擔心不已，認爲肯定有妖魔迷惑了國王的心智，命人盡快通知扎爾，請他勸阻卡烏斯。

扎爾接獲消息，憂心忡忡地來到宮中，勸卡烏斯改變心意。「從古至今，從未有哪位國王想要遠征馬贊得朗。」

扎爾苦苦勸說，卡烏斯的決心卻不曾動搖。「比起過去那些國王，我的志向更遠大，財力與兵力也更雄厚。我認爲，唯有戰爭才能讓我征服天下。如果你不願與我出征，我不會勉強。你就和你的兒子留守在伊朗吧。」

扎爾知道多說無益，只能懷著沉重的心情返回家鄉。

在卡烏斯的帶領下，伊朗大軍來到馬贊得朗，如瘟疫般攻城掠地。他們殺死了無數百姓，即便是老弱婦孺，也難逃戰火摧殘。馬贊得朗的國王得知伊朗大軍攻來，心中萬分焦慮。

他的侍從裡有位名叫三吉（Sanja）的妖魔，也爲敵軍肆虐的消息感到沮喪。國王於是拜託他：「你快去告訴白妖，伊朗大軍壓境，馬贊得朗情況危急。請他趕快前來救援。若是再遲一些，恐怕馬贊得朗就要在戰火裡化爲灰燼。」

三吉連忙趕到白妖面前，轉述國王的請求。

黃昏時，伊朗大軍上方的天空突然烏雲密布。士兵們眼前一片漆黑，伸手不見五指。眨眼間，一陣石雨襲來，把整支大軍打得死傷慘重。當白晝再度降臨，卡烏斯卻再也看不見光明——他的眼睛瞎了。三分之二的伊朗士兵也成了盲人。大軍掙扎著抵抗幾日，最後，白妖親自現身。

他是個身強體壯的妖怪，宛如一座直頂天空的高山。白妖告訴卡烏斯，這一切悲劇都是卡烏斯自食惡果。然後，他命軍隊統帥阿爾讓（Arzhang）俘虜伊朗士兵，把他們全部囚禁起來，再差人向馬贊得朗國王報捷。

一位伊朗勇士驚險逃出，到扎別爾斯坦向扎爾父子求救。扎爾聽完大軍的遭遇，深知事態嚴重，伊朗的命運危在旦夕。他派魯斯塔姆前去拯救卡烏斯與伊朗軍隊，把希望寄託在兒子上。

魯斯塔姆毫不猶豫地答應了。只不過，他年紀尚輕，不知道如何前往馬贊得朗。「要到馬贊得朗去，你有兩條路可以選擇。」扎爾告訴他，「這兩條路各有好壞。一條是卡烏斯與大軍當初走的路，雖能保證旅途平安，路途卻相當遙遠。你若是走另一條路，只需要兩週便能抵達馬贊得朗。但是，這條路上妖魔蟄伏，野獸出沒，有各種難關等著折磨不幸的旅人。」

「為了救出國王與軍隊，即使必須冒生命危險，我也要走近路。」魯斯塔姆回答。

「我猜你也會如此選擇。我會祈求上天保佑你一切順利，你的神駒也會助你克服難關。」

魯斯塔姆接受父親的祝福，又安慰不捨的母親，請她不要為他哭泣。這位勇士向父母道別後，騎上戰馬拉赫什，踏上了偉大的冒險旅程。

第六章 魯斯塔姆勇闖七關

（一）第一關

魯斯塔姆騎著戰馬拉赫什馬不停蹄趕路。

一天黃昏，他突然感覺飢餓，決定暫且停下，尋找食物果腹。這時，他發現了成群奔跑的野驢。魯斯塔姆催促拉赫什向前，奮力丟出套索，圈住其中一隻野驢的脖子，把牠捉起來。他用箭矢做成支架，找了些野草和乾柴生火。

野驢裡外烤得熟透，香氣四溢。魯斯塔姆大口嚼著驢肉，享用美味的晚餐。他吃完整頭野驢，把骨頭丟到一旁，隨後便鬆開拉赫什的轡繩，讓馬兒自由奔馳和吃草。

魯斯塔姆吃飽喝足，在池塘邊躺下，進入夢鄉。他一點也不知道，這裡其實是獅子的窩。夜深了，獅子歸來，發現一位魁梧的大漢躺在眼前，身旁還有一匹駿馬相伴。獅子高興地想：「太好了，竟然有晚餐親自送上門來。我就先解決了這匹馬，回頭再來吃這個人。」

牠縱身一躍，往拉赫什撲去。沒想到拉赫什敏捷又兇猛，不只對獅子一陣猛踢，還用牙齒狂咬獅子的背。獅子受了重傷，不支倒地。拉赫什成功保護熟睡中的主人，鬆了一口氣。

魯斯塔姆一覺醒來，看見地上躺著一頭死去的獅子，大感驚訝。他對拉赫什說：「忠誠又聰明的拉赫什，我要是知道你與獅子搏鬥，絕對會阻止你。如果你不幸死在獅子的利爪下，我獨自一人，如何前去拯救國王與大軍？下次，我的朋友，你可千萬不要再如此莽撞。」

魯斯塔姆說完，重新躺下睡去。等到曙光從山後慢慢顯現，魯斯塔姆細心地把拉赫什擦拭乾淨，放好馬鞍。這位勇士誠心地向上天禱告，又騎上駿馬繼續趕路。

（二）第二關

前往馬贊得朗的路變得越來越炎熱。放眼望去，乾燥的沙漠彷彿火焰翻騰，即使飛鳥經過，都會忍不住脫下羽毛散熱。拉赫什疲累不堪，不停喘氣，魯斯塔姆也口渴得難受。

他手持長矛下馬，走起路來搖搖晃晃。魯斯塔姆抬頭仰望天空，沙啞地呢喃：「我日夜拚命趕路，都是爲了拯救國王與伊朗的百姓。仁慈的上天啊，請不要讓我遭受這樣的磨難。」

他雙唇乾裂，又渴又累，最後終於承受不住，倒在灼熱的土地上。

正當魯斯塔姆認爲自己無法活著離開時，一隻美麗的山羊突然出現在他眼前。魯斯塔姆驚訝地看著牠，心中重新燃起希望。如果山羊可以在這個地方生存，代表附近一定有水源。上天果真聽見了他的祈禱，沒有棄他於不顧。

魯斯塔姆握緊寶劍，撐著身子站起來。他拉起拉赫什的韁繩，跟著山羊一路往前走，最後真的發現了水源。「啊，感謝上天！」魯斯塔姆激動地大聲高呼，「公正的天神啊，謝謝廻指引我，在這荒地上找到水源。」

然後，他對那隻山羊連聲道謝，給了牠許多祝福：「要不是你，我早就命喪沙漠，或者被餓壞的野獸當作食物吃掉。我的敵人肯定會欣喜若狂，四處傳播我已經遇難的消息。但願此地水源不絕，草木繁盛。也但願你永遠不會碰到災禍。往後，誰要是膽敢來此打獵，他的箭都無法射中你，他的弓也會折斷。」

魯斯塔姆取得清水，先替拉赫什鬆開韁繩與馬鞍，替牠好好刷洗，直到拉赫什的毛皮重新變得光亮。然後，魯斯塔姆大口灌水解渴，再重新補充箭矢。

他很快就捉住了一隻體型龐大的野驢，把牠開膛剖肚，剝了皮，放到火上烤熟。魯斯塔姆吃掉了所有的驢肉，連骨頭上的殘肉也啃得十分乾淨。

英雄喝了一大口清水，十分滿足，決定趁機休息一會。睡前，魯斯塔姆特別叮嚀拉赫什：「如果有什麼危險的猛獸來襲，你一定要叫醒我，絕對不可以再像上次那樣，貿然與敵人搏鬥。」

話畢，他便倒頭呼呼大睡，放任拉赫什去悠閒地吃草。

（三）第三關

魯斯塔姆安然熟睡時，一隻巨龍突然從地底鑽出。這隻巨龍極爲厲害，不只大象敵不過牠，就連惡魔也得怕牠三分。巨龍發現魯斯塔姆橫躺在地上，心裡十分不悅：「這傢伙眞是不知天高地厚，竟敢在我的地盤上睡覺。」

過去，無論是獅子、大象或惡魔，只要敢侵犯巨龍的領地，都會被牠一口吞食。巨龍仔細觀察，看準了站在一旁的拉赫什，從暗處撲過去，想要拿牠塡飽肚子。拉赫什急得用馬蹄奮力蹬地，甩動尾巴，警告魯斯塔姆。

魯斯塔姆聽見這陣騷動，猜想大概有敵人趁機偷襲，立刻醒來。怎料他一睜開眼睛，狡猾的巨龍便消失無蹤，躲進漆黑的夜色裡。魯斯塔姆以爲拉赫什存心胡鬧，生氣地責備拉赫什一番，倒頭繼續睡覺。

沒多久，巨龍再度悄聲接近。拉赫什看見了，急忙推了推魯斯塔姆的頭，又用馬蹄蹬地，試圖喚醒主人。魯斯塔姆掙扎著甦醒，查看四周，仍然什麼威脅也沒看見。這下子，他可眞的被惹火了。魯斯塔姆大聲斥責拉赫什：「你呀，自己不想睡就算了，爲什麼不讓我一夜好眠？你這樣分明是故意找我麻煩。下次你再胡鬧，我就一刀砍斷你的脖子，自己去馬贊得朗。別這麼容易受到驚嚇，如果眞有獅子或猛獸來襲，我一定會保護你。」

魯斯塔姆說完，又躺回地上睡覺。拉赫什不敢再打擾他，只得默默離開，到遠處吃草。牠一邊吃著，一邊又忍不住擔心，頻頻望向主人睡覺的地方，深怕巨龍吃掉魯斯塔姆。

巨龍眼看魯斯塔姆落單，再次從夜色中爬出來。拉赫什一看見牠，大聲嘶鳴，朝魯斯塔姆狂奔而去。魯斯塔姆的睡夢又被打斷。他氣得睜開眼睛，正要責罵拉赫什，突然看見了那隻巨龍。

魯斯塔姆拔劍出鞘，指向巨龍：「你是什麼怪物？既然你今天已經落入我的手中，就別想逃走。我要讓你從此不能再胡作非爲。」

巨龍毫不畏懼。「這裡是我的領地。此地飛鳥不敢經過，繁星不敢閃爍。誰要是誤闖，只有死路一條。」牠瞪著魯斯塔姆，「報上你的名字，讓我知道是誰的母親即將爲死去的兒子哭泣。」

「我是扎爾之子魯斯塔姆。這次途經此地，是爲了前去拯救伊朗國王。此行只有勇敢的拉赫什與我作伴。如果你膽敢與我決鬥，我會立刻砍下你的頭。」

巨龍嘴裡冒出烈焰，縱身撲向魯斯塔姆。雙方打得不可開交。拉赫什眼看主人情況危急，顧不了自己的安全，衝向前咬住巨龍的身軀。巨龍被這麼一咬，奮力扭動掙扎。魯斯塔姆趁機舉起寶劍，刺進巨龍的頭。溫熱的鮮血泉湧而出，染紅了巨龍全身，在深褐色的土地上靜靜流淌。巨龍龐大的屍身躺在地上，再也不動。

魯斯塔姆感謝上天，接著在池塘邊潔淨沐浴。他告訴自己，這趟旅程既然有上天幫助，無論之後遇到的是怪物或險峻的環境，他一定都能戰勝。

（四）第四關

魯斯塔姆匆忙啓程後，又趕了好一段路。他心中充滿勇氣，一點也不怕半途遇見危險。

轉眼間，暮色將至，血紅色的太陽逐漸西沉。魯斯塔姆之前只顧著趕路，這才回過神來，發覺自己置身於一片清幽美麗的綠地。

清澈的泉水快樂地流淌，樹木與花草欣欣向榮。在泉水邊，不知是誰擺了裝有美酒的酒杯，一旁還放著熱騰騰的烤羊與麵餅，以及鹽巴與蜜餞。「在這條荒涼的路上，竟然有如此奇妙的地方！」魯斯塔姆覺得不可思議，好奇地下馬查看。這地方看似沒有人煙，到底爲什麼會有這樣豐盛的宴席呢？

魯斯塔姆雖然疑惑，還是走到泉水邊坐下。他拿起放在酒杯旁的冬不拉琴，放在胸前，輕輕撥弄琴弦。甜美的樂音流瀉而出。魯斯塔姆把心中的話全都化作音樂，訴說自己無止盡的追尋，以及在戰場上艱辛的戰鬥。

英雄彈奏著動人的旋律，沉醉其中，突然注意到有位美女慢慢走近。她羞紅著臉，向魯斯塔姆輕聲說話，希望可以與他共享盛宴。

魯斯塔姆還在爲這個地方感到驚奇，此刻邂逅這位美女，心裡更是欣喜。他邀請她坐下，舉杯感謝上天施恩，賜給他們這席饗宴。

美女聽見魯斯塔姆頌揚上天，臉上突然閃過一抹陰影。魯斯塔姆察覺她神色有異，立刻抛出繩索，套住美女的脖子。「從實招來，你到底是什麼東西，竟會害怕神聖的上天之名？」

美女不停掙扎，細緻的面貌起了變化，成了一位衰老的女妖，模樣既凶狠又邪惡。魯斯塔姆迅速抽刀，把她斬成兩半。世間從此又少了一個禍害。

（五）第五關

魯斯塔姆繼續旅行，來到一個奇怪的地方。那裡一片漆黑，沒有陽光照耀，也看不見星星與月亮。爲求謹慎，魯斯塔姆放慢速度，緊握拉赫什的韁繩，小心地穿越這片黑暗之地。

過了好一陣子，他們終於順利離開黑暗，重見光明。魯斯塔姆看看眼前綠意盎然的景象，決定暫時留在這裡休息。他脫下戰袍，把汗濕的衣服放在陽光下晾乾，再解開拉赫什的轡繩，放牠四處覓食。

魯斯塔姆呼呼大睡時，拉赫什就在綠地上逍遙，大嚼特嚼鮮美的作物。看管這片土地的守衛發現了拉赫什，三步併兩步跑來，大聲喊叫著趕走拉赫什。然後，他來到魯斯塔姆身邊，一棍打在魯斯塔姆腿上，斥責驚醒過來的勇士：「可恨的惡棍，你到底是誰？爲什麼讓你的馬踐踏這片土地？我爲了種植這些莊稼，付出多少時間與心力，你知道嗎？」

魯斯塔姆莫名其妙被吵醒，又受到這樣的責罵，氣得從地上跳起來。他一把抓住守衛的兩隻耳朵，使勁一扯，就這麼擰斷了那兩隻耳朵。守衛痛得慘叫，慌忙逃跑。

在那附近有位年輕的戰士，名叫烏拉德（Ulad）。他帶著一幫跟班正在打獵，突然看見守衛朝他們跑來，臉上和雙手滿是鮮血。守衛哭喊：「唉呀，唉呀！有個黑黝黝的傢伙，身上披著豹皮戰袍，頭上頂了個鐵盔，不知道究竟從哪裡來的。我告訴你們，那傢伙簡直是魔鬼，是毒蛇！我不過是要趕他的馬離開，保護我的作物，沒想到他竟對我下這樣的毒手。他扯下我的兩個耳朵後，還一聲不吭地回頭睡去。」

烏拉德聽見這段描述，很想見見這位奇怪的陌生人，便帶著一夥跟班去找魯斯塔姆。魯斯塔姆發現他們接近，立刻翻身上馬，抽出利劍。

烏拉德問他：「你是誰？又是從哪裡來？唯有勇敢的雄獅才敢路過此地，閒雜人等一律不准進入。你怎麼敢如此大膽，不只讓你的馬踐踏草地，還擰下守衛的耳朵？我非得好好教訓你一頓。」

「我保證，你一聽見我的眞名，鐵定會嚇得發抖。」魯斯塔姆回答，「我的劍斬過多少頭顱，數也數不盡。就憑你們也敢來向我挑戰？我看，今天就是你們的死期了。」

魯斯塔姆揮舞寶劍，策馬衝向烏拉德一行人。他一劍砍過去，烏拉德的三個隨從當場斃命，人頭滾落地上。剩下的人哪敢和魯斯塔姆交手，他們眼看情況不對，嚇得四處竄逃。魯斯塔姆吞不下這口怒氣，緊追烏拉德不放，用繩索套住烏拉德的脖子，把他拉下馬來，捆住雙手。

「你最好實話實說。倘若我發現你撒謊，就立刻處死你。」魯斯塔姆怒目威脅，「告訴我，那個可惡的白妖究竟躲在哪裡？卡烏斯國王又被囚禁在哪個地方？假如你誠實回答，等我得勝之後，馬贊得朗就是你的。」

烏拉德趕緊求饒：「偉大的英雄，請你息怒。只要你不殺我，任何問題我都願意誠實回答。」

烏拉德信守承諾，如實解答魯斯塔姆的每個問題。他告訴英雄該怎麼找到卡烏斯被囚的地方，又要怎麼尋找白妖的巢穴。「不過，我勸你還是打消與白妖決鬥的念頭。他身強體壯，有十匹馬的力氣，還能指揮成千上萬的妖魔。單憑你一人前去找他，實在不智。」

魯斯塔姆哈哈大笑。「聽你這麼一說，我更想去親自瞧瞧，試試自己的身手。」他說，「憑著上天賜給我的力量，我要讓那些魔鬼吃盡苦頭，讓他們從此嚇得發抖。」

他騎上拉赫什，讓烏拉德當嚮導。兩人日夜趕路，終於來到馬贊得朗城。卡烏斯國王就是被魔鬼關在這裡。

那時已是半夜，魯斯塔姆遠遠觀望，只見整座城火光四起，宛如白晝。一聲可怕的嚎叫從城裡傳出。

「那就是馬贊得朗城。」叫聲消失後，烏拉德說道，「有個叫阿爾讓的魔鬼住在那裡，日夜不停嚎叫。這下子，你半夜可睡不著了吧？」

魯斯塔姆沒有回答，逕自走去睡覺，一直睡到隔日太陽升起。

他醒後，把烏拉德拴在一棵樹上，用繩子牢牢綑綁。戴上頭盔，身披鎧甲與虎皮戰袍。手裡拿著武器，一躍上馬，往馬贊得朗城飛馳而去。

（六）第六關

魯斯塔姆全副武裝，衝進魔鬼阿爾讓的巢穴。他大喝一聲，宛如山崩海嘯，驚動了巢穴裡的眾妖魔。

阿爾讓聽見英雄的吼聲，率軍傾巢而出。魯斯塔姆一點也不畏懼，反倒飛身撲向阿爾讓。他抓住阿爾讓的耳朵，猛力揮劍，砍下了魔鬼的頭。魯斯塔姆抓起血淋淋的頭顱，拋向妖魔大軍。阿爾讓的手下看見首領死去，頓時為這位英雄的神力感到恐懼，拔腿逃跑。魯斯塔姆緊跟在後，不停揮劍，殺死了許多妖魔。等到日正當中時，魯斯塔姆才返回出發的地方，解開捆住烏拉德的繩索。

在烏拉德的指引下，魯斯塔姆順利找到卡烏斯。國王被秘密關押在城裡一處。他聽見拉赫什嘶鳴的聲音，重新打起精神，對身旁的隨從說：「苦難的日子終於結束了。當年哥巴德與土蘭大軍交戰時，我曾聽過這聲馬鳴。這一定是拉赫什，牠的主人正是英雄魯斯塔姆。」沒有人相信他。隨從們以為卡烏斯被囚禁太久，已經絕望得發瘋。他們只當他在說夢話，各個垂頭喪氣，繼續哀嘆自己的命運。

就在這時，魯斯塔姆突然出現在眾人面前。他邁開大步，走到國王面前鞠躬致敬。人們眼見救星來到，興奮地高聲歡呼，爭相感謝魯斯塔姆，又問起外頭的近況。卡烏斯滿懷感激，緊緊擁抱魯斯塔姆。他關心扎爾近來可好，又好奇魯斯塔姆這一路上經歷了什麼遭遇。

魯斯塔姆告訴國王，自己已下定決心要殺死白妖。卡烏斯十分欣慰。「你這次行動，千萬要小心。」卡烏斯叮囑道，「如果白妖得知你竟然殺死了阿爾讓，還成功見到我，一定會想置你於死地。你若要尋找白妖，必須穿越重兵守衛的七座高山，最後抵達一個無底的深洞。那裡就是白妖的巢穴。」

卡烏斯雙眼失明，只能看見一片黑暗。他告訴魯斯塔姆，唯有白妖的血可以治好他的雙眼。「等你取得白妖之血，把三滴血滴進我的眼睛裡，這雙眼睛就能重見光明。」

國王因爲被長期囚禁，心裡焦急萬分。他含淚爲魯斯塔姆祈福，希望上天幫助這位英雄，順利打敗妖魔。

魯斯塔姆重新整裝，準備去討伐邪惡的白妖。臨行前，他對伊朗人說：「我知道那白妖不僅厲害，還有一支強大的軍隊。倘若我不幸戰死，你們恐怕又得繼續受苦，所以我無論如何也要宰了他。但願上天賜給我好運，讓伊朗重新奪回榮耀。」

（七）第七關

魯斯塔姆再度讓烏拉德作嚮導，趕赴妖魔看守的七座高山。他們謹愼地站在遠處觀察情勢，發覺正如卡烏斯所言，當地有大軍鎭守，難以突破重圍。

「你要是想出奇制勝，千萬不要莽撞行動。」烏拉德對魯斯塔姆說，「等到太陽升起，妖魔才會安歇。大部分的魔軍都會離開崗位，只留下三個妖魔在門前守衛。那時候，憑著你的英勇和上天的眷顧，你一定可以輕鬆獲勝。」

魯斯塔姆覺得他說的話有道理，決定耐下性子等候。太陽東升時，他把烏拉德的手腳捆好，翻身上馬，朝敵營奔馳而去。魯斯塔姆砍下一個又一個敵人的首級，沿路尋找白妖的巢穴，最終來到那深不見底、有如地獄的黑洞。

魯斯塔姆站在洞口，揉揉眼睛，想看清楚黑暗裡究竟藏著什麼東西。仔細一看不得了，白妖就在洞裡呼呼大睡。那妖怪體型龐大，占據了半個山洞。他的毛髮長如鬃毛，臉漆黑無比。

魯斯塔姆從沒遇見過這麼巨大的妖怪。他沒有趁白妖熟睡時下手。等到白妖睡醒，睜開雙眼，魯斯塔姆才發出一聲大喊，向敵人宣戰。白妖像一座移動的高山，衝向魯斯塔姆，途中順手抓起一塊巨石，想砸死擅闖洞穴的英雄。

魯斯塔姆沒料到白妖竟如此敏捷兇猛，嚇了一跳，趕快躲到一旁。然後，他鼓足勇氣，拔劍往白妖的腰部刺去。憑著驚人的力氣，魯斯塔姆猛力一擊，打斷了白妖的一條腿。

白妖受了重傷，氣得發狂。他和魯斯塔姆扭打在一起，整個洞穴天翻地覆，一片昏暗。魯斯塔姆使盡全力，把白妖壓制在地上。「我如今斷了一隻腿，就算僥倖活下來，馬贊得朗的百姓一定會恥笑我，再也不聽我的命令。」白妖想到這裡，乾脆豁出去，與魯斯塔姆拚個你死我活。

一番激戰後，魯斯塔姆汗水淋漓，滿身盡是血汙。他抱住白妖，使勁往上一提，抓著那妖怪的脖子往地面摔去。白妖重重落在地上，終於氣絕身亡。魯斯塔姆抽出刀子，剖開白妖，取出他的心肝。

山洞裡血流成河，妖魔大軍潰散。魯斯塔姆回到烏拉德面前，解開繩索。他把白妖的心肝放進烏拉德手中，轉身打算奔赴卡烏斯所在之處。

烏拉德急忙上前：「雄獅般的英雄，請你留步！如今你已經成功擊敗白妖。不過，你是否忘記了曾經對我許下的誓言呢？」

「我再說一遍，我一定會把馬贊得朗交給你統治。」魯斯塔姆回答，「但是，在那之前，我還有一件事情必須處理。馬贊得朗的國王此刻躲在王宮裡。無論前途有多少困難，我都要把他捉出來，丟進坑裡，再把這裡所有的妖魔趕盡殺絕。」

魯斯塔姆說完，便騎上拉赫什離開。

焦急等待的眾人看見魯斯塔姆歸來，無不稱頌英雄的勇氣。魯斯塔姆按照卡烏斯的指示，將白妖之血滴進國王的雙眼。卡烏斯重見光明，樂得開懷，與眾人一同歡慶了七天七夜。

之後，伊朗大軍來到馬贊得朗城的街巷，殺死了無數妖魔。鮮血染紅了土地。卡烏斯眼看邪魔受到應有的懲罰，下令停止殺戮。「現在最要緊的是要捉拿馬贊得朗國王，將他砍頭剖心。」國王說。

魯斯塔姆寫好戰書，由卡烏斯派人帶給馬贊得朗國王。馬贊得朗國王讀了信，氣得趕走使者。「回去告訴卡烏斯，我已準備與伊朗大軍決戰。馬贊得朗兵力雄厚，若是開戰，一定能打敗伊朗大軍。」

卡烏斯聽了馬贊得朗國王的答覆，又寫了一封信，要魯斯塔姆親自呈給馬贊得朗國王。魯斯塔姆帶著信前往王宮，不料馬贊得朗國王竟派了一隊士兵襲擊他。魯斯塔姆抓起路邊的大樹，當作標槍使用，嚇壞了眾人。他擊倒好幾個勇士，還把一位自不量力的大漢打得手臂脫臼，皮開肉綻。

馬贊得朗國王沒有辦法，只得歡迎魯斯塔姆，向這位英雄示好。但是，等馬贊得朗國王讀完卡烏斯的信，他卻臉色一沉，發誓絕不向卡烏斯投降，還出言羞辱卡烏斯。魯斯塔姆生氣地拒絕馬贊得朗國王的禮物，回到卡烏斯的住處。

雙方的軍隊很快便在戰場相見。一連七天，兩軍互相廝殺。最後，魯斯塔姆打敗了馬贊得朗國王。馬贊得朗國王倒在地上，動也不動，變成了一塊巨石。圍觀的伊朗士兵爲這等情景議論紛紛，連卡烏斯也覺得驚奇。

魯斯塔姆心知馬贊得朗國王十分狡詐，建議卡烏斯把巨石帶回軍營。他猜馬贊得朗國王並沒有死，而是藏身在那塊巨石之中。眾人回到軍營，魯斯塔姆一下就搬起巨石，扔到其他將士面前，厲聲吼道：「再不快點現出原形，我就要用戰斧把你劈成兩半。」

馬贊得朗國王嚇壞了，趕快爬出石頭，被魯斯塔姆一把抓住。魯斯塔姆遵照卡烏斯的命令，把馬贊得朗國王碎屍萬段。眾人從馬贊得朗的軍營裡得到許多戰利品。卡烏斯感謝上天幫忙，也希望好好賞賜魯斯塔姆。

魯斯塔姆對國王說：「陛下，我之所以成功，都要感謝一位年輕的勇士。他的名字叫烏拉德，就是他爲我指引道路。我當初曾答應他，等這一切結束，要讓他統治馬贊得朗。他一直期盼著我實現承諾。希望陛下應允此事，替烏拉德製作王袍，刻製印璽。」

卡烏斯同意了，親自安排烏拉德登基爲馬贊得朗的新王，還賞給他一頂王冠。

伊朗大軍歷經磨難，終於得以返回家鄉。卡烏斯回到王宮後，賜給魯斯塔姆許多寶物。年輕的英雄也獲得國王恩准，回到家鄉與父母相聚。

魯斯塔姆勇闖七關的故事就這樣到此結束了。

第七章 狂妄的卡烏斯

（一）卡烏斯被囚

馬贊得朗之戰結束後，平靜的日子並沒有持續太久。

卡烏斯聽說西方有三個王國改變心意，不願繼續向他稱臣。他接受眾將勸說出兵，把敵軍打得落花流水。在戰場上，哈馬瓦蘭（Hamavaran）的國王請求卡烏斯寬恕，表示願意稱臣納貢，只求伊朗大軍不要摧殘他們的國土。

卡烏斯得意地返回軍營。哈馬瓦蘭國王又派了使者前來，獻上禮物。使者說了許多討好的話，偷偷告訴卡烏斯：「我們國王有位公主，既年輕又美麗，還有著甜美的嗓音。這樣的美女世間少見，絕對配得上你。」

卡烏斯心動不已，差人去向哈馬瓦蘭國王提親。哈馬瓦蘭國王得知卡烏斯有意聯姻，感到十分沮喪。這自大的國王竟想娶他唯一的女兒！

他找到女兒蘇達貝（Sudaba），對她傾訴自己內心的掙扎：「對我來說，世上最珍貴的兩樣事物，就是這個王國與你。卡烏斯卻打算奪走這兩樣東西，簡直是要逼我從此活在痛苦中。」

蘇達貝安慰父親：「父王不需如此悲傷。卡烏斯是伊朗國王，與他結親對我們有利。我願意嫁給他。」

哈馬瓦蘭國王無可奈何，只得答應了這門婚事，著手安排婚禮。他讓侍衛們帶著豐厚的嫁妝，陪伴蘇達貝公主前去與卡烏斯見面。卡烏斯一看見蘇達貝，對她更是喜愛。他對蘇達貝說：「你的美貌果眞名不虛傳。我一定要用金子打造一座屋子送給你，討你歡心。」

哈馬瓦蘭國王雖然答應了這門婚事，但很快就爲自己的決定感到後悔，打算奪回女兒。幾天後，他派使者去見卡烏斯，邀請他到哈馬瓦蘭作客。聰明的蘇達貝猜想父親肯定另有陰謀，勸卡烏斯不要赴約，卡烏斯卻不以爲意：「哈馬瓦蘭國王已是我的岳父，他沒膽與伊朗作對。」

卡烏斯帶著眾位將領，毫無設防地出發了。哈馬瓦蘭國王設宴款待客人，暗地裡卻召集軍隊，伺機行動。深夜，哈馬瓦蘭的士兵突然出現，捉住卡烏斯和伊朗眾將，把他們關進高山裡的堡壘，由一千位武士看守。卡烏斯的財產慘遭洗劫，由哈馬瓦蘭的士兵瓜分，藉此懲罰卡烏斯的貪婪。

事成之後，哈馬瓦蘭國王派了一群蒙面人來到蘇達貝面前，接她回家。蘇達貝知道父親的詭計得逞，氣得撕破身上的華裳，扯著烏黑的秀髮，對來人怒斥：「你們靠詭計捉人，不怕被世人嘲笑嗎?若是眞的有膽，就和他們在戰場上決鬥，不要在王宮裡趁夜偷襲。」

蒙面人不顧蘇達貝反抗，強行帶她離開。蘇達貝便罵他們是她父親的走狗。「我已經下定決心，此生要和卡烏斯永遠在一起，絕不拋棄他。你們既然囚禁卡烏斯，現在就可以把我殺了。」

哈馬瓦蘭國王聽說蘇達貝如此固執，氣得把她也丟進山上堡壘的牢房。蘇達貝這才如願與卡烏斯重聚。她極盡溫柔地照顧卡烏斯，不斷安慰丈夫，救兵一定很快就會來到。

卡烏斯被囚，消息傳到土蘭。昔日的王子阿夫拉西亞伯如今已是土蘭國王。他見有機可乘，出兵攻打伊朗，途中還打贏了也想爭奪伊朗的阿拉伯人。伊朗大軍爲了抵抗敵人，損失慘重。不少伊朗百姓被俘，淪爲奴隸。人們紛紛逃到扎別爾斯坦，向扎爾與魯斯塔姆求救。

魯斯塔姆當即派人到各地召集援軍，又向哈馬瓦蘭國王致信：「你假裝議和，暗地裡陷害我的國王，不可原諒。要是你願意讓卡烏斯安然歸國，我便不與你計較。如果不從，我們就在戰場相見。」

哈馬瓦蘭國王讀完魯斯塔姆的信，悲憤交加。「正是因爲卡烏斯貪婪，進犯我們的領土，才會落得這個下場。你儘管率軍前來吧。我們的軍隊早已準備開戰，連牢房都替你安排好了。」

國王的回覆激怒了魯斯塔姆。他率軍直奔哈馬瓦蘭，四處燒殺擄掠。哈馬瓦蘭的軍隊迅速趕來，與魯斯塔姆的軍隊廝殺。國王又向鄰國柏柏爾與埃及借兵，合力對抗魯斯塔姆。

隔日，兩方軍隊擺開陣勢，魯斯塔姆親率士兵攻擊，把敵人打得潰不成軍。哈馬瓦蘭不幸戰敗，國王害怕地向魯斯塔姆求饒，答應效忠伊朗。他不只釋放卡烏斯，同時也把俘虜和財物全數交還。

卡烏斯重獲自由，帶著蘇達貝與伊朗眾將離開高山堡壘。魯斯塔姆這一戰替伊朗增強了實力，軍隊裡的士兵擴展到了三十多萬人。之後，卡烏斯寫信給阿夫拉西亞伯，勸他放棄貪念，不要再來爭奪伊朗的王位。阿夫拉西亞伯氣得咬牙。

「我貪婪？是誰已在伊朗稱王，卻還想拿下哈馬瓦蘭？論血統，土爾與法里東是我的祖先，伊朗本來就該屬於我。」

他命大軍再次攻打伊朗，與卡烏斯的軍隊決戰，卻不幸遇上魯斯塔姆。阿夫拉西亞伯為鼓舞士氣，對土蘭士兵喊道：「你們誰有勇氣，願意與魯斯塔姆搏鬥？若是有誰成功打倒魯斯塔姆，我就賞賜美女與營帳，還要給他高高在上的地位，讓他統治伊朗。」

土蘭士兵聽了，爭相上前作戰，想要擊敗魯斯塔姆。但伊朗軍隊遠比他們勇猛，土蘭人沒多久便屍橫遍野。阿夫拉西亞伯吃了敗仗，慌忙撤軍回到土蘭，暫且收起了他的野心。

（二）卡烏斯飛天

卡烏斯從哈馬瓦蘭回來後，繼續治理國家。他用水晶打造一座新的宮殿，裡面鑲嵌了無數寶石，王室成員可以盡情在裡頭宴客或享樂。然後，卡烏斯又用瑪瑙建造了一座拱型祭壇，讓祭司使用。伊朗的兵器庫裡，梁柱以純銀裝飾。國王的黃金宮殿鑲著藍寶石與紅寶石，在陽光下光彩奪目。

這段期間，妖魔鬼怪都不敢作亂。人們過著幸福的生活，不曾感到悲傷。魔鬼無處作惡，爲此難受不已。

一天，黑夜即將消逝，群魔趁機聚會。他們忍無可忍，決定推派一個代表去誘惑卡烏斯，讓國王被上天拋棄。一個妖魔自告奮勇，扮成一位美少年，不只能言善道，還有著過人的才華。變成美少年的妖魔耐心地等待時機。當他發現卡烏斯外出狩獵，便立刻出現在國王面前，吻地致意，獻上一束鮮花。

「這位貴人，千萬別讓你的名聲就此埋沒。你如此偉大，既然已經掌握了大地，更應該主宰整個天空。」

妖魔說著動聽的甜言蜜語，終於讓卡烏斯失去理智，以爲世界眞是爲他存在。卡烏斯認爲，自己已經不再需要上天的幫助。他異想天開，竟有了一個奇怪的主意：「待在地上實在太平凡了，我要讓沒有翅膀的自己也能像鳥兒一樣，在天空翱翔！」

卡烏斯於是詢問星相家，從地面到達月亮，究竟要花多少時間。他費盡心思，派手下趁夜偷偷搜刮鷹巢，把幼鷹帶回王宮。幼鷹住在不同的房間，每天享用烤肉與嫩雞，直到牠們羽毛豐碩，體型大得可以吃下一整頭山羊。

到了那時，卡烏斯再命人建造一個裝飾華麗的座椅，四邊捆上幾根長矛，矛尖掛著鮮嫩的羊腿。四隻最雄壯的老鷹被緊緊綁在四邊，卡烏斯則穩穩坐在座椅上。

老鷹們飢腸轆轆，爲了吃到羊腿，各個卯足全力振翅，帶著國王朝高空飛去。卡烏斯總算實現夢想，盡情在天空遨遊。人們對他在天上的奇遇有各種傳說。有人堅稱他遇見了天使，有人則說他與繁星打了一架。關於這段經歷眾說紛紜，恐怕只有上天才知道眞相。

漸漸地，老鷹喪失了力氣，越飛越慢。突然間，牠們虛弱地垂下雙翅，與卡烏斯一起從高空墜下，掉進森林。卡烏斯沒有摔死，卻落得滿身是傷，痛得不斷哀號。他被困在樹林裡，悔不當初，只能含淚艱苦地生活，祈求上天盡快派一位勇士來救他回去。

國王不見蹤影，將領們急得到處尋覓。他們一聽說卡烏斯掉在哪座森林，立刻往那個地方趕去。老英雄古達爾茲（Gudarz）對魯斯塔姆說：「自出生以來，我看過形形色色的人，但是像卡烏斯這種蠢才，我還眞沒見過。他頭腦簡單得很，既缺乏智慧，也毫無遠見。這人空有身軀卻沒有腦子。唉，從古至今，誰曾妄想飛上天空？只有卡烏斯想得出這種怪主意！」

埋怨歸埋怨，英雄們還是不畏艱難，找到了卡烏斯國王。他們對他苦心相勸，希望卡烏斯往後不要再做這樣的傻事。古達爾茲尤其生氣，斥責卡烏斯：「你這個瘋子！這些年來，你得到的教訓、嘗過的苦頭還不夠多嗎？你如此執迷不悟，又武藝平平，若不是靠著上天幫助，早就死了。一天到晚出兵遠征，還想登天飛翔，看天上的日月繁星。你啊，真該向過去那些賢王效法，誠心敬拜上天，不要再做這種可笑的蠢事了。」

卡烏斯萬般羞愧，根本不敢正眼看他的將領。好不容易，他才回答古達爾茲：「你說得對。我實在後悔，當初竟然如此愚蠢。」他一邊說著，一邊掉下眼淚。國王打從心底向上天懺悔。隨眾位將領回到王宮後，他便專心處理國事，不再妄想學鳥兒飛翔。

第八章　蘇赫拉布的悲劇

（一）英雄與公主

一天早上，魯斯塔姆爲了解悶，決定出外打獵。他帶著簡單的行囊，騎上拉赫什，往土蘭邊界的荒野前進。

在那裡，魯斯塔姆發現了一群野驢。他拉弓射箭，盡情馳騁，很快就捕獲了好幾頭野驢，並且把其中一頭公驢烤來吃。魯斯塔姆飽餐一頓，心情十分舒暢，躺在草地上沉沉入睡。在他身旁，拉赫什悠閒地低頭吃草。

此時，正好有幾個土蘭人騎著馬經過，發現了拉赫什的蹄印。一行人循著蹄印，來到拉赫什覓食的草地上。他們看見這匹美麗不凡的駿馬，決議把牠捉回去。拉赫什一發現他們拿著繩索走近，像憤怒的獅子般跳起來，踢倒兩個土蘭人，又咬掉另一個人的頭。

土蘭人費了好大一把勁，才終於抓住拉赫什，帶牠回到位於附近的薩曼剛（Samangan）。拉赫什被牽入馬群，與四十匹母馬配種，據說最後只有一匹成功懷孕。

魯斯塔姆一覺醒來，驚覺拉赫什不見蹤影。他四處尋找，只見到拉赫什的蹄印。魯斯塔姆又羞又惱。「拉赫什竟在我睡覺時被人偷走，要是土蘭人知道了，肯定會嘲笑我一番。」他沒有辦法，只好背起馬鞍，沿著蹄印徒步旅行，慢慢往薩曼剛走去。

有人通知薩曼剛國王，魯斯塔姆正在前來的路上，打算尋找不幸丟失的駿馬。消息傳遍全城，人們紛紛出來，歡迎這位名揚天下的英雄。許多人不敢相信，今天竟能親眼見到魯斯塔姆。

國王率領眾多隨從，匆忙趕到魯斯塔姆面前，向他致意。「你有任何請求儘管吩咐。我們全城上下都相當敬仰你，每個人都甘願爲你效勞。究竟發生了什麼事？怎麼有人敢對你如此不敬？」

國王如此有禮，讓魯斯塔姆微微平息怒氣。他回答：「我在草地上醒來後找不到拉赫什，只得沿著蹄印，從那邊的小河與樹林來到薩曼剛。你要是願意幫忙，就趕快替我找回戰馬。我一定會好好報答你。不過，要是找不到牠，就別怪我讓你們人頭落地。」

「尊貴的英雄，我們絕不敢違抗你的命令。」國王說，「這件事我們一定妥善處理，我自己也會盡力替你找回拉赫什。還請你在此城停留，耐心等候。你既然是我們的貴客，我們定要在宴席上款待你，讓你暢飲美酒。俗話說得好，甘醇的美酒總能掃去煩憂。」

在國王的邀請下，魯斯塔姆答應留在宮中作客。國王親自招待這位英雄，召集群臣，與魯斯塔姆把酒言歡。御廚準備了豐盛的酒席，樂師也演奏起優美的音樂。魯斯塔姆沉醉在歡快的氣氛裡，漸漸忘記了憂愁。

他喝了許多酒，終於疲倦得想睡。國王安排他在王宮裡一座清幽的臥房歇息。臥房裡散發著幽香，魯斯塔姆覺得舒服極了，一倒下來就進入夢鄉。

深夜，月亮高掛星空。在夜色掩護下，有兩個人刻意壓低聲音，一邊竊竊私語，一邊走進魯斯塔姆的房間。走在前頭的是一位侍女。她手持蠟燭，躡手躡腳來到魯斯塔姆的臥鋪前。一個美貌絕倫的女子跟在後面，兩條優美的長髮辮輕輕垂下，晶瑩的耳環在黑暗中閃著微光。

魯斯塔姆醒來，看見這位絕世美女，心裡十分詫異。他問起她的芳名，女子回答：「我叫塔赫米娜（Tahmina），是薩曼剛的公主。有件事情一直困擾著我，希望你能爲我解決煩憂。我出身顯赫，因此遲遲找不到與我匹配的男子。人們告訴我，魯斯塔姆多麼神勇、多麼厲害，毫不畏懼野獸與妖魔。我聽了你的冒險故事，內心一直渴望能與你相見。如今上天讓你到薩曼剛作客，但願你今晚可以應允我的心願。或許我能爲你生下一個孩子，一個像你這樣強壯的兒子。」

魯斯塔姆希望能娶塔赫米娜爲妻，當晚就向薩曼剛國王提親。國王得知女兒竟能與英雄聯姻，欣喜萬分。「這實在是天賜的良緣啊！」他立刻命人張羅婚禮，舉辦熱鬧的慶典。眾人都來祝賀魯斯塔姆與塔赫米娜，把完婚的新人雙雙送進洞房。

魯斯塔姆對他的新娘百般疼愛。隔天清晨，陽光照亮了原本被夜色籠罩的天空，魯斯塔姆從手臂上取下一個臂環，放到公主手中。

「請好好保管這個臂環。如果你將來生的是女兒，就把這個寶物送給她，祝福她一切順心。如果生的是兒子，就讓他把這個臂環戴在手臂上。這是他親生父親的標記，會保佑他像我的祖父薩姆一樣驍勇善戰。」

魯斯塔姆向塔赫米娜低聲傾訴，又說了許多情話。他知道自己不得不離開薩曼剛。於是他再次擁她入懷，深情地親吻她，與塔赫米娜告別。公主送走了魯斯塔姆，轉身暗自垂淚，不知該向誰訴說心中的悲痛。

薩曼剛的國王找到魯斯塔姆，想知道他在宮中住得是否稱心，順道帶來一個好消息：「我們已經找到拉赫什了！」

魯斯塔姆高興極了，快步前去與拉赫什重聚。他輕撫拉赫什，替牠重新備好馬鞍，連聲感謝國王，隨後便啓程離開。

回到扎別爾斯坦後，魯斯塔姆一直沒有忘記塔赫米娜。他把這段回憶深藏在心底，從未對任何人提起。

（二）蘇赫拉布

九個月後，塔赫米娜生下一個兒子，取名蘇赫拉布（Suhrab）。他俊美好似明月，長相像極了魯斯塔姆的父族。僅僅過了一個月，蘇赫拉布就長得像一歲的孩子。等他三歲時，已經強壯得可以與人搏鬥。五歲時，宮中沒有一位勇士是他的對手。到了十歲，蘇赫拉布在薩曼剛已是所向無敵。他可以在打獵時輕鬆捕捉雄獅，速度也十分敏捷，能一下子就抓住奔跑中的馬兒。

蘇赫拉布對自己的天賦相當好奇，這樣的力量究竟是誰傳承給他？他母親從未解釋他的身世，這樣的困惑便一直留在蘇赫拉布心裡。

十四歲時，蘇赫拉布再也禁不住好奇，決定查出眞相。他問塔赫米娜：「請你老實告訴我，我的父親到底是誰？」

公主知道繼續對這孩子隱瞞也不是辦法。她對蘇赫拉布說：「你的父親就是英雄魯斯塔姆。他無人能及，是上天創世以來最傑出的戰士。我的孩子，你出身名門，地位崇高，應該爲自己的身世感到驕傲。」

隨後，塔赫米娜取出一封信，柔聲唸出信上的字句。這封信是蘇赫拉布出生時，魯斯塔姆差人送來的。信中滿是他對母子二人的祝福，隨信贈與三顆寶石與三袋黃金，以示父子情深。

「這些東西，你要好好保留在身邊，當作紀念。或許日後派得上用場也說不定。不過，這件事千萬別對外聲張，絕對不能讓你父親的死敵——土蘭國王阿夫拉西亞伯發現。要是他知道你是魯斯塔姆的兒子，肯定會對你狠下毒手。」說到這裡，塔赫米娜不禁感到一陣心痛，「喔，我親愛的孩子。你生得這麼挺拔，即使在勇士中也能脫穎而出。你父親要是知道了，一定會讓你陪在他身邊。」

「母親，你爲什麼要一直瞞著我這件事？有這樣的出身多麼光榮啊。在這世上，人們無不稱頌魯斯塔姆的事蹟。他實在是個英雄人物。」蘇赫拉布難掩興奮，眼裡充滿嚮往。他突然有了一個夢想：「我現在就要率領軍隊，進攻伊朗，從卡烏斯的手中奪取王位。這樣一來，父親就可以成爲伊朗的國王，你也能作他的王后。到那時，我再進軍土蘭，打敗阿夫拉西亞伯。只要世上有我和父親在，還有哪個人敢自稱爲王？」

蘇赫拉布道出他的夢想，躍躍欲試。不過，在出征建功前，他還希望效法魯斯塔姆，尋找像拉赫什一樣優秀的戰馬。

塔赫米娜請牧馬人牽來所有的馬，讓蘇赫拉布細細挑選。馬群平日待在高山與平原吃草，牧馬人接獲命令，急忙把牠們全都趕入城裡。

蘇赫拉布拿著繩索，尋找最適合與他上戰場廝殺的駿馬。他捉住其中一匹馬，用力按低牠的頭，再伸手往馬背向下一壓，那匹馬兒瞬間癱倒在地。蘇赫拉布按照這方法，一一考驗這些馬兒的體力。不幸的是，沒有一匹馬可以承受他的力氣。找了許久卻沒有合適的馬兒，蘇赫拉布十分沮喪。

這時，有個勇士告訴他：「薩曼剛有一匹馬，高大強壯，跑起來快如疾風，恰似一道閃光。

這樣非凡的快馬肯定能符合你的要求。牠可是拉赫什的後代，你要是騎著牠上戰場，敵人見了，都會嚇得喪膽。」

在蘇赫拉布的命令下，人們帶來了這匹傳言中的駿馬。牠的毛色鮮艷，力壯如山。蘇赫拉布試了試馬兒的力氣，相當中意。他翻身上馬，坐在馬鞍上，顯得威風凜凜。

「如今我有了這匹戰馬，隨時可以領兵出征，奪走卡烏斯的王位。」

蘇赫拉布滿懷期待，趕忙回家準備一切。他召集了一支大軍，請外祖父准許自己出兵。薩曼剛的國王一口答應，賜給這孩子許多武器與錢財，助他完成心願。

有了這些支持，蘇赫拉布信心大增。他計算著時間，迫不及待征服伊朗。

阿夫拉西亞伯聽說蘇赫拉布打算攻打伊朗，簡直樂不可支。他早就知道蘇赫拉布的身世，因此處心積慮，想要除掉魯斯塔姆的兒子。如今聽說這孩子打算親赴戰場，阿夫拉西亞伯心中得意，掩藏不住嘴角的微笑。

他特別挑選了兩位將軍，一個叫胡曼（Human），另一個叫巴爾曼（Barman），讓他們率領一萬兩千名精兵，援助蘇赫拉布。

「有件事必須小心保密，還請你們幫忙。」阿夫拉西亞伯對兩位將軍說，「蘇赫拉布率軍出征，忠於伊朗的魯斯塔姆一定會親自迎擊。到時，這對父子必定會在戰場上相遇。你們得想辦法，讓他們二人無法相認，不知道對手就是自己的親人。魯斯塔姆年事已高，或許會被蘇赫拉布擊敗，就此喪命。失去魯斯塔姆後，伊朗對我而言便唾手可得。到時，我再想辦法對付蘇赫拉布，趁他半夜熟睡時殺死他。如果蘇赫拉布不幸被生父所殺，魯斯塔姆肯定悲痛欲絕，無心再戰。無論這場戰事結果如何，情勢都對土蘭有利。」

兩位將軍答應後，率領士兵來到蘇赫拉布面前，替國王獻上禮物以及一封信。阿夫拉西亞伯在信裡極力表現得親切，對蘇赫拉布說：「如果你奪下伊朗，世人就能享有和平，再也沒有紛擾與戰爭。無論是薩曼剛、土蘭或伊朗，彼此之間將沒有阻礙。我交給你的兩位將軍都是優秀的戰士，經驗豐富。請你讓他們在戰場上爲你效力，擊敗伊朗的軍隊。」

蘇赫拉布同意了阿夫拉西亞伯的請求。十四歲的少年熱血沸騰，年輕的心爲接下來的戰役激烈地跳動。他騎上戰馬，命令大軍開拔。士兵們敲響戰鼓，邁步朝伊朗前進，猶如一團烈火，燒毀了途經的所有事物。

（三）白堡的女戰士

通往伊朗的路上有座堅固的堡壘，被人稱爲「白堡」。那是伊朗人的要塞，由戰士哈吉爾（Hajir）坐鎮。白堡還有一位主將，名叫戈日達哈姆（Gazhdaham）。他雖然英勇依舊，頭髮卻已經花白。戈日達哈姆有個同樣驍勇善戰的女兒，叫古爾德法里德（Gurdafrid）。無論是騎馬或射箭，她樣樣在行，是遠近馳名的女戰士。

哈吉爾一聽說敵軍來襲，立刻騎上戰馬，帶著士兵出外迎戰。他來到戰場上，對敵軍大喊：「率領你們的是哪位英雄？我看一定是位能征善戰的勇士吧。你們軍中有誰不怕死，敢上前與我決鬥？」

他揮舞著武器，得意的樣子激怒了蘇赫拉布。少年拔劍出鞘，騎馬衝出軍隊，與哈吉爾面對面。

「守軍之中，爲什麼只有你一人出戰？」蘇赫拉布問，「你勢單力薄，竟還想不顧性命與我單挑。快點報上你的名字，讓我知道是誰的父母要爲他們的兒子哀悼。」

「我是哈吉爾將軍，每次出戰，都能獨自打敗敵人，不需旁人協助。我今天定要砍下你的頭，獻給卡烏斯國王。你的身軀就留給禿鷹吃吧。」

蘇赫拉布聽了，哈哈大笑，隨即催馬向前。兩位勇士舉起長槍搏鬥，誰也不讓誰。哈吉爾刺向蘇赫拉布，卻被他敏捷一閃，躲過了攻擊。蘇赫拉布握緊長槍，刺進哈吉爾的腰間，伸手把對手拖下馬來。

眼看蘇赫拉布就要砍下他的頭，哈吉爾嚇得求饒。蘇赫拉布寬恕了他，命人把哈吉爾五花大綁，帶回軍中交給胡曼看管。

哈吉爾戰敗被俘，消息傳回白堡，人們頓時陷入恐慌。古爾德法里德痛心地嘆息，爲哈吉爾莽撞的行爲感到羞愧，雙頰氣得緋紅。她起身整裝，穿上盔甲。古爾德法里德將髮辮藏在頭盔底下，騎馬來到敵軍陣前，氣勢好比暴風閃電。

「你們之中有誰敢與我較量？是英雄好漢的話，儘管站出來。」

蘇赫拉布看見敵軍有個年輕的騎士來挑釁，心裡只覺得好笑。「這頭野驢，眞是自不量力。他還不曉得我的厲害嗎？分明就是來送命的。」

他穿好盔甲，騎馬衝向古爾德法里德。她一看見他，立刻使勁拉弓，朝蘇赫拉布連射數箭。箭矢如暴雨般落下，飛過蘇赫拉布耳邊。他舉起盾牌保護自己，繼續向對手進攻。

古爾德法里德見他不願退縮，從背後取出長槍。她把槍尖對準蘇赫拉布，用力刺向他。蘇赫拉布迅速勒馬閃躲。他沒想到對手如此狠毒，憤怒地回敬一槍。古爾德法里德敏捷地閃開，沒料到這槍其實是虛晃一招，眞正的攻擊等在後面。蘇赫拉布快如閃電，往她背後刺去，正中古爾德法里德腰間，刺穿了她的鎧甲。

古爾德法里德險些落馬。她掙扎著抽出匕首，砍斷了蘇赫拉布的長槍。勝負已定，古爾德法里德自知不是蘇赫拉布的對手，便調轉馬頭，往白堡逃去。

蘇赫拉布正在氣頭上，怎能讓對手輕易逃跑？他緊追在後，趕上古爾德法里德，伸手摘下她的頭盔。

原本藏在頭盔下的烏黑長髮頓時垂落，襯托出古爾德法里德美麗的容貌。蘇赫拉布愣住了。他心裡爲這位姑娘感到驚奇，同時也爲這場戰爭擔心：「伊朗的女子若能上場殺敵，他們的勇士豈不各個驍勇善戰？」

蘇赫拉布取出繩索，捉住古爾德法里德。「別再掙扎。」他對她說，「我從沒捉過像你這樣的敗將，如今怎能讓你逃走？」

古爾德法里德沒辦法掙脫，只好輕輕一笑。「勇士，你的確厲害，如雄獅般英勇。這次我倆交手，雙方軍隊都看在眼裡。你卻不愼揭露我的身份，讓所有人知道，你的對手其實是位姑娘。我看，你的士兵以後都要嘲笑你。再這樣拖下去，你與我都會顏面盡失，不如我們趁機達成協議。只要你讓我平安返回白堡，我軍就同意投降。你意下如何？」

蘇赫拉布凝視著她迷人的微笑、那雙小鹿般漂亮的眼睛，心裡不禁一陣悸動。他試著保持理智，重新擺起架勢。「我擔心你不願遵守諾言。如果你反悔，別以爲白堡可以保護你們。它的城牆雖然難攻，終究沒有高過蒼天。等到我軍順利攻城，你們就再也無法阻擋。」

古爾德法里德沒有答話。她騎著馬，與蘇赫拉布並肩同行，來到白堡門前。戈日達哈姆早已等在門口，準備接應。大門一開，古爾德法里德立刻進入要塞，門隨即關上。

要塞裡的居民擔憂得掉淚。哈吉爾被俘，古爾德法里德也受了傷，白堡的未來相當不樂觀。

戈日達哈爾見到女兒安然歸來，開心地不斷感謝上天。「我的孩子，你果眞是位英雄。你在戰場上與敵人決鬥時，我遠遠看著，心中一直爲你擔心。幸好你機靈，巧施妙計，沒有辱沒了我們家族的名聲。感謝上天保佑，敵人無法傷害你，也沒有活捉你。」

古爾德法里德對父親微微一笑，轉身登上城牆。她看見蘇赫拉布還在城外徘徊，不斷仰望城牆，尋找她的身影。古爾德法里德朝他大喊：「喔，土蘭勇士，你怎麼能在戰場上動情呢？別在這裡傻等，快回你的軍營去吧。」

蘇赫拉布也向她高喊：「美麗的姑娘，你聽我說，我憑著日月、王冠與寶座發誓，一定要攻下白堡，娶你爲妻。到時候，你今天說的那些話可幫不了你。難道你忘了剛才對我許下的諾言嗎？」

古爾德法里德嫣然一笑，回答：「我們之間是不可能的。不過，你不需爲此失望。土蘭與伊朗是死敵，你注定不能娶我爲妻。憑你的身手，我猜你大概不是普通的土蘭人，而是皇族之後。還有哪個勇士敢與你較量呢？等卡烏斯聽說你率軍來犯，一定會與魯斯塔姆前來抗敵。到時候，你會敗在魯斯塔姆手下，你的大軍也將無人生還。勇士啊，你有這樣魁梧的身軀和強壯的臂膀，不要在這裡斷送了寶貴的生命，曝屍荒野。我勸你最好趕快收兵，返回土蘭。」

蘇赫拉布備感羞辱，策馬離去。他率軍踏平了白堡附近的村莊與田地，藉此懲罰那位高傲的對手。「明早，我一定要重上戰場，殲滅白堡中的敵人。」蘇赫拉布對追隨他的將領發誓，才終於下令回營。

（四）攻佔白堡

戈日達哈姆眼看敵軍收兵，立刻請文書官寫信向卡烏斯求救。老將軍對國王說：「這次率領大軍來犯的，不過是個少年。年紀看上去大約十四歲，身形卻魁梧如大樹，像太陽般耀眼。這麼年輕又勇猛的戰士，別說是平凡人了，就連妖魔也打不過他。最奇怪的是，如果仔細一看，這少年長得還與魯斯塔姆頗為神似。我見識過不少土蘭將領，但是，像這樣的將軍根本是前所未聞。我擔心沒有人阻擋得了他。請陛下盡快派魯斯塔姆前來援助。若一再拖延，伊朗的命運不堪設想，恐怕很快將被土蘭大軍血洗。」

一想到白堡遲早會陷落，戈日達哈姆決定趁夜逃離。他要信差快馬加鞭趕到王宮，把求救信呈交給國王。之後，戈日達哈姆便著手安排撤離。他知道堡壘下方藏著一條秘密通道。等到天黑時，戈日達哈姆帶著家眷與軍隊從地道離開，順利脫身。

隔天一早，蘇赫拉布便率軍直攻白堡。他心期盼著攻下堡壘，生擒守軍，把他們像牲口一樣緊緊綁起來。但是，大軍兵臨城下，卻不見堡壘裡的守軍反抗。士兵們雖然困惑，仍大吼著撞開堡壘大門。即便如此，仍然沒有一個守衛前來應戰。蘇赫拉布進入白堡後，才曉得真相：白堡裡的將領都已隨戈日達哈姆撤退，城民也幾乎趁夜逃離。

少數沒有離開的士兵與平民成了無辜的替身。蘇赫拉布把他們抓來問話，想知道古爾德法里德究竟在哪。可是這些擔驚受怕的人們哪裡知道答案？蘇赫拉布只能失望地嘆息。

古爾德法里德掙脫了他的套索，卻用無形的繩索把他牢牢套住。他好不容易攻進白堡，她卻像一縷輕煙般消失無蹤，留他在相思的痛苦裡。蘇赫拉布忘不了她，他的心靈早就成了古爾德法里德的俘虜。

「她到底有什麼樣的魅力？我見到她，竟然呆愣在那裡，說不出話。她那樣的身手，那樣的容顏，那樣的機智，我又要去哪裡才能尋覓？但願我從未見到她，就不用像現在這樣，暗自爲憂愁悲泣。」

他不願向旁人透露心事，只是一直嘆氣。因爲思念佳人，那張英俊的臉龐逐漸失去血色。胡曼將軍看穿了蘇赫拉布的心思，知道少年深陷愛情，決定找個機會開導他。

他對蘇赫拉布說：「你是勇猛的戰士，不該爲愛情如此憂愁。今天，你爲一個姑娘失魂落魄，往後要怎麼率軍遠征，成爲世界之王？伊朗大軍很快就會來到，他們的勇士各個都想擊敗我們。你不能再這樣爲情所困，趕快振作起來。等你加冕爲王，所有的美女都會臣服於你，還有誰敢拒絕你呢？你要知道，誰若是爲私情喪失鬥志，財富與權力很快就會離他遠去。反之，只要征服世界，成爲霸主，世人都將衷心歸順。」

胡曼這番話終於喚醒了蘇赫拉布。他感謝將軍苦心相勸，發誓絕不會辜負眾人的期望。經過這番省悟後，蘇赫拉布便把愛情和古爾德法里德拋在腦後，一心一意籌畫戰事。

（五）魯斯塔姆發怒

卡烏斯接獲白堡的求救信，深知情勢對伊朗十分不利。他召來眾將商討，決定命古達爾茲之子格烏（Giv）爲使者，去扎別爾斯坦向魯斯塔姆求援。

格烏日夜兼程，馬不停蹄趕路。就在他快要抵達目的地時，遠遠只見魯斯塔姆騎馬前來迎接。原來魯斯塔姆早已接獲消息，知道有使者正在火速趕來。

魯斯塔姆與格烏寒暄一番，接過信來閱讀。信裡的內容讓他驚奇不已，放聲大笑。「這世上居然有這麼一位勇士，據說長得和我的祖父簡直一模一樣！上天造出這個人，究竟用意何在？他若是生在伊朗，還算合情合理，可是他生在土蘭，就眞的讓人摸不著頭緒。不知道這位名叫蘇赫拉布的勇士，他的家鄉在哪，又來自哪個家族？」

魯斯塔姆一點也沒想到蘇赫拉布會是自己的兒子。他算了算時間，認爲他與塔赫米娜的兒子今年不過十四歲，尚未成年，不可能領兵作戰。想起未曾謀面的孩子，這位英雄的心悄悄嘆息，盼望著將來父子二人可以相聚。

魯斯塔姆邀請格烏留下，接受他的款待。格烏害怕耽誤軍情，一開始不斷婉拒，最後還是拗不過魯斯塔姆的盛情邀約。他在扎別爾斯坦逗留了四天，每天與魯斯塔姆飲酒作樂，到了第四天早上，才驚覺大事不妙。格烏擔心性格暴躁的卡烏斯會懲罰他，慌忙勸魯斯塔姆出發。魯斯塔姆這才騎上戰馬，率軍隊去援助卡烏斯。

援軍姍姍來遲，卡烏斯氣得當眾斥責格烏，還對魯斯塔姆大發雷霆。他厲聲威脅，要把這兩位勇士拉上絞架處死。站在一旁的統帥圖斯連忙上前，拉住魯斯塔姆的手臂，希望他暫時遠離國王的怒火，不要在此受委屈。

但是，魯斯塔姆也被激怒了。他對國王說：「要不是我，你哪能活到今天？你根本不配稱王，少在這裡逞兇鬥狠。那頂王冠與其給你戴，還不如套在蛇尾巴上。我是扎爾之子魯斯塔姆，像你這樣的昏君，我不屑效忠。你要是眞有本事，就自己去打敗土蘭大軍，絞死蘇赫拉布。」

他說完，用力打向圖斯的手，好心的圖斯痛得摔倒在地。

魯斯塔姆跨上拉赫什，嘴裡不停唸道：「卡烏斯算什麼，我有的是力量，不需要國王和軍隊。這頂頭盔就是我的王冠，拉赫什就是我的寶座。我魯斯塔姆只侍奉上天，絕不當國王的奴僕。幸好我對王位從來不存野心。如果我是國王，還會讓你如此張狂嗎？」

說完，他回過頭來，對伊朗的士兵大喊：「蘇赫拉布的大軍即將來到伊朗，屆時必定血染大地。你們若是聰明的話，就趕快逃命，不要留下來自投羅網。我已打定主意，不再返回伊朗。」

他揮鞭策馬離去，留下錯愕的勇士們站在原地。剩下的將領急忙商討對策。他們認爲，國王忘記了魯斯塔姆的恩情，實在不應該。他們派古達爾茲去見國王，提醒卡烏斯，伊朗絕不能失去魯斯塔姆。卡烏斯聽了，也爲自己糟糕的脾氣感到懊悔，趕忙派古達爾茲去追回魯斯塔姆。

古達爾茲快馬加鞭，好不容易才追上魯斯塔姆。他對魯斯塔姆百般勸說，希望他不要遺棄伊朗的子民。魯斯塔姆默不作聲聽著，心裡知道古達爾茲有道理。他只得按捺住怒火，調頭返回王宮。

卡烏斯見到他，連連道歉，後悔自己今天對英雄有諸多冒犯。國王如此眞誠致歉，魯斯塔姆的氣也消了。他重新宣誓效忠卡烏斯，兩人這才言歸於好。

（六）命運捉弄

伊朗大軍鋪天蓋地而來。他們的戰旗與長槍像烏雲翻滾，金色的盾牌與靴鞋有如金雨。入夜後，他們燃起的燈火恰似天上繁星。大軍不停趕路，終於接近白堡。守衛的士兵看見了，嚇得跑去向蘇赫拉布通報。

蘇赫拉布安慰眾人，要他們無須害怕。「伊朗的士兵雖多，裡頭說不定沒有一個厲害的英雄。就算開戰，我軍定能大獲全勝。」他從容擺設酒席，讓將領與士兵飲酒作樂。

城外，伊朗士兵替卡烏斯國王扎下營帳，在四周部署衛兵。大軍的營帳一座又一座緊鄰彼此，放眼望去，簡直淹沒了大地。

太陽西沉時，魯斯塔姆來到卡烏斯面前，請國王恩准他微服外出。他想要親自潛入白堡，看看這位少年英雄的眞面目。卡烏斯同意後，魯斯塔姆便換上土蘭人的服裝，靠著夜色掩護，悄悄接近敵軍哨兵。

到了城門，只聽見士兵們互相談笑。魯斯塔姆沒有遭遇任何阻礙，順利進入白堡。要塞裡的宴會正熱鬧，眾位將領喝了美酒，各個臉頰通紅，興奮地交談。

蘇赫拉布這時走了出來，身邊跟著他的舅舅德拉茲姆（Zhanda Razm）。兩人都沒有注意到躲在暗處的魯斯塔姆。十四年前，魯斯塔姆在薩曼剛城作客時，德拉茲姆曾見過他。因此，塔赫米娜拜託自己的兄弟，要他務必和蘇赫拉布一起出征：「蘇赫拉布率軍前往伊朗，一定會與伊朗的大軍交戰。你要是發現魯斯塔姆，就趕快把他指給蘇赫拉布看，讓他們父子得以相認，避免悲劇發生。」

魯斯塔姆藏身在角落，仔細觀察蘇赫拉布。他心裡不禁讚嘆，這個少年果眞有英雄的模樣與氣質。蘇赫拉布身邊圍著一百位勇士，面前還有二十位美女翩然起舞，爲眾人助興。人們舉杯高呼，稱頌蘇赫拉布的事蹟。

此時，德拉茲姆起身離席，想去方便一下。他經過魯斯塔姆的藏身處，突然發現這個魁梧大漢。他從未在軍中看過此人，因此起了疑心。

「站到亮處來，讓我好好看清楚。你到底是誰？」

德拉茲姆一邊問，一邊向魯斯塔姆走去。不料魯斯塔姆竟一拳把他打倒。那拳頭力道之猛，使得德拉姆茲當場斃命，直挺挺地躺在地上。

德拉茲姆遲遲沒有回來，蘇赫拉布擔心他在路上碰到麻煩，命侍從趕快尋人。眾人這才發現德拉茲姆死了。蘇赫拉布聽聞這個消息，驚訝地趕到事發地點。僕人舉起燭火，讓他看清楚德拉茲姆的模樣。

「今晚我們不能安睡了。」蘇赫拉布對身旁的將士們說，「保持警戒，時刻清醒。這座城裡有豺狼混入羊群，叼走了一隻羔羊，還殘忍地殺害他。上天見證，我一定要踏平伊朗，爲舅舅報仇。」

魯斯塔姆回到伊朗軍營，遇上正在夜巡的格烏，把事情的來龍去脈全都說了出來。格烏聽說魯斯塔姆一拳打死敵軍將領，驚訝地連聲讚揚，又問魯斯塔姆那傳說中的蘇赫拉布究竟是何模樣。

「那個少年長得並不像土蘭人。」魯斯塔姆回答，「奇怪的是，他的模樣確實與薩姆神似，可說是分毫不差。」

隔天，太陽緩緩升起，舉起了金色的盾牌。蘇赫拉布穿上盔甲，利劍繫在腰間，騎著靛青色的駿馬出征。他來到陡峭的山坡上，瞭望伊朗大軍，命人把被俘的哈吉爾帶到面前。

「你若希望我饒你一命，之後無論我問什麼問題，你都要如實回答。」蘇赫拉布對哈吉爾說，「誠實以對，我會好好賞賜你。如果你膽敢欺騙我，就等著在牢獄中度過餘生。」

「將軍，我一定誠實回答你的問題。畢竟說謊會愧對我的良心。」哈吉爾回答。

「那好。我想知道這次前來戰場的伊朗將領，到底有哪些人。那些著名的英雄一定都在軍中。只要我問到的，你都要回答，否則別想活命。」

蘇赫拉布說完，指了指遠方：「你看那座色彩繽紛的錦帳，上面畫著班豹的形象。帳篷裡拴有一百頭戰象，還有一個青綠色的王座。帳篷外立著一支紫色旗桿，頂端飾有金月彎，旗幟上畫著金太陽。端坐在帳棚裡的人是誰？」

「那是伊朗國王卡烏斯。」

「那麼，右邊那座黑色的營帳，外頭有著無數戰象與騎兵，還有士兵排列方陣。象旗之下，勇士們各個腳蹬金靴。那位伊朗將領是誰？」

「那是努扎爾之子圖斯，大軍的統帥。」

「那邊的紅色營帳，即使士兵眾多，依然紀律嚴整。紫色的旗幟上畫了獅子的形象，還鑲有閃閃發亮的寶石。你說，那位將領又是誰？」

「那是我父親古達爾茲。他有八十個兒子，各個勇猛如獅。」

蘇赫拉布又指向另一座營帳：「你看，那座綠色的營帳前，伊朗士兵似乎都在那裡聽令，卡維軍旗也隨風飄揚。有位勇士端坐在寶座上。他體格強壯，即使坐著，也比站立的旁人高大。在他身旁，還有一匹戰馬相隨。他的戰旗上畫了一隻巨龍，旗桿頂端裝飾著金色的獅子。這位勇士到底是誰？」

哈吉爾認出那是魯斯塔姆，卻沒有說出口。他不曉得蘇赫拉布的身世，以爲這位土蘭戰士是在刺探敵情。他在心裡暗自決定，無論如何，自己都不能出賣魯斯塔姆。要是魯斯塔姆不幸戰死，伊朗一定會潰敗。

「那想必是中國的將領，特地來協助伊朗作戰。」哈吉爾回答。

「他叫什麼名字？」

「我不知道。」

「既然如此，把他的中國名字告訴我。」

哈吉爾故作哀求的模樣：「請原諒，我一直在白堡駐守，消息並不靈通。這個人應該是近日才抵達伊朗。我看他的武器那麼新，才會猜想他是異國的將領。」

蘇赫拉布滿心失望。他原本以爲那位勇士氣質不凡，肯定是他的親生父親。不過，他很快便重新振作，繼續指著伊朗軍隊的其他營帳，想知道是哪些英雄住在那裡。他一心期盼發現魯斯塔姆，但是到了最後，還是沒聽見父親的名字。

蘇赫拉布惦記著那座綠營帳裡的勇士，不斷逼問哈吉爾。但哈吉爾一再堅稱，那是異國來的戰士，名字不詳。

「你是不是在耍我？」蘇赫拉布質問哈吉爾，「伊朗將領的名字都讓你說完了，怎麼沒聽你提起魯斯塔姆？像他這樣舉世無雙的英雄，伊朗大軍出征不可能沒有他。你明明說過他總是親赴戰場，爲什麼這次魯斯塔姆偏偏沒有跟著大軍來到？」

「或許他還留在他父親的領地上。」

「不可能。魯斯塔姆如果知道國王親征，怎麼可能袖手旁觀？快點指給我看，到底誰才是魯斯塔姆？」

哈吉爾寧願犧牲自己的生命，也不願道出眞相。「你爲什麼一直提起魯斯塔姆？」他反問蘇赫拉布，「你們之間到底結了什麼仇？我眞的不知道他此刻身在何處。你如果不高興，大可取我性命。不過，我勸你最好別再尋找魯斯塔姆。你和他單挑，最後只會慘敗身亡。」

蘇赫拉布聽見哈吉爾這番奚落，不發一語地轉過身去。可是他心中的悲憤如此劇烈，終究難以壓抑。蘇赫拉布顫抖著舉起拳頭，把哈吉爾打倒在地，懷著失望的心情返回軍營。

（七）父子之戰

蘇赫拉布重新穿戴戰甲與頭盔，策馬直奔戰場。他心裡憤恨難消，渴望廝殺一番，轉眼就來到卡烏斯的軍營。士兵們看見這少年殺氣騰騰，誰也不敢上前阻擋他。

蘇赫拉布大聲高喊，要卡烏斯出來，還問有哪位伊朗英雄自願與他決鬥。伊朗將士嚇得不敢出聲，動都不敢動。蘇赫拉布舉起長槍，逼近卡烏斯的營帳，只用槍尖輕輕一撥，用來固定帳篷的七十顆地釘便全數鬆落。營帳隨之倒塌。

卡烏斯眼看大事不妙，趕快派圖斯去向魯斯塔姆求救。魯斯塔姆聽說那位少年戰士前來挑釁，迅速穿好虎皮戰袍，繫上腰帶。他從自己的帳篷望出去，看見伊朗大軍慌亂不已，心底忍不住想：「這難道是惡神阿里曼來襲嗎？不過是一個少年，就把軍隊嚇成這副德性？」

他派弟弟扎瓦列（Zawara）留守營中，自己騎上拉赫什前去救援。當魯斯塔姆看見蘇赫拉布，他在心裡不禁又一次驚嘆，這少年的長相實在與薩姆相仿。他對蘇赫拉布說：「附近有塊平坦寬敞的空地，我們可以把那裡當作戰場，一決高下。」

「好，你我二人就到一旁較量，雙方都不准向旁人求助。」蘇赫拉布回答，「不過，要是我認眞搏鬥，你未必承受得了。畢竟你雖然身材魁梧，卻已有一把年紀。」

「別太自滿了。我這一生征戰無數，多少兵將與妖魔都不曾打敗我。讓群星爲我作證，世界在我腳下也要瑟瑟發抖。說實話，我眞不忍心見到你慘死。別說在土蘭，就是在伊朗，也找不到像你這樣的人物。」

蘇赫拉布的心微微一動。他仔細打量眼前的勇士，忍不住說：「我有個問題，還請你務必據實以告。請告訴我，你究竟是誰，來自哪個家族。我的心對我說，你一定就是英雄魯斯塔姆。」

魯斯塔姆堅決否認。「我不是他。魯斯塔姆是英雄，我只是個無名小卒。」

蘇赫拉布的期盼落空，再次陷入失望，難掩哀傷。

他們依約來到附近的平地，先拿出短小的兵器搏鬥，之後又舉起長槍，你來我往。等到雙方的長槍打得只剩槍桿，兩人才拔劍砍向對方。刀刃狠狠相撞，飛出星火，直打得刀鋒成了鋸齒。激烈的戰鬥持續了好一陣子。兩人都累得喘氣，身上的鎧甲早已碎裂，散落在馬蹄下。陽光無情地照在他們身上，汗水也浸濕了他們的衣裳。兩位戰士口乾舌燥，只得商議暫時停戰。

「這孩子不過是個普通人，既沒有名聲，也沒有地位，怎麼比當年的白妖還難纏？」魯斯塔姆在心裡想著，爲接下來的戰鬥擔憂不已。

雙方暫且拉開距離，喘息一會，很快便重新開始打鬥。他們拉弓射箭，卻沒有一支箭矢傷得了對方。這樣下去該如何分出勝負？兩位戰士急了，立刻伸手捉住彼此，想要把對手拉下馬鞍。魯斯塔姆認爲自己有著可以移山的神力，便用盡全力，緊緊抓住蘇赫拉布的腰帶。沒想到，蘇赫拉布卻動也不動，反倒是魯斯塔姆最後累了，無奈地鬆手。

即使兩人都希望停戰休息，蘇赫拉布仍不願放棄。他抽出大棒，使勁打在魯斯塔姆肩上。魯斯塔姆頓時渾身疼痛，難受得不得了。

「勇士，我看你已經沒有力氣。」蘇赫拉布說，「我同情你的遭遇。你雖然強壯，卻已經不再年輕。」

因爲過於驚訝與疼痛，魯斯塔姆沒有回答。雙方都認爲今天無法分出勝負，決定各自離去。途中，魯斯塔姆嚥不下怒氣，突然調轉馬頭，朝土蘭軍隊衝去。蘇赫拉布見狀，也立刻殺入伊朗軍營，許多將士倒地而死，士兵紛紛奔逃。

魯斯塔姆這才爲自己的莽撞感到懊悔，趕回軍營保護卡烏斯。蘇赫拉布在營中見人就殺，渾身染滿鮮血，地上血流成河。

「土蘭人，你瘋了！」魯斯塔姆大吼，「伊朗士兵哪一個向你舉起武器？你爲何像狼一樣屠殺無辜的羊群？有本事就衝著我來。」

蘇赫拉布不甘示弱：「那麼我也想問你，土蘭士兵犯了什麼錯？他們只是站在一旁觀望，你卻依舊狠下毒手。」

魯斯塔姆這才與蘇赫拉布約定暫且收兵，等明早再分出勝負。

魯斯塔姆回到營中，關心眾人是否安好，又向卡烏斯感嘆那位少年的武功實在高強。待他返回自己的營帳，早已身心俱疲。魯斯塔姆先吃了晚餐，再與爲他擔心不已的扎瓦列談話。

「明天早上，我還要奔赴戰場，與那位土蘭少年決鬥。你只需把一切安排妥當，等我勝利歸來。」他叮囑扎瓦列，「不過，倘若我不幸戰死，你也無須哭泣。世上一切都是上天的旨意，也許我生來注定被這位少年殺死。你千萬別爲了替我報仇，莽撞地出戰。你要立刻率軍回到扎別爾斯坦，向父母親傳達我的死訊。請他們不要爲我悲傷。世上沒有人可以永遠活著，許多偉大的君王與英雄早已不在人世，我遲早也會隨他們而去。我死後，你要盡心爲國王效力。」

兩人隨後討論起蘇赫拉布，直到夜半時分，才各自安歇。

在土蘭軍營裡，蘇赫拉布向胡曼感嘆：「我一見到那位與我決鬥的將領，就感到格外親切。說不定他眞的是魯斯塔姆。但願我沒有與親生父親廝殺。兒子怎能與父親爲敵？如果我不幸弑父，還有何顏面活在世上？今生與來世都不會有我容身之處。」

胡曼謹記阿夫拉西亞伯的叮嚀，只是回答：「過去在戰場上，我曾有幾次機會與魯斯塔姆交手。與你決鬥的那位將領，他的戰馬雖然貌似拉赫什，卻完全不比拉赫什迅速。」

蘇赫拉布苦苦思索了一夜。隔天早上，他來到戰場，與魯斯塔姆再度相見。少年不禁露出笑容：「尊敬的將軍，你昨夜睡得可好？今天我們不要決鬥了。讓你我放下武器和仇恨，在上天的見證下握手言和吧。我們應該坐下來，像朋友一樣暢談，共享美酒。你爲什麼要對我隱瞞你的名字？我一見到你，心裡就覺得親切。我想，你一定是扎爾之子，赫赫有名的魯斯塔姆。」

魯斯塔姆拒絕和談。「不必問我是誰，家鄉又在何處。」他回答，「我知道，你一心想著魯斯塔姆，不過是爲了追求名聲。昨日你我尚未分出勝負，今天，我已準備好再與你決戰。」

「我有意談和，你卻不願接受。」蘇赫拉布嘆道，「我希望你死去後，有人能爲你送終，替你好好埋葬。既然你把性命交到我的手中，我也只好順從上天的旨意了。」

他們把戰馬拴在一旁的石頭上，心裡都感覺到不祥的命運正在逼近。從黎明到正午，兩人不停打鬥，流下汗水與鮮血。突然間，蘇赫拉布抓住魯斯塔姆，大聲一吼，把他摺倒在地。他把魯斯塔姆提起來，再次摔向地面，以膝蓋抵住魯斯塔姆，不斷揮拳毆打。

魯斯塔姆渾身沾滿血汙，近乎噓氣。當他看見蘇赫拉布抽出匕首，想要割下他的首級時，魯斯塔姆急忙說道：「我們這兒有個規矩，你恐怕不清楚。如果一個戰士與人搏鬥，第一次打倒對手後，不能立刻了結對手的性命。如果這兩人起身再戰，而那個戰士又把對手打倒，他就可以奪去對方的性命。這個規矩和你們的習俗或許不同，但我們一直奉行至今。」

魯斯塔姆為了活命，臨時編出這段謊話，蘇赫拉布卻信以爲眞。他放走了魯斯塔姆，轉而到附近的田野打獵，直到晚上才返回軍營。

胡曼聽他說完事情的經過，忍不住大嘆一聲。「你太小看敵人了。那個伊朗將領好不容易被你制伏，你卻放了他。今天這個決定，或許會斷送你的性命。」

魯斯塔姆死裡逃生，休息後又恢復了精神。他向上天禱告，重新獲得充沛的力氣。隔日他再上戰場，蘇赫拉布見他精神飽滿，心裡十分驚訝，不禁納悶起來。

「勇士啊，你昨日差點死去，今天怎麼還敢回來與我決鬥？你是不是已經厭倦了生活，只求一死？看在你已經年老的份上，我可以再饒你一命。」

「你不要得意忘形。再與我決鬥一次，讓我們看看你會落得什麼下場。」

兩人繫好戰馬，繼續與對方搏鬥。蘇赫拉布雖然年輕敏捷，終究逃不過命運的安排。雙方纏鬥之際，魯斯塔姆突然抓住蘇赫拉布的臂膀和脖子，使盡全力壓彎了他的身軀。蘇赫拉布當即癱軟倒地。魯斯塔姆爲防他重新站起來，迅速拔劍，劃開他的胸口與腹部。

蘇赫拉布知道自己將死，不禁哀嘆：「上天替我安排了多麼不幸的命運。同齡的男孩還在玩耍，我卻要葬身地下。我最大的遺憾，就是無法與親生父親相聚。倘若他發現我死了，一定會來替我報仇。」他對魯斯塔姆說，「你瞧，母親曾把父親送的信物交給我，我一直戴在身上。總有一天，會有人把這信物還給魯斯塔姆，告訴他：蘇赫拉布死去時，心裡還思念著他的父親。」

魯斯塔姆震驚得說不出話。他的身軀不斷顫抖，彷彿也要跟著蘇赫拉布死去，眼前的世界一片昏暗。「你說什麼？什麼魯斯塔姆的信物？」他問，「啊，讓這個名字受到詛咒吧，因爲我就是魯斯塔姆！」

他撕扯自己的頭髮，大聲哭喊。蘇赫拉布終於如願與父親相認，心中卻痛苦不堪。他要魯斯塔姆解開他的盔甲，看看他戴在手臂上的信物。

魯斯塔姆立刻照做。蘇赫拉布的手臂上，確實佩戴著當年他送給塔赫米娜的臂環。魯斯塔姆悔恨交加，怎麼也無法相信自己竟然殺死了朝思暮想的孩子。

蘇赫拉布用盡最後的力氣，求魯斯塔姆放過土蘭大軍。「他們並無過錯，只是追隨我前來，如此而已。」這年輕的生命輕聲嘆息，逐漸消逝。

魯斯塔姆遲遲沒有返回軍營，眾人都以為他已不幸陣亡。正在慌亂之際，魯斯塔姆焦急地跑回來，臉上佈滿淚水。原本想向他道喜的人們看見他撕破了戰袍，不禁問起究竟出了什麼事。

心碎的英雄告訴眾人，自己竟親手殺死兒子。他要扎瓦列立刻去質問土蘭將領，這中間究竟有什麼誤會，竟會釀成父子相殘的悲劇。扎瓦列回來後，把眞相告訴兄長。魯斯塔姆絕望至極，拔劍想砍下哈吉爾的頭，卻被眾人攔住。

魯斯塔姆失去了所有的希望，只得回到重傷的兒子身旁，舉起匕首打算自刎。將領們趕緊抓住他。古達爾茲同情地哭道：「你追隨他死去又有什麼用呢？即便你把自己砍得遍體鱗傷，也換不回這孩子的生命。」

此時，魯斯塔姆想起卡烏斯國王有一種藥，可以讓任何傷口癒合。他連忙拜託古達爾茲去向卡烏斯取藥。「若是國王願意救我的兒子，我敢說蘇赫拉布一定會像我一樣，為卡烏斯效力。」

古達爾茲趕到卡烏斯的營帳，轉達魯斯塔姆的請求，卡烏斯卻顯得為難。「我實在不忍見到魯斯塔姆如此痛苦。」他回答，「但是，如果我把藥交給他，救了他的兒子，魯斯塔姆往後絕不會把我放在眼裡。總有一天，他們父子會聯手害死我。這世界容不下蘇赫拉布那樣的烈焰。他曾說要絞死我，怎麼可能選擇向我宣誓效忠？」

卡烏斯拒絕幫忙，古達爾茲只得空手而返，對魯斯塔姆嘆道：「國王眞是惡毒，見人有難，卻不願出手相救。」

魯斯塔姆急得發狂，決定親自向國王求情，希望卡烏斯能改變心意。他才剛起步，就有人告訴他：「蘇赫拉布已經死去。如今即使有卡烏斯的藥，也無法救回他的生命。」魯斯塔姆悲痛得嚎哭。

戰爭結束了。伊朗大軍啓程歸鄉，土蘭大軍也撤兵離去。魯斯塔姆懷著沉痛的心情，返回扎別爾斯坦。一千匹馬的尾巴被割斷，以示哀悼。百姓爲蘇赫拉布哭泣，惋惜他不幸的命運，扎爾與魯達貝也爲孫子感到痛心。

魯斯塔姆用黃金替蘇赫拉布修建了一座墓，又用沉香木打造棺材，綁上織金緞帶。他心中的悲傷無法形容，獨自爲兒子的死哀悼許久。

而塔赫米娜呢？她聽說蘇赫拉布被魯斯塔姆殺死，痛不欲生。塔赫米娜原本期待這對父子能夠相認，一起回到她身邊，如今所有的希望都破碎了。蘇赫拉布死去，只留下他出征時的戰馬與她作伴。塔赫米娜緊緊抱著蘇赫拉布的征衣，日夜哭泣。她穿著黑衣，宮殿也塗得漆黑。一年後，她因爲過度悲痛，也與世長辭。

兒子死於親生父親之手，任誰聽到都忍不住嘆息。這就是蘇赫拉布的悲劇。

第九章　夏沃什的悲劇

（一）夏沃什王子

一天清晨，圖斯、古達爾茲與格烏三人率領著侍從，騎馬出城打獵。獵犬與獵鷹跟隨他們來到草原上。沒多久，一行人就捕獲了許多獵物，夠他們享用整整四十天。

這片草原附近有座小小的樹林，圖斯與格烏策馬來到林中，渴望尋找新的獵物。兩人在樹林裡發現了一位姑娘。她的身姿楚楚動人，美貌令人嘆息。

「這位姑娘，你怎麼會一個人待在樹林裡？」圖斯問。

姑娘可憐兮兮地回答：「昨晚，我父親喝多了酒，回到家裡一看見我，就狠狠毆打。不僅如此，他還抽出一把有毒的匕首，想割下我的頭。我害怕極了，只得趕快逃離。」

他們問起她的家世，得知她算是法里東國王的後人，隨後又問：「你既沒有馬匹，也沒有嚮導，怎麼會來到這麼偏僻的樹林？」

「逃跑途中，我的馬體力不支，害我摔在地上。強盜奪走了我隨身攜帶的財寶。我幸運逃跑，卻又累又怕，只能躲在這座樹林裡獨自垂淚。我想，母親現在一定很擔心我的安危，父親酒醒後也會派人來尋找我。」

兩位勇士憐憫她的遭遇，圖斯尤其心動，想要娶她爲妻。他轉身對格烏說：「我的馬跑在最前頭，所以我們兩人之中，是我先發現了這位姑娘。」

格烏對這可憐的姑娘也有好感，當然不願退讓。「你這話不對，剛才我們分明是並肩同行。」

「胡說，你的馬怎麼可能跑在我的馬之前？」圖斯質問道。

「爲了捕獲獵物，我當然策馬全力衝刺。」

兩人互不相讓，吵得越來越激烈，最後甚至想動手殺掉那位姑娘，以解決紛爭。其他人連忙苦勸，仍然無法阻止他們，直到其中一位隨從說：「像這樣的難事，我看最好還是交給國王決定。」

圖斯和格烏認爲有理，這才停止爭執。他們把姑娘帶回王宮，讓卡烏斯裁決，究竟他們二人誰有資格得到她。兩人萬萬沒想到，卡烏斯一看見這位姑娘，心中也不禁動情，想要把她占爲己有。

他對兩位將領說：「你們何必爲這種小事吵架？像她這樣美麗的女子，本來就該屬於國王。」他不斷讚美那位姑娘的美貌，又詢問她的家世背景。姑娘告訴他，她的父親算是法里東的後裔，母親則是土蘭國王之弟格西烏（Garsiwaz）的女兒。

「你是身世顯赫的貴族女子，怎能躲在樹林裡過活？」卡烏斯說，「我要讓你住在金碧輝煌的宮殿裡。你將成爲最受尊崇的妃子，享盡榮華富貴。」

這位土蘭姑娘欣然答應了卡烏斯的求婚。國王重賞圖斯與格烏，分別賜給他們十匹駿馬。他命人細心照料新妃子，把她打扮得光采動人，讓她在宮裡享受最舒適的生活。

過了一段時日，姑娘爲卡烏斯生下一個男孩。小王子有著漂亮的臉蛋，十分惹人喜愛。卡烏斯高興不已，替他取名夏沃什（Siyawush）。國王召來星相家，想知道兒子未來的命運。星相家仔細推算後，沉默了好一陣子。最後，他才鼓起勇氣，對國王道出實話：「這位王子未來勢必遭遇許多磨難，唯有上天才能保他一生平安。」

正巧，這天魯斯塔姆有事來訪，聽說小王子注定面臨不幸的命運，便自願撫養他長大。魯斯塔姆承諾，必定盡全力把各種武藝傳授給他。卡烏斯覺得這提議或許可行，同意把夏沃什託付給魯斯塔姆，希望這孩子可以在扎別爾斯坦平安長大。

魯斯塔姆帶著夏沃什返回故鄉，把他當作親生兒子般養育。英雄用心良苦，不只教他騎馬射箭、放鷹打獵，又教他宴會禮儀。夏沃什學會了如何處理國事，如何與人應對，以及如何在戰場上率軍作戰。

歲月流轉，夏沃什王子漸漸長大，成爲一位傑出的少年。他雖然尊敬魯斯塔姆，感念英雄對自己的照顧之恩，卻還是滿心希望能見自己的父親一面。他對魯斯塔姆說：「你辛苦扶養我，教我各種技藝，就是期盼我將來能成爲賢明的國王。如今我已長大，應該返回王宮，拜見我的父親。」

魯斯塔姆同意時候已到。他爲夏沃什準備旅途一切所需，又親自陪王子前去王宮。

卡烏斯聽說兒子歸來，高興得不得了。伊朗的百姓也盛大慶祝。他們把金子與香料混在一起，不斷撒向夏沃什，歡迎他回家。夏沃什一行人在眾位勇士的護送下，終於抵達王宮。

卡烏斯端坐在寶座上，頭戴王冠，上面鑲著的紅寶石閃閃發亮。夏沃什向父親行禮致意。國王把思念已久的兒子摟進懷裡，一邊問他在扎別爾斯坦過得如何，一邊又感激魯斯塔姆對夏沃什的教導。卡烏斯看這兒子生得英俊，氣質不同凡俗，心裡對他更是喜愛。上天竟願意賜給他這麼優秀的孩子，卡烏斯滿心喜悅，但願神能一直看顧夏沃什。

歡迎王子歸來的宴會連續舉行了七天，卡烏斯也賜給夏沃什許多珍貴的寶物。

在那之後，整整七年，卡烏斯仔細觀察並考驗夏沃什。到了第八年，他才按照王室傳統，授予夏沃什金冠、腰帶與項鍊，賜與他領地統治。

唯一不幸的是，夏沃什的母親在此時離世。王子失去母親，哀痛萬分。眾人紛紛勸他節哀。最後，富有智慧的古達爾茲前來開導夏沃什，教他淡然看待生死，夏沃什的內心才終於擺脫了悲痛。

（二）王后的詭計

一天，卡烏斯與夏沃什正在談話，蘇達貝王后恰巧經過。她看見夏沃什已經長大，成爲一位英俊高挺的王子，頓時感到一陣心動，彷彿冰遇著了火。

她差人告訴夏沃什，請他有空前來後宮一趟，與她見面。聰明的夏沃什知道蘇達貝別有居心，氣得拒絕這份邀請，打發傳信人離開。

蘇達貝並不氣餒。隔天，她來到卡烏斯身旁，極盡所能地撒嬌，說了許多動聽的甜言蜜語。「陛下，像你這麼偉大的國王，還有一個這麼好的兒子，世人都忍不住羨慕你。夏沃什在宮裡已經住了一段時日，你應該讓他到後宮探訪，見見他的姊妹們。她們啊，每天都盼望能見他一面，爲此神傷。」

卡烏斯沒有懷疑，立刻答應蘇達貝。「你雖然不是夏沃什的母親，對待這孩子卻有如親生，對他百般關心。」他稱讚她道。

而後，卡烏斯召見了夏沃什。「你在後宮的姊妹們盼望著與你相見，蘇達貝也願意視你如親生。你趕快去拜訪她們，千萬不要冷落了親人。」

夏沃什聽完，沉默不語。他明白，如果自己與蘇達貝在後宮見面，人們一定會閒言閒語。「不過，也許事情沒有這麼簡單，也許這其實是父親給我的考驗。」夏沃什想到這裡，只好暫且答應了卡烏斯的要求。

隔天，後宮總管希爾巴德（Hirbad）遵照國王的旨意，帶著夏沃什來到後宮。當希爾巴德挑起後宮的門簾時，夏沃什一看見裡頭的情景，心裡頓時有了不祥的預感。

公主與嬪妃全數圍了上來，爭睹夏沃什的模樣。地上灑滿金幣、麝香與番紅花，中國錦緞上點綴著璀璨的珍珠，到處都裝飾得耀眼奪目。蘇達貝坐在飾有翡翠與綢緞的黃金寶座上，美如星辰。她烏黑的長髮垂到腳邊，一位侍女恭敬地站在一旁，替她捧著一雙織金繡鞋。

蘇達貝走向夏沃什，把他抱進懷裡，親吻他的臉頰與眉眼。她深情款款地對王子說：「每日每夜，我都爲你向上天禱告。像你這麼出眾的王子，就算是國王也比不上你。」

夏沃什沒有因爲她的情話失去理智。他深知蘇達貝的讚美裡肯定藏著黑暗的秘密。爲了避免傳出謠言，夏沃什趕忙轉向他的姊妹，與她們交談，之後再找藉口盡速離開後宮。

卡烏斯得知兒子沒有違抗他的命令，十分高興。他安排了宴會，希望能讓夏沃什忘記心中的憂愁。當天晚上，國王來到後宮，問蘇達貝對夏沃什有什麼看法。他想知道王子的行爲與談吐是否合乎禮儀。

「我認爲就算找遍整座王宮和伊朗的軍隊，都找不到像夏沃什這樣好的人。」蘇達貝回答。

卡烏斯聽了，相當欣慰。「希望上天保佑這孩子，不受厄運的摧殘。」

蘇達貝注意到國王心情正好，趁機向他提議：「陛下，我有一個想法，你或許有興趣。夏沃什年紀也不小了，是時候娶妻成家。我希望能從陛下的女兒與姪女中，挑選一位適合他的新娘。她們之中一定有人會是夏沃什中意的對象。」

這主意正符合卡烏斯的期望，他毫不猶豫地同意。

隔天，卡烏斯對夏沃什說：「我一直希望你有個兒子繼承你的頭銜。我曾請人爲你占卜命運，預知你有一個兒子未來將登基爲王。現在也到了你成婚的年紀，你可以任意挑選一位貴族之女作你的妻子。後宮那些年輕的姑娘都身世顯赫，無論你決定娶哪一位，我都會給你祝福。」

「既然父親這麼說，我是你忠心的僕從，不敢違抗。」夏沃什回答，「只是，我擔心蘇達貝從中作梗，壞了你的心意。要我娶妻可以，但不能讓蘇達貝插手。從此我也不願再去她的後宮。」

卡烏斯不明白夏沃什的煩惱，啞然失笑。「你不用擔心蘇達貝。就是她對我提出這個主意。你看看，她對你多麼關心，打從心底把你當作親生兒子。」

夏沃什心裡懷著憂傷，向父親告退。他擔心蘇達貝早已設下詭計，打算破壞他原本平靜的生活。

過了一夜，曙光又在東方出現。後宮總管希爾巴德匆忙趕到夏沃什面前，傳達王后的邀請，希望夏沃什再次前來造訪。夏沃什一時想不到應對的方法，只得勉強答應，無奈地來到後宮。

這天，蘇達貝全身戴滿了珠寶與首飾，把自己打扮得耀眼動人。她向夏沃什致意，請他坐在黃金寶座上，讓他見見後宮的眾位美女。夏沃什仔細打量這些姑娘。她們年輕又美麗，各個尚未出嫁，雖然心裡欣賞夏沃什，卻只敢偷偷回望他。「王子多麼俊美啊。」她們竊竊私語，最後各自回到房間，不知道誰能幸運地被夏沃什選中，成爲他的妻子。

「殿下，你的心意如何呢？」美女們離開後，蘇達貝詢問夏沃什，「這些姑娘之中，有沒有哪一位讓你心動？」

夏沃什不願回答。他猜蘇達貝這麼處心積慮陷害他，一定是不希望讓他繼承王位。蘇達貝見夏沃什沉默許久，終於忍不住掀開面紗，露出她美麗的容貌：「我懂了！你見了我，對其他女子就再也看不上眼。是啊，月亮怎麼比得上太陽耀眼呢？倘若你愛我，我們就這麼約定吧。我會派一個美女到你身邊伺候你，但你必須對天發誓，絕對不會背叛我。等卡烏斯一死，你就要正式娶我爲妻。現在，尊貴的王子，我願意以身相許。」

她一時激動，竟不覺羞恥地緊緊抱住夏沃什，熱情地親吻他。夏沃什既羞憤又委屈。他的雙頰緋紅，淚水在眼裡打轉。「我絕不能落入她的陷阱，背叛我的父親。」王子心想，「但是，如果我冷落蘇達貝，她肯定會爲了報復，想辦法離間父親與我的感情。」

於是，他只好回答：「是啊，王后，世上哪個女人比得過你的美貌？像你這樣的美女，只有君王才配得上。只要你爲我挑選一位妻子，我就答應你的請求。不過，你要小心保密，不要隨便向外人提起。我暫且就把你當作母親看待。」

夏沃什說完，奪門而出，留下蘇達貝兀自爲他嘆息。

卡烏斯來到後宮時，蘇達貝立刻向國王道喜：「夏沃什已經決定了，他只願娶我的親生女兒。」

卡烏斯聽了相當高興，連忙派人取出珍貴的金銀珠寶，交給蘇達貝。他要她好好籌辦王子的婚事，一點也沒有察覺她心中的詭計。

蘇達貝雖然得到夏沃什的承諾，心裡卻暗自盤算，如果夏沃什不聽她的命令，她就要徹底摧毀他，讓他受盡折磨。

又一次，她邀請夏沃什到後宮作客，與他商討如何籌備婚禮。蘇達貝對夏沃什說：「國王爲你準備了許多稀奇的珍寶，即使牽來兩百頭駱駝也搬不完。我決定讓你娶我的女兒爲妻，但是，你今後千萬不能冷落我。你不知道，我第一眼看見你就愛上你了，從此爲了這份愛飽受痛苦。你爲什麼要抗拒我的愛？讓我重新體會青春吧，我絕對可以滿足你。如果你執意不從，那就別怪我無情。我會想辦法讓你無法繼承王位，你的未來將再也看不見光明。」

「我不能背叛父親，也不能違背我的身份。」夏沃什回答，「難道你身爲王后，看不出你的請求多麼罪孽深重嗎？」

蘇達貝憤怒地站起身來。「我對你傾訴自己的心意，你卻擺出這種正經的樣子，譴責我忘卻禮節。你分明是想毀了我，讓我在眾人面前丟臉。」她說著，動手撕碎自己的衣服，抓破雙頰，又放聲哭喊。

後宮頓時陷入混亂。卡烏斯趕到現場，只看見蘇達貝臉上帶傷，妃子與宮女交頭接耳。他一時摸不著頭緒，詢問旁人出了什麼事。蘇達貝看見國王來了，立刻奔向他，熱淚從雙頰滾滾落下。

「陛下，夏沃什實在太可惡了。他竟然趁我熟睡時，偷偷爬上我的臥榻。我奮力掙扎，他卻緊緊抓住我，怎麼也不願放手，還對我說：『我一直深愛著你，爲什麼你老是避開我呢？除了你之外，我不愛其他女人。』你看，他不只逼我回應他的感情，還撕碎了我身上的衣服。」

國王驚恐萬分，但稍微鎮定後，又覺得應該仔細調查這件事。假如蘇達貝說的是實話，夏沃什就眞的罪該萬死，應當斬首示眾。他把閒雜人等打發離開，獨自思考了一陣子，才召來蘇達貝與夏沃什。

卡烏斯對夏沃什說：「你要誠實以對，絕不能刻意隱瞞眞相。只怪我當初逼你造訪後宮，今天才會發生這種不幸的事。」

夏沃什對父親道出整件事情眞正的經過，蘇達貝急忙反駁：「陛下，他分明是在說謊。他確實對我說過，除了我之外，他不愛宮中其他美女。如果他得不到我，再多的錢財也毫無價值。我用力抵抗，他就扯我的頭髮，抓傷我的臉。陛下，你知道我已經懷了你的孩子，這次受了驚嚇與折磨，差點保不住胎兒。」

卡烏斯害怕做出錯誤的判決，左思右想，最後決定著手尋找證據。他先聞聞夏沃什的手、頭與胳膊，再聞聞蘇達貝身上的味道。王后散發著美酒與玫瑰香水的氣味，夏沃什身上卻沒有這樣的味道，可見他並沒有碰她。

卡烏斯知道蘇達貝設計陷害夏沃什，氣得差點下令處死她。但是，他突然想起自己過去被囚禁在哈馬瓦蘭時，就是蘇達貝不顧一切幫助他，鼓勵他不要放棄希望。國王念在舊情，決定饒恕蘇達貝。再說，她懷著他的孩子，那孩子生來無辜，不該為母親的罪受到懲罰。

卡烏斯宣判夏沃什無罪，請他不要把這件事放在心上。「往後，你要格外小心，不要再被人欺騙或陷害。」卡烏斯叮囑道。

蘇達貝失去了夏沃什，卡烏斯也不再寵信她。為了報復，她決定用毒計摧毀夏沃什的名譽。後宮有個婦人專門替她辦事，一顆黑心裡藏著許多狠毒的主意，此時同樣也懷有身孕。蘇達貝用重金賄賂婦人，請她幫忙讓自己重獲地位。她對那婦人說：「你要偷偷弄來一副秘藥，為自己墮胎。之後，我會把死去的胎兒展示給眾人看，讓卡烏斯相信那是我的孩子。那時我再告訴他，是狠心的夏沃什下毒陷害我。」

半夜，婦人服下墮胎藥，產下一對死去的雙胞胎。這兩個孩子面貌醜陋無比，像妖怪一樣。蘇達貝找來一個金盆，把雙胞胎放進去，然後大聲尖叫。她的叫聲引來了眾人，侍女們看見死嬰，嚇得臉色蒼白。

卡烏斯也從夢中驚醒，來到後宮，發現那兩個醜陋的死嬰。蘇達貝向他哭訴，無辜的她是如何被夏沃什下毒。卡烏斯既困惑又苦惱，只能獨自離去，希望能早日找出眞相。

他請來星相家，要他們好好占卜，推斷事情的眞相。最後結果揭曉，兩個死嬰並非王后親生。卡烏斯雖然生氣，但沒有立即與蘇達貝對質。他封鎖所有離開王宮的道路，命人逮捕那位收了賄賂的婦人。在嚴刑拷打下，婦人終於道出實情。

卡烏斯厲聲譴責蘇達貝，她卻鐵了心繼續撒謊：「星相家這麼說，一定是因爲他們害怕夏沃什，或是收了他的賄賂，才會隱瞞事實。夏沃什是無敵的戰士，我一個纖弱女子怎麼敢與他作對？請陛下明察，不要如此輕率地審理此案。」蘇達貝說完，還可憐兮兮地掉下眼淚。

國王無可奈何，只得打發她離開，又把夏沃什找來，和他提起這整件事。王子對父親說：「事情既然已到這個地步，爲了證明自己的清白，即使要我穿過火堆，我也在所不惜。」

夏沃什自願接受試煉，卡烏斯便召來一百隊駱駝，讓牠們帶來乾柴，在田野上堆成兩座小山。小山之間留有一條窄路。百姓們在一旁圍觀，不知道王子能否通過考驗。兩百位士兵把黑色的石油澆到柴堆上，點燃烈火。大火逐漸燒得旺盛，滾滾濃煙升起。

夏沃什依約前來。他頭上戴著金盔，身穿白衣，並按照喪葬習俗，將樟腦撒在自己的衣服上。他躍下烏黑的駿馬，向卡烏斯行禮問安，又勸父親不要哀傷。「上天一定會證明我是無辜之人。」

夏沃什重新上馬，在心裡虔誠地禱告，接著策馬衝入烈火。眾人同情他的遭遇，紛紛為他高喊。他們的聲音傳到王宮，使得蘇達貝忍不住走上屋頂瞭望。她直盯著猛烈的大火，希望夏沃什無法通過考驗，從此名聲掃地。

突然間，王子騎著黑馬衝出火海，毫髮無傷。眾人見了，立刻齊聲歡呼。夏沃什臉上帶著微笑，身上的白衣一塵不染，不曾被煙與火燻黑。上天已向眾人顯現王子的清白，蘇達貝氣得咬牙。

夏沃什安然無事地來到父親面前，卡烏斯極為感動，慌忙把他抱進懷裡，決定大肆慶祝。隔天，卡烏斯向眾臣宣布，由於蘇達貝王后屢次陷害夏沃什，他決定讓她處以絞刑。宮中大臣也都同意處死蘇達貝。

劊子手來到後宮，把不情願的蘇達貝強拉出來，侍女們無不驚惶。夏沃什陪在父親身旁，深知卡烏斯只是一時憤怒。要是國王將來後悔這個決定，說不定還會怪罪他。於是，夏沃什對卡烏斯說：「陛下，這只是小事。看在我的面子上，請你饒蘇達貝一命。或許她往後能徹底悔悟。」

卡烏斯看見蘇達貝可憐的模樣，早就於心不忍，此時又聽見夏沃什為蘇達貝求情，總算找到理由寬恕她。國王下令釋放蘇達貝，赦免了她的罪行，讓她繼續在宮裡做尊貴的王后。

（三）與土蘭作戰

宮裡的風波平息不久，卡烏斯便聽說土蘭派出十萬大軍壓境。伊朗雖有軍隊可以迎擊，卻遲遲無法選定率軍作戰的領袖。夏沃什向父親自薦。他認爲這是難得的機會，既能上戰場立功，也能遠離王宮的是非。

卡烏斯讚揚夏沃什的勇氣，答應了他的請求，派魯斯塔姆隨王子遠赴戰場。軍隊出征時，國王親自送兒子走了一段路，直到最後才不得不道別。父子倆緊緊擁抱，不捨地掉淚。他們心裡似乎都有預感，此地一別，將來再也沒有機會相見。

大軍急赴戰場，沿路招募貴族青年以增添軍力。他們與土蘭人歷經三天血戰，好不容易奪下巴爾赫城（Balkh）。獲勝的消息傳回王宮，令卡烏斯大爲振奮。

土蘭將領格西烏來到阿夫拉西亞伯面前，向兄長報告戰敗的噩耗。阿夫拉西亞伯氣得發火，因爲內心極爲焦慮，他那晚折騰了好一陣子才累得睡著。

到了半夜，阿夫拉西亞伯突然尖叫出聲，從夢中驚醒。格西烏與侍衛連忙趕來察看，扶起摔倒在地上的阿夫拉西亞伯，安慰驚魂未定的國王。

「到底發生了什麼事？」格西烏擔心地問。

阿夫拉西亞伯喘息片刻，才向弟弟娓娓道來：「太可怕了，我剛才做了一場奇怪的惡夢。夢裡，我身處黑夜，周遭不見人影。大地煙塵飄揚，上千萬條蛇在地上爬行，天上還有禿鷹徘徊。土蘭軍營就位在這個地方。一陣狂風襲來，吹斷了戰旗，鮮血像洪水般淹沒了整座軍營。我們的士兵全數死去。伊朗大軍逮住了我，把我帶到卡烏斯面前。他身旁有個年輕人，看起來不過十三、十四歲。那少年看見我，突然縱身撲來，把我的身體砍成兩半。我痛得尖叫，這才從夢中醒來。」

格西烏只得安慰他，有時怪夢並不代表惡兆，他們應該請人來解夢。阿夫拉西亞伯於是召集祭司，請他們剖析這場夢的意涵。

一位祭司對他說：「陛下，這個夢只代表一個意思。如今伊朗大軍壓境，陛下若執意與夏沃什一戰，土蘭勢必遭敵軍毀滅。就算陛下幸運殺死夏沃什，土蘭也不得安寧。伊朗人為了替王子報仇，一定會讓土蘭淹沒於鮮血之中。」

阿夫拉西亞伯聽了，不禁為未來的命運感到恐懼。為了保全土蘭，他決定向夏沃什獻禮，表示求和之意。大臣們也對國王的決定連聲贊同。在阿夫拉西亞伯的命令下，格西烏帶著各種珍貴的寶物，匆忙趕赴伊朗軍營。夏沃什聽說格西烏造訪，與魯斯塔姆商量之後，下令接見來使。他對格西烏十分友善，甚至問起阿夫拉西亞伯的近況。格西烏受到如此款待，忍不住打量起眼前這位王子，命人把禮物全數帶進來。

魯斯塔姆勸夏沃什等待七天，再答覆土蘭的和談請求。兩人來到僻靜之地，慎重地商量、權衡利弊。魯斯塔姆擔心格西烏突然造訪，其中或許有詐，便派出哨兵到附近探查。夏沃什也決定謹慎與格西烏應對。

隔天，格西烏再次來見夏沃什，向他表達敬意。夏沃什說：「我已經考慮過你們國王的提議。請告訴阿夫拉西亞伯，我也希望兩國之間可以放下仇恨，從此不再打仗。」

他要求阿夫拉西亞伯獻出一百位親屬作人質，還要交還過去侵占的領土，並答應從此不再攻打伊朗。格西烏把夏沃什開出的條件帶回土蘭，讓阿夫拉西亞伯考慮。土蘭國王雖然心痛，但為了大局著想，還是勉強答應了這些要求。

土蘭大軍撤離戰場，魯斯塔姆心中的擔憂立刻減輕不少。夏沃什卻高興不起來，反而深陷煩惱，不知道該派軍中哪位將領回宮，向卡烏斯解釋兩國議和之事。

「卡烏斯的脾氣變得比從前更糟了，這裡還有誰敢和他說話？」魯斯塔姆說，「不如讓我去見他吧。我會和他好好解釋這件事情的經過。」

夏沃什信任魯斯塔姆，一口答應了他。魯斯塔姆深怕耽誤時機，匆忙趕回王宮，與卡烏斯見面。他見到國王，首先吻地致意，頌揚夏沃什的表現，然後恭敬地把王子的信交給卡烏斯。文書官在王座前朗讀來信，國王的臉色卻越來越陰沉。

最後，卡烏斯對魯斯塔姆說：「就算夏沃什年輕不懂事，你是身經百戰的英雄，怎麼還看不出這是阿夫拉西亞伯的陰謀？你們都被他送來的錢財與禮物蒙蔽了雙眼。阿夫拉西亞伯根本不在乎那一百位土蘭人質。既然你和夏沃什無心再戰，我現在就派另一位將軍去頂替你們，把土蘭燒成灰燼，那一百位人質也要人頭落地。」

「陛下息怒，請你聽我解釋。」魯斯塔姆忙道，「現在對伊朗最需要的，無非是財富與安定，這兩樣東西既然已經得到，便無須再戰。阿夫拉西亞伯向我們發誓不再攻打伊朗。如果他反悔，到時再與他打仗也不遲。請陛下不要為難夏沃什，王子審慎考慮許久，才決定與土蘭議和。」

卡烏斯根本聽不進去，氣得瞪大雙眼：「你說的都是什麼話？我看就是你替他想出這種餿主意。你見到那些財寶，不僅動了貪念，還澆熄夏沃什心中對土蘭的仇恨。既然如此，往後你也不用上戰場了。我會讓圖斯頂替你，還要寫信譴責夏沃什。他如果不聽我的命令，就改由圖斯統領大軍。等夏沃什回來，我一定會嚴懲他。你走吧，從今以後，你不再是我信任的重臣。」

卡烏斯出言羞辱，令魯斯塔姆相當不滿。他憤而轉身離去，率領手下返回扎別爾斯坦。

（四）投奔土蘭

趕走魯斯塔姆後，卡烏斯立即寫信譴責兒子。「你這麼草率做出決定，實在是年幼無知。我過去曾與阿夫拉西亞伯屢次談和，卻慘遭對方欺騙，從此再也不願相信土蘭國王的承諾。」他在信中怒罵魯斯塔姆見錢眼開，還威脅夏沃什，如果不願遵從國王的旨意，就得放棄統領大軍。

王子受到父親指責，心情相當失落。傳信人告訴他，國王如何質疑魯斯塔，又如何大發雷霆。夏沃什不禁爲魯斯塔姆感到難過，同時也擔心一百位土蘭人質的安危。這些人爲了和平前來作人質，他說什麼也不能把他們交給父親處死。夏沃什心知自己此刻進退兩難。

「如果與土蘭毀約，就是犯了背信之罪，連上天也無法原諒。但是，如果把軍隊交給圖斯，自己返回王宮，父親絕不會輕饒我，蘇達貝也會趁機落井下石。」年輕的王子喃喃自語，陷入了憂愁，看不清未來的命運將如何發展。

魯斯塔姆離開了，夏沃什身邊的心腹大將就只剩巴赫拉姆（Bahram）與贊格（Zanga）。王子信任他們，對他們傾訴自己心中的憂愁：「國王從前對我十分疼愛，蘇達貝卻用詭計破壞我們父子的感情。我的笑容從此消失，父親對我的愛也逐漸消散。我眞不懂，阿夫拉西亞伯已經誠心求和，希望兩國能重拾和平，父親爲何一心嚮往戰爭？但願母親從未生下我，我也不需承受這些沉重的煩惱。我已對土蘭人許下承諾，若要我毀棄誓言，我寧願選擇隱居，再也不與父親相見。」

他提議讓贊格去見阿夫拉西亞伯，把人質與財物全數退還，軍隊則託付給巴赫拉姆，請他務必等圖斯前來接管。兩位將領見王子心意已決，心情都十分沉重。

「這實在不是解決的辦法。」巴赫拉姆對夏沃什勸道，「殿下最好再寫信給卡烏斯國王，請他准許魯斯塔姆回來。國王要是執意再戰，我們不如就遵從他的意思。如果殿下仍無心打仗，何不向國王請求寬恕？你親自押解人質回宮，國王一定滿意。請殿下遵從國王的命令，別再優柔寡斷。」

夏沃什斷然拒絕了巴赫拉姆的提議。命運冥冥之中就是要讓他走向悲劇。

「我父親的旨意雖然崇高，但上天更值得敬畏，不得違逆。」他回答，「無論如何，我都不願讓兩國百姓爲戰爭受苦。倘若我選擇回宮，那就是自投羅網。我父親對我早已不滿，一定會就議和之事懲罰我。如果你們二人覺得不妥，可以繼續留在伊朗。我打算獨自離開，帶著土蘭送來的人質和禮物，投奔阿夫拉西亞伯。」

兩位將領悲憤地落淚，既捨不得夏沃什離去，也同情他的遭遇。贊格說：「我們爲了殿下，就算是犧牲性命也在所不惜。」

夏沃什很是欣慰。「那麼，請你前去拜見阿夫拉西亞伯，向他訴說我的處境。告訴他，我寧願拋棄王子的身份，也不願違背承諾。」他對贊格說，「王冠與寶座對我而言，再也沒有意義。我從此不回伊朗的王宮，也不見我的父親。請阿夫拉西亞伯允許我途經他的領地，到上天爲我安排的歸屬之地。我希望能就此隱居，但願夏沃什這名字再也不會煩擾卡烏斯，我也不用繼續忍受他的暴躁與無理。」

贊格帶著夏沃什退還的禮物，以及重獲自由的一百位人質，來到阿夫拉西亞伯面前。他對土蘭國王訴說了夏沃什不幸的遭遇。阿夫拉西亞伯對夏沃什十分同情，召來大軍統帥皮蘭（Piran），私下與他商討。

「夏沃什打算借道土蘭，依你看，我是否該同意他的請求？」

皮蘭回答：「夏沃什是難得一見的人物。他爲了拯救土蘭人質，不惜與親生父親決裂，甚至拋棄王位繼承權。陛下應當要把握這個機會，像慈父般寫信安慰夏沃什，慷慨地幫助他。我相信，他一定會感念你的恩情，留在陛下身邊效勞，把土蘭當作自己的家鄉。就算他之後想要返回伊朗，你對他的款待也足以獲得百姓讚揚。或許，伊朗與土蘭眞能藉此獲得永久的和平。這樣對我們兩方都好。」

阿夫拉西亞伯幾乎被說服，但他心中還有一個疑慮，不得不提：「我曾聽人說過，幼獅長大之後，會撲向扶養牠的恩人，把他當作食物。我擔心幾年之後，夏沃什也會如此回報我。」

「陛下，你不需爲此憂心。以他的爲人，他只會反對像卡烏斯這樣暴虐任性的國王。卡烏斯來日無多，夏沃什又是最有可能繼承王位的人選。等夏沃什成爲伊朗國王，兩國到時必定全歸陛下統治。」

阿夫拉西亞伯聽完，終於不再猶豫。他請文書官寫信，對夏沃什表達同情與關愛，承諾出手相助。阿夫拉西亞伯希望夏沃什留在土蘭，另外還答應夏沃什：「往後，你若想與卡烏斯和解，我必定贈與厚禮，送你回鄉。」

夏沃什接獲回信，心裡憂喜參半，不知道自己這個決定是否明智。他依依不捨地寫信，與卡烏斯告別，說明自己投奔土蘭的原因。臨去之際，他將軍隊交給巴赫拉姆，向眾人道別。夕陽西沉，夏沃什打點好一切，帶著願意追隨他的人離去。

圖斯趕到軍營時，夏沃什早已不在，他只能召集剩下的軍隊回到王宮。卡烏斯聽說夏沃什投奔敵國，氣得說不出話來。兒子的離去深深打擊了這位老國王。他從此兀自神傷，再也無心打仗。

夏沃什率眾渡河，來到土蘭軍營。阿夫拉西亞伯早已下令，要人們盛情迎接。皮蘭親自挑選了一千位精兵相迎，不只帶來四頭裝飾漂亮的白象與一百匹駿馬，還準備了各種珍貴的禮物。

夏沃什看見土蘭人如此歡迎他，心裡十分感動。他伸手擁抱皮蘭，祝福土蘭一切繁榮。皮蘭也親吻王子的臉頰與額頭。他看夏沃什如此年輕英俊，覺得這位王子實在是上天賜給他們的厚禮。

「殿下，我們隨時聽候你的差遣。願你在土蘭一切順利。我雖然已是個老人，卻願意在你身邊盡心伺候，絕不背棄你。」

兩人盡情暢談，彷彿多年不見的父子。歡樂的樂音四處飄揚，場面熱鬧非凡。夏沃什望著這樣的喜慶，忍不住想起從前在扎別爾斯坦度過的童年。魯斯塔姆與故鄉伊朗仍然深藏在他的心底。王子低聲嘆息，悄悄別過臉去，掩藏自己的思鄉之情。皮蘭全都看在眼裡。他雖然沒有說話，心裡卻相當同情夏沃什。

最後，夏沃什對皮蘭說：「我擔心之後在土蘭住下，可能會造成其他人的困擾。若眞是如此，請你對我明說，我會立刻離開。」

「別這麼說。你願意留在土蘭，是我們的榮幸。阿夫拉西亞伯是位賢明又睿智的國王，絕對不會虧待你。再說，我也會盡全力保護你，讓你不受危險傷害。」

夏沃什聽完皮蘭的話，頓時放心不少，慢慢找回笑顏。

他們連日趕路，終於抵達王都。阿夫拉西亞伯親自出外迎接，一見到夏沃什，便與他熱情地擁抱。兩人互吻臉頰作爲見面之禮。

「但願伊朗與土蘭從此沒有戰爭。」阿夫拉西亞伯對夏沃什說，「謝謝你這麼辛苦地奉獻，爲這個世界換來和平。」

國王領著夏沃什到王宮裡的寶座坐下。他仔細觀察這位王子，認爲夏沃什實在是一位人才。「卡烏斯實在老得傻了，有這麼優秀的兒子，竟然不懂得珍惜。」他對皮蘭悄聲說道。阿夫拉西亞伯吩咐手下，替夏沃什安排一座宮殿，讓王子安歇。

那天，衆人在土蘭王宮的宴席裡高興地談笑，直到天色暗去。夏沃什喝得醉醺，回房就寢時，對伊朗的思念早已遠遠拋在腦後。

（五）異國生活

夏沃什在土蘭過著幸福的生活。他時常與阿夫拉西亞伯作伴，不只獲得國王的賞識，宮裡眾人也為他的氣質與武藝羨慕不已。無論是出外打獵、射箭或打馬球，夏沃什都能展現他過人的本領。

時間不知不覺過了一年。

有天，夏沃什與皮蘭正在閒話家常，皮蘭忍不住感嘆：「雖然你來自伊朗，國王對你卻真心誠意，把你當成最真摯的朋友。據說他就連作夢也會呼喚你的名字。我看，你將來注定成為兩國的國王，同時統治伊朗與土蘭。既然你已在土蘭住下，不如早日成家，別再思念故鄉。你在這裡舉目無親，既沒有兄弟，也沒有妻子，想必十分孤獨。阿夫拉西亞伯有三位公主，格西烏也有三個女兒，她們的出身高貴，都算是法里東的後人，絕對配得上你。」

夏沃什遲遲沒有回應，皮蘭見了，又試探道：「不然，我家還有四個女兒。我的長女賈里萊（Jarira）是當中最美麗的。你若不嫌棄她，她願意與你成親。」

夏沃什這才害羞地坦承，在眾多土蘭美女裡，只有賈里萊是他的意中人。他深感榮幸，也感激皮蘭促成這段婚事。皮蘭與他的妻子知道能與這樣高貴的王子結為親家，夫妻倆都喜不自禁。

夏沃什與賈里萊結婚後，度過了一段平靜快樂的日子。一天，皮蘭又來見夏沃什，希望給他一個建議。

「既然國王把你視爲親生兒子，你不如就與土蘭王室聯姻，成爲國王眞正的親人。」皮蘭說。他看夏沃什有些不情願，便繼續解釋，「雖然你和賈里萊兩人相愛，又已經結婚，但我擔心你在土蘭的地位仍然不穩。阿夫拉西亞伯有個女兒名叫法蘭吉斯（Farangis），不只有著如月的美貌，還頗具才學，聰穎機靈。土蘭所有女子裡，就屬她與你相當。你快去向國王提親，他這麼欣賞你，又看在我的面子上，一定會答應。」

「可是，我已經娶賈里萊爲妻了，怎麼能變心去愛另一個女人？我不求權勢，也不迷戀姿色，只希望與賈里萊共度往後的日子，白頭偕老。」

「這你不需要操心。我會親自與賈里萊解釋，說服她同意。與王室結親是好事，別再猶豫了。你如果成爲阿夫拉西亞伯的女婿，從此就能在土蘭站穩腳步，未來的生活也將一切順利。」

夏沃什只得勉強同意。他明白，一旦娶了阿夫拉西亞伯的女兒，之後肯定無法返回伊朗。一想到再也見不到辛苦撫育他的養父魯斯塔姆，也見不到卡烏斯國王與眾位勇士，夏沃什不禁在心裡默默哭泣，爲他的命運低聲嘆息。

皮蘭得到夏沃什的同意，興沖沖地跑去找阿夫拉西亞伯，替王子提親。不料阿夫拉西亞伯聽了，竟哀傷地長嘆一聲，露出憂心的樣子。

「皮蘭啊，有件事我一直沒告訴你。」阿夫拉西亞伯說，「星相家曾對我父親預言，土爾的後代將與哥巴德的後代聯姻，生下一個兒子。這孩子未來會成爲一位賢君。他們說，這個國王——也就是我的外孫，將爲我帶來許多不幸與折磨。我的國家與領地都會陷落，我也將得到悽慘的下場。你這次前來提親，恐怕正是命運的安排。土蘭與伊朗是世仇，卡烏斯的兒子與阿夫拉西亞伯的女兒本來就不該成婚。我爲什麼要親手安排自己落入不幸呢？」

「陛下，你千萬別被星相家的妖術蒙蔽了雙眼。」皮蘭忙道，「夏沃什品格高尚。若他有幸與你的女兒結親，他們的孩子必能爲你帶來光榮，伊朗與土蘭日後也能擁戴同一位國王。這樣美好的姻緣要是錯過了，之後得上哪裡去找？」

「好吧。你這個提議確實出自一番好意，或許是我多慮了。」阿夫拉西亞伯終於答應，讓皮蘭去籌備婚禮事宜，不再加以阻撓。

隔日，夏沃什便迎娶了美麗的法蘭吉斯公主。眾人熱鬧歡慶，讚美這對新人像太陽與月亮一樣相配。慶典一連舉行七天，阿夫拉西亞伯不只賞賜這對新婚夫妻許多財產，也分封領土給夏沃什。

夏沃什在新的領地上建立了岡格城（Gang-dizh）。他付出許多心力，把這座新城打造得獨一無二。岡格城外，有高大的山脈作爲屏障，若要穿越相當費事。夏沃什另外建築了石牆，加強防禦，只需五位守衛站崗，就能阻擋十萬敵軍通過隘口。城外的獵場處處有飛禽走獸。城裡熱鬧非凡，氣候溫暖又舒適，百姓都過著安寧的生活。宏偉的廳堂與廣場栽種了各種樹木與花草，把岡格城裝飾得如天堂一般，空氣裡時常飄散花香。

夏沃什打從心裡喜愛岡格城。有天，他和皮蘭出外探查，王子一時興起，向隨行的星相家打聽岡格城未來的命運。星相家回答：「依占卜的結果來看，岡格城的命運堪憂。」

夏沃什聽了，頓時陷入沉默。他催馬向前，沒多久便流下眼淚。皮蘭趕到王子身旁，擔心地問道：「殿下，你爲了什麼事這麼悲傷？」

「爲了我的命運。」夏沃什回答，「你看，雖然這座美麗的城池已經建起，未來似乎充滿希望，我卻注定無法在土蘭安享晚年。這片領地最後恐怕會被別人奪走，我與我的子女也無法居住於此。」

「殿下，你千萬別爲此煩惱。無論發生什麼事，阿夫拉西亞伯都會支持你，我對你更是忠心耿耿。如果眞有人存心害你，我一定饒不了他。」

「好心的皮蘭，願你永遠平安。可惜，凡人無法改變已經決定好的命運。上天讓我有了不祥的預感。我可以預見，不久之後，因爲小人從中挑撥，國王對我的賞識將化爲憎恨。阿夫拉西亞伯會毫不猶豫地放逐我，我的冤屈從此無法洗刷。未來會有人代替我成爲伊朗國王，重新向土蘭宣戰。百姓會被戰火逐出家園，田地也將被戰馬的鐵蹄踐踏。到了那時，即使阿夫拉西亞伯終於悔悟，也無法挽回一切。」

隔沒多久，阿夫拉西亞伯又把一塊土地賞賜給夏沃什。王子在那裡建立了夏沃什城（Siyawushgird）。城裡華麗的殿堂中，前廳有面牆描繪著伊朗歷代國王與將領的形象，其中穿插了盛宴與戰爭的情景。在對面的牆上，則繪有土蘭國王與大軍，以及備受尊崇的皮蘭與格西烏。

等到新城建好，皮蘭便來拜訪夏沃什一家。賈里萊與法蘭吉斯都親切地歡迎他。皮蘭一連停留了七天，最後回到阿夫拉西亞伯的王宮，向國王報告自己在夏沃什城的見聞。阿夫拉西亞伯聽了皮蘭的描述，感到十分欣慰。他苦心經營與夏沃什的關係，這份努力總算有了好的收穫。

阿夫拉西亞伯派格西烏造訪夏沃什城，請他仔細觀察，看夏沃什是否還思念著伊朗，想要重返故鄉。格西烏帶著一千位土蘭士兵趕赴夏沃什城。他向夏沃什獻上阿夫拉西亞伯的禮物，與王子互道祝福。

就在這時，一位信使匆忙來到，向夏沃什報告喜訊：賈里萊順利產下一個健康漂亮的兒子，取名伏魯德（Farud）。

賈里萊讓嬰兒的手沾上番紅花，在信上按出手印，讓夏沃什可以藉著來信看看兒子的小手。夏沃什感動不已，祈禱兒子可以平安長大，隨後高興地賞給信使一大把銀幣。

在這樣和樂的氣氛中，格西烏的心思卻逐漸變得陰沉。夏沃什城如此繁榮，令他感到忌妒。「夏沃什的實力逐漸強盛，這樣下去，過不了一年，他就會擁有和王室一樣的權力。」格西烏越想越憂鬱，不過沒有表現出來。他把這些不快隱藏在心底，繼續擺出和顏悅色的模樣，與夏沃什一起慶祝伏魯德的誕生。

（六）危機四伏

格西烏受到夏沃什的盛情款待，最後告辭返回王宮。路上，隨行的士兵談論著夏沃什的武藝多麼卓越，建立的城市又多麼美麗。格西烏越想越氣，忍不住對他們說：「你們看著吧，這個伊朗人肯定會給我們帶來麻煩。將來必有許多苦難來到，我們也會被鮮血淹沒。一想到國王竟還如此信任他，實在令人擔憂。」

他們日夜趕路，終於抵達王宮。阿夫拉西亞伯讀了夏沃什的信，臉上顯露出喜悅，格西烏在一旁見了，很不是滋味。他忿忿不平地離去，徹夜難眠，一直到隔天都不曾闔眼。

一大清早，心懷仇恨的格西烏便來到阿夫拉西亞伯面前，希望與他私下談話。藉著這個機會，格西烏提醒兄長應該多加提防夏沃什。「這個伊朗王子說不定正在密謀造反。我在夏沃什城作客期間，曾看見卡烏斯的使者多次來到，夏沃什甚至還在宴會上舉杯爲卡烏斯祝福。陛下，如果我們一再縱容夏沃什，土蘭未來可能會面臨危險。」

阿夫拉西亞伯的眼神流露擔憂。「你是我的兄弟，我知道你這都是爲我好。給我三天時間，讓我好好思考，到時再與你商議該如何處理此事。」

第四天，阿夫拉西亞伯終於召來格西烏。

「從前我因爲做了惡夢，爲土蘭的命運擔憂，才決定與夏沃什談和。我眞誠待他，賜給他領土與財寶，甚至讓他娶了我的女兒。如果這時我突然改變心意，因爲起疑而冷落他，其他人一定都會取笑我。依我看，乾脆把他召回王宮，送他回伊朗繼承王位吧。從此以後，土蘭與伊朗再也互不干涉。」

「陛下，你千萬別決定得這麼匆忙。」格西烏回答，「假如夏沃什返回伊朗，土蘭肯定沒有好日子過。他對我國瞭若指掌，要是率軍攻來，我們怎能阻擋得了他？請仔細考慮我的警告。往後，你只需要謹愼提防，不要讓他找到機會謀害你。隨時記得，這個王子可能讓你丟失王位。」

阿夫拉西亞伯深思一陣子，覺得格西烏或許有理。「不過，我擔心這時質問夏沃什是否藏有秘密，搞不好會逼得他冒險造反。我們還是順從上天的安排，靜觀事情如何發展吧。」

格西烏仍然不願放棄。他不斷告訴阿夫拉西亞伯，夏沃什受到人民愛戴，手下兵力也相當充足，百姓都希望爲他效力。這樣下去，只怕夏沃什會忽視阿夫拉西亞伯的命令。「即使你像對待親生兒子般照顧一隻幼獅，等牠長大，獅子的野性依舊不會改變。」

國王無言以對，只好找藉口打發弟弟離開。格西烏憤恨地離去，之後每天都入宮覲見，希望挑起國王對夏沃什的敵意，最後，這個詭計總算奏效。阿夫拉西亞伯決定試探夏沃什，命格西烏盡快啓程，到夏沃什城去，將夏沃什一家帶回王宮。

格西烏得意地帶著軍隊出發，眼看即將抵達夏沃什城，他從軍中選出一位使者，命他去向夏沃什傳話：「殿下，你是身世顯赫的王子，請待在城裡就好，不需要出城迎接我。」

夏沃什為使者傳達的信息苦思良久，仍然不解其意，只得在城裡等著。他內心擔憂，不知道格西烏在宮中如何描述他在城中的作為。等格西烏入城，夏沃什連忙親自迎接，詢問國王與宮廷的近況。他對格西烏說：「如果有需要，我願意立刻去見阿夫拉西亞伯。」

格西烏聽了，心裡不禁著急。要是夏沃什回到宮中，與國王相見，勢必會拆穿他的謊言。他決定無論如何也要讓這兩人互相猜忌，便直愣愣地望著夏沃什，默不作聲，故意流下眼淚。

「將軍為什麼哭泣？難道有什麼事令你心煩？是不是國王待你不公，還是有人打算威脅你的安危？你千萬不要對我隱瞞，我打從心底願意替你懲罰你的仇人。」

「啊，好心的王子，我和國王之間沒什麼嫌隙，在宮裡也沒樹立什麼仇人。」格西烏回答，「只不過，我心裡一直有些話，不知道是否該跟你明說。你想必聽說過土爾與伊拉治這對兄弟的故事吧？如今，阿夫拉西亞伯比土爾更不講道理。他為了達成野心，曾不惜殘殺親兄弟，連親人也可以不顧。你來到土蘭後，他雖然一直款待你，暗地裡卻漸漸產生懷疑與不滿。我現在告訴你這些事，是把你當作朋友，希望能救你一命。」

夏沃什遲疑了。「國王若對我不滿，怎麼還會如此看重我？他要是懷疑我的忠誠，也不會把領土與女兒交付到我的手中。」

「王子，你太單純了。」格西烏忙道，「你不知道國王心思縝密。他的腦中藏著許多詭計，任誰也無法猜透。我想，他或許是打算假裝與你友好，藉此迷惑你，讓你漸漸放下戒心。他當年一刀砍死親兄弟時，可是毫不猶豫，我現在想起來還覺得膽寒。」

夏沃什想起過去遭遇的各種不平，如今又碰上這樣悲慘的境遇，不禁變得無精打采。他哀傷地說：「我以爲厄運再也不會折磨我了。我從不害人，也記得每個對我有恩的好人，行事一向坦蕩。將軍，我現在就與你回宮，把事情解釋清楚，讓國王對我重拾信心。」

「最好不要，你這是自投羅網。我的建議是，你趕快寫一封信向國王陳情。如果阿夫拉西亞伯息怒了，我會立即派使者通知你。如果他心裡還懷著謀害你的詭計，我也會盡快告訴你，讓你有時間應對。你最好趁現在聯絡鄰國，爲自己準備後路。」

夏沃什同意了，照著格西烏的提議去做，期盼他的信可以打動阿夫哈西亞伯。他在信中描述自己的一片忠心，並解釋爲什麼此刻無法趕赴王宮：「雖然我與法蘭吉斯終日掛念陛下，但她近來臥病在床，我不願在這時離開她。等她康復，我們夫妻倆一定會親自前往王宮拜訪。」

格西烏帶著夏沃什的信回到王宮，佯裝成慌張的模樣，對阿夫拉西亞伯喊道：「陛下，大事不好了！你要是再拖延下去，只怕災禍將降臨在土蘭境內。夏沃什態度輕慢，不願出城迎接我們。他要我在他面前下跪，既不讀我的信，也不聽我說話。我發現他和伊朗仍有書信來往，甚至暗地裡從國外調軍。如果你不趁現在行動，夏沃什一定會起兵，奪下土蘭與伊朗。」

阿夫拉西亞伯氣急敗壞，丟下夏沃什的信，連看都沒看。他命人吹響號角，召集討伐夏沃什的軍隊。格西烏見自己的詭計終於得逞，在心裡暗笑。他跨上戰馬，與土蘭大軍一起出發，往夏沃什城逼近。

（七）夏沃什之死

夏沃什送走格西烏後，臉色因憂愁而蒼白。法蘭吉斯看了非常擔心，問他是否身體不適。「我眞不知道該怎麼回答你才好。」夏沃什說，「如果格西烏的警告屬實，我恐怕已經深陷厄運。土蘭國王再也無法接受我，我好不容易建立的家園也終將毀滅。」

法蘭吉斯無法理解父親爲何突然改變心意。她傷心地哭著，眼淚滴落胸前。「我的王子，你趕快想想辦法，我們該如何是好？我父親對你懷有敵意，你既無法逃回伊朗，到鄰國求救的路又是那麼遙遠，誰能保護你？到底是哪個小人在背後陷害你？我詛咒他往後再也無法安穩度日。」

夏沃什安慰妻子不要爲此絕望，這其中或許有什麼誤會，阿夫拉西亞伯很快就會發現。他們只需要靜待格西烏捎來好消息。

一連三天，夏沃什被憂慮折磨。第四天晚上，他好不容易睡著，卻突然在睡夢中驚叫出聲，渾身發抖。睡在一旁的法蘭吉斯也驚醒過來，緊緊把他抱進懷裡，問他究竟發生了什麼事。下人們受了驚擾，快步趕來房裡，點起蠟燭與避邪用的芸香。

「我的夢或許揭示了眞相，當心別對外人提起。」夏沃什對法蘭吉斯說，「在夢中，我看見一條寬廣的大河，滔滔河水對面有座高山，不斷噴出烈焰。敵軍就駐紮在河岸上。轉眼間，夏沃什城被大火吞噬。阿夫拉西亞伯率軍經過水與火。他一見到我，張嘴吐出狂風，把那烈焰燒得更旺盛。我隱約看見是格西烏點燃了那可怕的烈火，火焰不停蔓延，最後燒到了我的身上。」

法蘭吉斯安慰他，鼓勵他打起精神。「就讓格西烏遭到報應吧，讓他慘死在戰場上。」她詛咒道。

夢醒之後，夏沃什再也無法安睡。他在城中部署士兵，派哨兵直奔岡格城探查，自己則手執利劍端坐。當晚，哨兵歸來向王子報告，阿夫拉西亞伯已率軍前來。格西烏的使者也在此時來到，爲格西烏傳話：「國王不聽我的懇求，執意攻打夏沃什城。」

法蘭吉斯聽說這消息，哀求夏沃什快逃亡，不要因爲擔心家人而延誤了時機。「如果不趕快逃走，土蘭一定會成爲你的喪命之地。我唯一的希望就是看你平安躲過這場災禍。快點走吧。」

夏沃什知道他的惡夢實現了，他的人生也即將走到盡頭。他對妻子說：「往後，你要好好照顧自己。你已經懷胎五個月，那孩子是伊朗王室的後人，未來有天必將成爲國王。請你爲他取名霍斯魯（Khusrau），照顧他長大。或許我注定死在土蘭，我的王冠也終將染上鮮血。只要阿夫拉西亞伯下令處死我，我即便無辜，也難逃一死。阿夫拉西亞伯或許也會抓住你，但是我相信，皮蘭一定會救你脫離苦難，好心收留你們母子。我已經預見了未來，等霍斯魯長大後，伊朗將有一位名叫格烏的將領來到土蘭，護送你們離去。伊朗人會擁戴霍斯魯繼承王位，爲我報仇。將來，土蘭與伊朗必定兵戎相見，再度血染大地。」

話畢，他含情脈脈地望著法蘭吉斯，與她告別。「牢記我的話，你要堅強地活下去。」隨後，他轉身離去，留下妻子心碎地悲泣。

夏沃什來到馬廄，找到他黑色的駿馬貝赫扎德（Bihzad）。他抓住轡繩，對貝赫扎德仔細叮嚀：「等我兒霍斯魯長大，你將成爲他的座騎，隨他出征爲我報仇。」他拔劍砍倒其他馬兒，接著點燃火焰，讓庫房裡的財寶全都毀於烈火中。

夏沃什召集親信，打算冒險趕赴伊朗。他們出城不久，正巧撞見了阿夫拉西亞伯的軍隊。親率大軍的阿夫拉西亞伯看到夏沃什一行人全副武裝，認定格西烏說的話並無虛假。

土蘭大軍封鎖了所有出路，與夏沃什對峙。騎兵們因爲害怕夏沃什的武藝，只敢小心翼翼地緩步前進。夏沃什的伊朗隨從眼看情勢危急，對夏沃什說：「殿下，我們應當給他們一點顏色瞧瞧，不要這麼快就放棄抵抗。」

「絕對不行。」夏沃什回道，「阿夫拉西亞伯雖然率軍前來，但他過去對我有恩，我怎麼能與他開戰？如果有奸臣小人計畫謀害我，那也是上天的旨意，我再怎麼反抗也無法改變命運。」

接著，王子轉向阿夫拉西亞伯，大喊：「陛下，你爲什麼率領大軍前來？爲什麼又要讓伊朗與土蘭陷入仇恨，讓這片土地受戰爭摧殘？」

阿夫拉西亞伯沒有回話，倒是格西烏對著夏沃什喊道：「你不要狡辯，說得好像自己受了委屈。你現在帶著士兵與戰馬出城，不正是證明了你對陛下不懷好意？」

夏沃什怒目瞪視格西烏。「當初你設局騙我，我一時沒察覺，不幸被你的陰謀陷害。你若是害千萬人無辜喪命，將來一定會遭上天懲罰。」然後，他厲聲警告阿夫拉西亞伯：「陛下，倘若你相信格西烏，必定會葬送你自己與土蘭的未來。」

「陛下，我們不需要和敵人多說什麼。請下令開戰。」格西烏催促道。

阿夫拉西亞伯當即作了決定。土蘭士兵抽出刀劍，朝夏沃什的隊伍衝去。雙方人馬奮力廝殺，夏沃什卻堅持不傷害阿夫拉西亞伯。最後，伊朗人紛紛倒下死去，大地染上了鮮血，彷彿鮮紅的花朵大肆綻放，場面既可怕又淒涼。

夏沃什身受重傷，滾落下馬。土蘭人把沉重的枷鎖套在他的頸項上，他的雙手也被緊緊反綁。王子未曾受到這樣的羞辱與凌虐，他被五花大綁，年輕英俊的臉上滿是血汙。

凶狠的土蘭騎兵拖著他向前，想把他押回夏沃什城。

「與其這樣拖拖拉拉，不如直接砍下他的頭。」阿夫拉西亞伯冷冷說道，「像他這樣忘恩負義的罪人，應當立即處死才對。」

有些土蘭將領站了出來，勸阿夫拉西亞伯手下留情：「夏沃什犯了什麼罪，需要斬首處死？如果我們今天殺了他，伊朗一定會來爲他報仇。」

格西烏哪裡容得下這些人的請求，急忙催促阿夫拉西亞伯殺死夏沃什，以絕後患。

皮蘭年輕的弟弟皮爾索姆（Pilsam）此時也在軍中。他看見王子落難，趕快出來幫忙求情：「請陛下先把夏沃什關進牢裡，過一段時日再好好裁決。千萬不要因爲一時氣憤，破壞了大局。如果我們錯殺無辜之人，將來定會得到不幸的命運。陛下，我哥哥皮蘭很快就會趕來這裡。你至少先聽聽他的看法，到時再決定也不遲。」

「你這年輕人懂什麼？」格西烏怒斥，「陛下，不要聽他胡說。反正我們早就和伊朗結下多年的仇恨，這會兒還怕他們來報復嗎？你要留夏沃什活命，讓他有機會再造反嗎？想要徹底殺死毒蛇，就要踩住蛇尾，敲爛蛇頭。如果你今天選擇赦免夏沃什，那麼恕我告退。我要從此隱居，不問世事。」

另外有兩位土蘭將領也同意格西烏的想法，認爲國王應該盡快斬殺敵人。阿夫拉西亞伯正在煩惱之際，看見法蘭吉斯從城裡快步跑來。她聽說夏沃什被捉住了，急得來到父親面前，臉上滿是淚水。

「父親，你爲什麼如此狠心？你要讓我這麼年輕就守寡嗎？你輕信了小人的讒言，打算殺害無辜的王子，上天絕不會原諒你。夏沃什來投靠我們時，寧願拋棄他的父親以及原本屬於他的王位，只求得到你的信任。如今你卻要殺死他？如果你信了格西烏的謊話，不只生前將受世人議論，死後也要受懲罰。伊朗的大軍會爲他們的王子報復，前來踐踏土蘭的國土。請你快點清醒吧。」

然後，法蘭吉斯轉身撲向夏沃什，痛哭失聲。「我的王子，你辛苦離開家鄉，最後卻落得這種結局。那些對你下毒手的人，我詛咒他們死無葬身之地。你這樣悲慘的樣子，我看了實在不忍心。但願伊朗的勇士快點來到這裡。」

阿夫拉西亞伯不顧女兒哀求，要手下把法蘭吉斯拖走，關入黑牢。「把牢房鎖好，以防她找到機會逃跑。」他特別叮嚀。

土蘭將領格魯維（Gurwi）過去比武輸給夏沃什，對王子也懷恨在心。他看見格西烏以眼神示意，便大步上前，把夏沃什按倒在地。夏沃什痛得慘叫出聲，掙扎著轉向皮爾索姆：「再見了，皮爾索姆。願你往後一切平安，也請你代我向皮蘭致意。」

士兵們把他拖過軍營，來到田野中。格魯維從格西烏手中接過利刃，揪住夏沃什的頭髮，把他拖到預定行刑的地點。從前，夏沃什曾在這裡與格西烏比賽射箭。渾身是傷的王子被帶到當初射箭的箭靶前。

格魯維把一個金盆放在夏沃什身旁，使勁揮刀，砍下了夏沃什的頭。鮮血注滿了金盆。格魯維拿起裝滿血的金盆，往地上一倒，那塊土地頓時長出一叢鮮花，綻放開來。從此以後，人們就稱這種花爲「夏沃什之血」，以哀悼命運不幸的王子。

第十章 霍斯魯

(一) 霍斯魯誕生

夏沃什死後,阿夫拉西亞伯的侍衛捉住法蘭吉斯公主,把她帶出牢房。他們扯她的髮辮,撕毀她的頭巾,為了不讓她生下夏沃什的兒子,還用力毆打她。國王與大臣在旁大聲辱罵法蘭吉斯,沒有人願意挺身而出,為她說話。

皮爾索姆撞見這個情景,立刻帶著兩個隨從去向皮蘭求救。皮蘭聽說了這對夫妻悲慘的遭遇,不禁痛苦地嘆息。「歷史上還有哪個國王比阿夫拉西亞伯惡毒?」他急忙挑選十位勇士,馬不停蹄地趕到王宮。

法蘭吉斯此時已虛弱不堪,侍衛們卻還狠心地把她拖來拉去。他們手裡握著尖刀,隨時都能一刀把她斬成兩半。公主看見皮蘭趕來,哀傷的雙眼湧出了淚水。皮蘭厲聲阻止侍衛,要他們暫且不殺法蘭吉斯,等他去和阿夫拉西亞伯求情。

「陛下,你被什麼邪惡蠱惑了心,竟然毫不畏懼上天的責罰?」皮蘭問阿夫拉西亞伯,「夏沃什已死，土蘭很快便會陷入戰火，我們好不容易爭取到的和平就這麼毀了。我不知道是誰影響了你，也不想知道答案，只求你不要殺害法蘭吉斯。公主懷有身孕，也沒有爭奪王位的野心，爲何不放她一條生路？如果陛下同意，我自願收留法蘭吉斯。陛下若是擔心夏沃什的兒子復仇，我保證，等那孩子一生下來，我立刻就把嬰兒交給你處置。」

阿夫拉西亞伯同意了，打發皮蘭離開。這位老將軍趕忙把法蘭吉斯帶走，回到自己的領地。他對他的妻子說：「我們得好好照顧公主，還要小心把她藏好。等到夏沃什的兒子出生，我倆再想個辦法，保護這對母子的安全。」

一天晚上，漆黑的夜空不見月亮，皮蘭做了一場怪夢。在夢中，他看見燭光映照著夏沃什。王子手執利劍，對皮蘭喊道：「今晚你不該繼續沉睡，因爲我兒霍斯魯即將誕生。」皮蘭驚醒過來，請他的妻子去查看法蘭吉斯的狀況。公主果眞生下了一個漂亮的小王子。

皮蘭看著這孩子，想起了已故的夏沃什，不禁掉下眼淚。「爲了照顧這孩子，就算丟了性命也不足惜。我絕不會讓國王傷害這個孩子。」

隔天黎明，皮蘭整裝趕赴王宮。他向阿夫拉西亞伯報告，法蘭吉斯已經順利產下一子。「陛下，這孩子生得相當俊美，等他長大，宮廷上下肯定無人可以相比。陛下有這樣的後人繼承王位，應該感到欣慰才對，請不要再對他們母子心懷怨恨。」

阿夫拉西亞伯聽了這話，才終於心軟。他爲自己過去的作爲悔恨不已，向皮蘭保證再也不會傷害法蘭吉斯與霍斯魯。但是，阿夫拉西亞伯仍然感到害怕。「要是霍斯魯長大後知道父親的死因，恐怕會前來報復。」他對皮蘭說，「請你把霍斯魯帶到深山裡，交給牧人扶養，永遠不要讓這孩子知道自己的身世。」

國王決定饒過霍斯魯，皮蘭高興都來不及了。他照著阿夫拉西亞伯的囑咐，找來住在山裡的牧人，把霍斯魯託付給他們，另外還給了些犒賞。「這孩子是我的珍寶，請你們當作自己的孩子般照顧，讓他吃飽穿暖，不受風吹雨淋。」

牧人們答應了他，隨後抱起霍斯魯，回到山裡去。

時光匆匆，七年過去了。霍斯魯已經是位英俊挺拔的男孩。他年紀雖然還小，卻機靈敏捷，可以用樹枝做成弓，用腸衣做成弦，帶著弓箭到野外打獵。他十歲時，已經可以獨自捕捉豺狼與野豬。過一段時間，他甚至可以與獅子或班豹打鬥。

這個少年越來越聽不進牧人們的勸告，讓他們頭痛不已。他們下山向皮蘭抱怨：「這孩子成天喜歡出外冒險，根本不怕凶猛的野獸。要是他不小心出了意外，恐怕你會怪罪我們。」

皮蘭考慮一會，認為現在是時候迎回霍斯魯，便翻身上馬，跟著牧人來到山裡。他一看見霍斯魯，忍不住驚訝地打量這個英挺的少年。回憶使得皮蘭悲從中來。他眼眶含淚，把霍斯魯抱進懷裡，邀請霍斯魯隨他回家。

霍斯魯對這個老人表現的愛憐困惑不已。「你是誰？為什麼要我跟著你一起回家？你大概認錯人了，我只是一個牧人的兒子。」

「你不是牧人的兒子，而是王室後代。」皮蘭回答，「我答應你，之後一定會好好解釋你的身世。」

他爲霍斯魯找來一匹馬，又替他換上貴族的衣裳。霍斯魯從此就住在皮蘭的家裡，過著衣食無虞的生活。皮蘭雖然對此十分滿意，心裡卻擔憂阿夫拉西亞伯會改變心意。

有天，阿夫拉西亞伯的使者來見皮蘭，傳達國王的話：「雖然霍斯魯不知道自己的身世，但我擔心哪天眞相要是揭曉，他會起兵造反。到時我別無選擇，也只能下令處死他。」

皮蘭請使者回去傳話：「陛下，霍斯魯從小由牧人扶養。他空有強壯的身軀，卻沒有過人智慧，完全不清楚自己的身世。只要陛下保證絕不會傷害那孩子，我立刻就帶他進宮，讓你親自考驗。」

阿夫拉西亞伯也想看看這孩子，便同意了皮蘭的要求。

「現在還不需對國王揭曉一切。」皮蘭一邊替霍斯魯精心打扮，一邊又小心地叮嚀，「你去見國王時，盡量不要開口說話，裝得越傻越好，或許就能幸運通過他的考驗。」

霍斯魯把這些叮嚀謹記在心，隨皮蘭來到王宮。阿夫拉西亞伯一看見他，頓時爲往事感到愧疚。他讓霍斯魯站向前來，開始考驗這孩子：

「你在山上放牧多年，告訴我，白晝與黑夜究竟如何輪替？你與牧人又要如何算出綿羊與山羊的數量？」

「山上沒有獵物，我沒有帶弓箭，沒辦法打獵。」霍斯魯回答。

阿夫拉西亞伯錯愕地一楞，接著又問：「是誰教導你做人處事的道理？你知道如何辨別善惡嗎？」

「只要有班豹出沒的地方，就算再厲害的勇士也會變得膽小。」

「你知道伊朗在哪裡嗎？你的父母又是誰？」

「保護商隊的狗，絕不與獅子成爲朋友。」

「你是不是打算去伊朗見他們的國王？」

「昨晚在山下的野地，有個人騎馬經過我身邊。」

「你是不是想學習如何統治？是不是想習武報仇？」

「油不能溶在水裡，我一定要把牧羊人趕出野地。」

國王聽完霍斯魯的回答，忍不住在心裡偷笑。這孩子答非所問，才智實在不高，哪裡是爲父報仇的材料。他對皮蘭說：「我看這孩子對我沒什麼威脅。你可以帶他去見他的母親，再找位正直的人教導他。就讓霍斯魯在夏沃什城生活吧。千萬別讓他走上歪路。」

阿夫拉西亞伯說完，又送給霍斯魯許多禮物，打發他與皮蘭離開。

（二）魯斯塔姆復仇

夏沃什被殺的消息傳回伊朗，眾人無不爲王子哭泣。卡烏斯既哀傷又懊悔。他撕破自己的衣服，但願自己從前善待兒子，這樣的悲劇或許就永遠不會發生。

不幸的消息也傳到了扎別爾斯坦。魯斯塔姆爲夏沃什哀悼七天，隨後召集軍隊，直奔卡烏斯的王宮，發誓要替王子復仇。

他對卡烏斯說：「陛下，夏沃什得到這麼淒涼的下場，你脫不了關係。要不是你因爲寵愛蘇達貝而變得昏庸，夏沃什也不會投奔土蘭，最後命喪異鄉。只要我還有一口氣在，就絕對無法饒恕害死王子的兇手。」

卡烏斯羞愧得不知該如何回答，只能默默流淚。魯斯塔姆邁步離開，找到蘇達貝。他緊緊抓住她的髮辮，一刀揮下，把她整個人砍成兩半。

將領們聽說魯斯塔姆執意復仇，紛紛起而響應。他們抽出寶劍，高聲吶喊，率領十萬大軍從伊朗出發，朝土蘭前進。

魯斯塔姆率軍摧殘土蘭的邊境，所到之處都化成焦土。阿夫拉西亞伯聞訊後，召來兒子蘇爾賀（Surkha），命他率三萬士兵前去應戰。

蘇爾賀趕赴戰場，終究不敵伊朗大軍，慘遭俘虜。他被帶到魯斯塔姆的軍營。魯斯塔姆冷眼打量這位英挺的青年，命令旁人備好匕首與盆子。士兵們把蘇爾赫帶到荒野上，將他反綁雙手，按倒在地。蘇爾赫這才驚覺他們打算效法土蘭人處死夏沃什的方式，砍下他的頭餵食禿鷹。

「我是無辜的！」蘇爾赫大聲哭叫，向一旁的圖斯將軍求情，「夏沃什王子與我年紀相當，我們兩人曾是朋友。他死了以後，我日夜爲他哀悼，也和你們一樣詛咒殺害他的仇人。」

圖斯忍不住替蘇爾赫說情，但魯斯塔姆無動於衷。「卡烏斯此刻正在爲兒子哀悼，我們該讓阿夫拉西亞伯也體驗這樣的痛苦。這俘虜是那個邪惡國王的後代，千萬不要被他的謊言迷惑。」

他一聲令下，士兵便揮刀砍下蘇爾赫的頭，把那顆頭顱掛在長桿頂端。他的屍體被刀劍砍得四分五裂，全都埋進地下。

蘇爾赫的死訊果眞讓阿夫拉西亞伯痛不欲生。土蘭人被激怒了，決議派出軍隊，與伊朗大戰。皮爾索姆此時也挺身而出，自願與魯斯塔姆決鬥，要把伊朗勇士的頭顱帶回來獻給阿夫拉西亞伯。

皮蘭在一旁聽了，連忙勸道：「你年輕氣盛，這樣莽撞出戰魯斯塔姆，只怕是自尋死路。」但皮爾索姆心意已決，他相信自己這回出征必能獲勝。阿夫拉西亞伯賜給他戰馬與利劍，還答應皮爾索姆，如果他戰勝歸來，就把其中一位女兒許配給他。

皮爾索姆滿懷自信地出發，來到戰場上。格烏首先上前與他打鬥，魯斯塔姆之子法拉瑪茲（Faramarz）也前來援助，三人打得不相上下。最後，魯斯塔姆親自現身，與皮爾索姆決鬥。魯斯塔姆看看這位年輕的勇士，心裡不禁感到遺憾。他催促戰馬向前衝去，一槍刺進皮爾索姆的腰。皮爾索姆立即死去。

魯斯塔姆用長槍挑起皮爾索姆的屍體，放在土蘭軍隊陣前的地上。「這位勇士身上沾著戰場的塵土，請務必用金綾爲他裹身。」他叮囑道，隨後便策馬返回伊朗軍營。皮蘭得知弟弟不幸陣亡，哀痛得流下眼淚。

伊朗將士在戰場上不斷擊退土蘭大軍，其中就屬魯斯塔姆最驍勇善戰。卡維軍旗在戰場上飄揚，阿夫拉西亞伯看見了，知道身處旗下的勇士必定就是魯斯塔姆。兩個死敵立刻打得不可開交，搏鬥了好一陣子。眼看魯斯塔姆就要了結土蘭國王的性命，在這關鍵的一刻，胡曼將軍突然出現，手中的狼牙棒猛力打在魯斯塔姆肩上。魯斯塔姆痛得分神，等他回過頭來要找阿夫拉西亞伯時，狡猾的國王早就不見蹤影。

土蘭的軍隊像狂風裡的葉子般四處奔逃。魯斯塔姆暫且停留，賞賜辛苦作戰的士兵們，才又繼續催促大軍前進。

阿夫拉西亞伯率領殘軍來到河邊，想要渡河脫險。他擔心魯斯塔姆如果找到霍斯魯，後果將不堪設想，於是對皮蘭說：「不如我們把霍斯魯淹死，從此也無需顧慮這不幸的孩子。」

「陛下，這絕對不行。」皮蘭勸道，「你千萬不可草率殺死霍斯魯。還是讓我把他藏在我駐軍的地方吧。」

阿夫拉西亞伯這才勉強同意。皮蘭連忙派人帶法蘭吉斯母子到他身邊。霍斯魯與母親驚恐地上路，深怕悲劇隨時降臨在兩人身上。所幸皮蘭對他們呵護有加，一路保護著他們，平安回到駐地。

（三）格烏尋王

戰敗的土蘭人民向魯斯塔姆獻上禮物，希望他可以大發慈悲，饒他們一命。魯斯塔姆也不再追究。他在土蘭悠閒地生活，度過了一段時日。

有天，扎瓦列出外打獵，請了一位土蘭人作嚮導。兩人來到田野邊的樹林。深林中的野花已經盛開了，在小溪邊隨風搖曳。土蘭嚮導不禁回憶起過去，告訴扎瓦列，這個地方從前是夏沃什的獵場，王子最愛來這裡散心。

扎瓦列聽完，早已失去了狩獵的興致。他找到魯斯塔姆，對他的兄長說：「我們到底是爲尋歡作樂，還是爲復仇而來？土蘭人當初狠心殺死夏沃什，爲什麼現在卻可以安穩度日？」

他的話喚醒了魯斯塔姆復仇的決心，重新點燃戰火。伊朗士兵四處殘殺土蘭百姓，人們苦不堪言。土蘭貴族趕忙集合起來，向魯斯塔姆求情：「我們也像你一樣痛恨阿夫拉西亞伯。請將軍不要再放任士兵殘殺無辜的平民。」

魯斯塔姆與眾位伊朗將領商議後，終於決定收兵回國，保護年邁的卡烏斯。他們離開時，還帶走了一萬個奴僕與搜刮來的大量財物。

阿夫拉西亞伯返回土蘭，眼看國土慘遭劫掠，誓言復仇。他很快又組織了新的兵馬，率軍攻打伊朗，以解心頭之恨。兩國被戰爭所擾，似乎再也無法重獲和平。

這段期間，有天晚上，古達爾茲將軍做了一場奇怪的夢。夢中烏雲齊聚，天使索魯什突然從雲中出現，對古達爾茲說：「牢記我說的話。在土蘭，有位名叫霍斯魯的王子遭到囚禁。他是夏沃什的兒子。如果你們把他帶回伊朗，他將能造福伊朗的百姓。上天也會幫助他，為夏沃什報仇，讓阿夫拉西亞伯付出代價。伊朗眾多將領裡，只有格烏一人可以找到他。這乃是上天的旨意。」

隔天一早，古達爾茲醒來，向兒子詳述他的夢境。「你不是一直希望替伊朗找到新的國王嗎？」他對格烏說，「現在正是你的大好機會。只要你找到霍斯魯，世人都會銘記你的名字。」

格烏心裡也為父親的夢感到驚奇。他立刻整理行囊，準備動身。他的妻子梅辛瑪罕（Banugashasp）是魯斯塔姆的女兒，此刻也來與他告別，囑咐他一切小心。

格烏深怕洩露自己的身份，因此不帶任何隨從，獨自前往土蘭。他在那裡四處尋覓，卻遲遲找不到霍斯魯。

一晃眼，七年過去了，格烏的追尋卻還沒結束。兩國早已停戰，阿夫拉西亞伯也回到王宮繼續統治。

有天，格烏疲倦不已，正巧來到一片樹林。那裡滿是茂盛的青草，溪水潺潺流過。格烏放馬去吃草，自己打算找個舒服的地方，好好睡上一覺。「七年過去了，怎麼還找不到霍斯魯？」他忍不住想，「這一定是魔鬼在阻撓我，讓我在土蘭蹉跎時光。我的同伴現在要不是在沙場馳騁，就是在宴會上歡慶，而我卻困在這裡，不知何時才回得了家。」

他想到這裡，突然看見一位少年站在清澈的泉水邊。少年的手中拿著酒杯，頭上戴了花環，秀髮襯托著和善的面貌。格烏心裡一驚，猜想這說不定就是他在尋找的人，連忙走到少年面前。

少年看見他，揚起微笑。「格烏將軍，你從伊朗遠道而來，為我帶來了什麼消息？國王與將領是否安好？他們是不是殷切盼望著霍斯魯？」然後，少年又一一詢問了每個將領的近況。

格烏大感驚訝，這孩子竟然知道這麼多伊朗勇士的名字。「你肯定是夏沃什之子霍斯魯。你怎麼知道我就是格烏，又是如何得知伊朗勇士的故事？」

霍斯魯回答：「我父親曾對我母親講述那些勇士的事蹟。他也曾預言，在我誕生後，英勇的格烏將會把我帶回伊朗。我將見到那些傳聞中的勇士，與他們一起為我父親報仇。」

「殿下，如果你真的是霍斯魯，是否生來身上就帶有王室成員的印記？」格烏問道。

霍斯魯聽了，露出自己的臂膀，讓格烏看清楚他手臂上的黑痣。從哥巴德繼位以來，每個王室後代都會帶著這樣的印記。

格烏忍不住流下眼淚，向霍斯魯鞠躬致意。霍斯魯擁抱格烏，連聲嘉許他這些年來到處奔波的辛勞。

兩人匆忙返回夏沃什城，與法蘭吉斯會合。法蘭吉斯見到預言中的勇士已經抵達，便吩咐霍斯魯到城外的牧場，尋找夏沃什的駿馬貝赫扎德。

霍斯魯帶著貝赫扎德從前的馬鞍，來到了高山上的牧場。他在泉水邊找到貝赫扎德，小心翼翼地亮出馬鞍，貝赫扎德一眼就認出它來，驚訝地停下腳步。牠彷彿想起了多年前死去的主人，雙眼頓時湧出淚水。

霍斯魯輕輕撫摸貝赫扎德，放好馬鞍，隨後便翻身上馬。貝赫扎德載著他向前奔馳，速度有如疾風般迅速，眨眼間就消失了蹤影。霍斯魯騎著馬，盡情馳騁了好一段路，才返回原地，與格烏一起下山回家。

為了表達感激之情，法蘭吉斯打開倉庫，把所有的財寶都獻給格烏。格烏只從中挑了幾樣輕便好帶的寶物，以及夏沃什的戰甲，隨後便帶著這對母子逃離夏沃什城。

雖然他們悄悄逃走，消息還是走漏了。皮蘭震驚不已，派兩位勇士率兵追趕。那天晚上，法蘭吉斯與霍斯魯正在熟睡，皮蘭負責守夜，突然看見一支軍隊朝他們而來。他拔劍迎戰，土蘭士兵敵不過他，只得倉皇敗退，回去向皮蘭報告噩耗。

皮蘭逼不得已，只得親自出馬。他調集一千位士兵，一直追到古扎里雲河（Gulzaryun）。霍斯魯一行人早已渡河，正在歇息。法蘭吉斯一望見皮蘭的旗幟，趕忙喚醒格烏。在格烏的要求下，這對母子先行騎馬離去，留下格烏與皮蘭決鬥。

兩位將軍搏鬥一陣，最後格烏擒獲皮蘭，又殺得土蘭士兵潰逃，驚險獲勝。他把皮蘭緊緊捆起來，帶到霍斯魯面前，打算處死這位老將。

皮蘭對霍斯魯說：「殿下，你知道我其實處境艱難。當年爲了保護你，我費盡心思向阿夫拉西亞伯求情，才讓你們母子得以活命。請你念在舊情，讓我活著回去吧。」

法蘭吉斯也向格烏求情，希望他赦免他們昔日的恩人。對此，格烏卻堅持自己曾立誓報復，恐怕難以答應她的請求。

「將軍，你不需要擔心違背誓言。」霍斯魯說，「請用匕首刺穿皮蘭的一隻耳朵，讓他的血灑在地上，這樣就算履行了你的誓言，皮蘭也能活下來。」

格烏同意了。這時，皮蘭又向他請求取回戰馬，格烏沒有拒絕，但有一個條件：「你從這裡回家的路上，必須綁緊雙手，只有你的妻子可以解開繩結。」

不久之後，阿夫拉西亞伯也得知了霍斯魯逃走的消息，趕緊率軍追來。半路上，他遇見雙手被反綁的皮蘭。老將軍向國王如實報告自己的遭遇。阿夫拉西亞伯聽完，氣得發抖，發誓要嚴懲那三個逃亡之人。

霍斯魯一行人終於趕到了阿姆河（Jihun）。深怕被土蘭大軍追上，他們急忙尋找渡河的方法。格烏召來一艘船，船夫卻告訴他：「無論是誰想渡過阿姆河，都得繳納過河的費用。」

「你要什麼東西，儘管明說就是。」格烏回答。

「這可沒那麼容易。你要不給我那身戰甲，或是那匹黑色的戰馬。不然，那個女人或那個英俊的少年也行。」

格烏知道對方有意刁難，氣得咬牙。他轉身對霍斯魯說：「這條大河攔不住你。你是王室後代，上天會幫助你順利渡河。當年法里東領軍擊敗蛇王，也曾靠著神助渡過湍急的河水。你不要擔心我們，即便我與你母親葬身河底，知道你可以安然回到伊朗，我們就沒有遺憾了。」

霍斯魯俯身禱告，祈求上天指引他路途。然後他重新跨上戰馬，隨貝赫扎德躍入阿姆河。法蘭吉斯與格烏緊跟在後。上天果眞守護著他們，三人接連渡過了阿姆河，平安上岸。

自私的船夫看見這奇景，驚訝得目瞪口呆。他對同伴們說：「今後再也找不到這樣的怪事了！」

船夫來到對岸，爲自己的貪婪道歉，希望獲得霍斯魯的寬恕。格烏生氣地趕他走，船夫沒有辦法，只好懷著愧疚離去。

阿夫拉西亞伯追到阿姆河岸，卻不見霍斯魯一行人，憤而質問船夫那三人究竟如何渡河。

「陛下，我們父子兩代在這河上往返多年，從沒見過這樣的怪事。他們三人肯定是有上天幫助，才能平安穿越滔滔河水。」船夫回答。

阿夫拉西亞伯不願放棄，堅持備船追趕。胡曼將軍趕忙勸阻：「陛下，請你深思。如果我們渡河，等於是率軍進入伊朗國境，恐怕對我軍不利。」

阿夫拉西亞伯百般無奈，只得下令回宮。霍斯魯一行人總算擺脫了追兵。

（四）繼承王位

格烏派使者趕赴王宮，向卡烏斯傳信：「霍斯魯已經平安抵達伊朗。」老百姓讚揚格烏的勇氣，熱烈慶祝王子歸來。古達爾茲率先款待霍斯魯，一行人隨後陪同霍斯魯來到王宮。

年邁的卡烏斯親自迎接孫子。他一看見霍斯魯，眼淚簌簌落下。卡烏斯帶霍斯魯回到宮裡，仔細聽他述說過去的各種經歷。最後，國王向眾人宣布，他已決定讓霍斯魯繼承王位。

將領們都贊成這個提議，只有圖斯為此忿忿不平。「霍斯魯雖然是夏沃什之子，但他也是阿夫拉西亞伯的外孫。如果我們擁戴他，豈不是自取滅亡？」他聽不進古達爾茲與格烏的勸告，說什麼也不願接受霍斯魯的統治。「如果讓我來選，卡烏斯之子菲里波爾茲（Fariburz）更適合繼承王位。國王既然還有親生兒子，就應當把王位傳給他，而不是有土蘭血統的孫子。」

雙方意見不同，越鬧越激烈，最後甚至要大打出手。國王只得召圖斯與古達爾茲入宮，讓兩人在宮裡爭辯誰對誰錯。一個支持菲里波爾茲，一個支持霍斯魯，互不相讓。卡烏斯只好說：「你們提的人選都是我的親族，我不能偏袒任何一方。就讓上天決定誰最適合當伊朗的國王吧。我會分別給他們兩人軍隊，讓他們領軍出征，攻打巴赫曼（Bahman）。誰要是成功打下那裡的碉堡，就有資格繼承我的王位。」

兩位將軍覺得這是個好辦法，總算達成協議。

隔天一早，圖斯隨菲里波爾茲出征。軍隊帶著卡維軍旗來到巴赫曼堡。碉堡裡有妖魔作怪，使得天氣炎熱無比。士兵腳下的大地被太陽烤得滾燙，手中的長槍也快被毒辣的陽光融化。大軍忍受不了燥熱，早已無心作戰。

「這座碉堡實在難以打下。」圖斯對菲里波爾茲說，「我們的盔甲燙得有如火烤，馬匹也熱得寸步難行。我看啊，在這世上，根本沒有人可以攻陷巴赫曼堡。」

儘管如此，大軍還是耐心等待，希望找出敵方的破綻。然而幾天過去了，他們依然沒有進展。菲里波爾茲的軍隊只得返回王宮，既疲累又懊悔。

這回輪到古達爾茲與霍斯魯啓程。兩人率軍前行，抵達巴赫曼堡。霍斯魯請文書官寫好戰書，把戰書綁在長槍頂端，由格烏手執長槍，親自把那封信送給碉堡牆上的守軍。

格烏很快就完成任務歸來。眨眼間，暴風四起。雷聲轟隆作響，撼動了天地，碉堡牆上也出現許多裂縫。天空轉瞬變得漆黑無比。霍斯魯看出這是天意，連忙策馬向前，率領士兵朝碉堡殺去。弓箭手射出的箭矢像冰雹般落在敵軍頭上，妖魔鬼怪紛紛喪命，僥倖活命的則倉皇棄守。不久之後，大地重見光明，霍斯魯與士兵歡聲慶祝勝利。

王子與古達爾茲進入堡壘中，才發覺此地的景致實在美麗，令人流連忘返。他命人打造殿堂與祭壇，點燃聖火。一年之後，巴赫曼堡的局勢穩定下來，他才帶著軍隊回到王宮。

這下再也沒有人反對霍斯魯登基，就連圖斯也心甘情願向他效忠，請他寬恕自己之前的言行。霍斯魯不只原諒了他，還請他務必繼續爲伊朗效力。

卡烏斯含笑親吻孫子，親自爲他戴上王冠，領他坐上王座。從此，新王與老王一起統治伊朗，百姓也過著安定的生活。

第十一章　伏魯德

（一）異母兄弟

霍斯魯與祖父共治，從未忘記爲父報仇。等到時機成熟，他召集大軍，宣布由圖斯擔任主帥，統領全軍攻打土蘭。

「這次出征，你絕對不可忤逆我的命令。」霍斯魯小心叮囑圖斯，「伊朗的軍隊必須秉持正義，沿途不許無故打擾當地百姓。另外，你千萬記得，不要領軍經過卡拉特（Kalat）。我父親的另一個兒子住在那裡，他名叫伏魯德，母親是皮蘭之女賈里萊。他的武藝高強，還擁有一支軍隊。伏魯德並不認識伊朗的將領，你要是打算借路，恐怕他不會讓你通過。」

圖斯承諾遵旨，隨後踏上征途。軍隊之中，各色旗幟豎立，圖斯的軍旗上描繪著巨象，在最前頭引領全軍，卡維軍旗也隨風飄揚。

伊朗大軍不停趕路，來到一個岔路口，暫且打住腳步。這岔路一邊通向荒涼的沙漠，另一邊則會通過卡拉特。士兵們不知要往哪個方向走，只得等圖斯發號施令。

圖斯眼看第一條路前方黃沙滾滾，對同行的古達爾茲說：「要是我們深入沙漠，糧草運輸大概會碰上困難。到時軍隊沒有食物與水，肯定無法繼續前進。我看，我們還是走另一條路，經過卡拉特吧。」

古達爾茲不以爲然。「你不該擅自違背命令。我們只有按照霍斯魯指定的路線前進，才能避免無辜傷亡。」

「你不用擔心。要是霍斯魯國王知道軍隊改道的原因，一定會諒解我們，絕不會爲此生氣。」話畢，圖斯便下令大軍改朝卡拉特前進，完全忘記了霍斯魯當初的告誡。

伊朗大軍逐漸接近卡拉特。駱駝與戰馬揚起陣陣塵土，大地撼動宛如波濤。卡拉特的哨兵發現有陌生的軍隊逼近，連忙通報伏魯德。

伏魯德的顧問托哈爾（Tukhar）向他解釋：「那支大軍屬於你的異母兄弟霍斯魯。他們看來是想借道卡拉特，但背後眞正的原因爲何，還有待觀察。」

伏魯德聽了這話，心裡十分不安。他命人放下吊橋，親自走出要塞，指揮眾人把放牧的牲畜趕到安全的地方，不讓伊朗士兵有機會搜刮財物。然後，他又到要塞各處巡邏，確定每個入口都有衛兵把守。

遠處的天空揚起灰塵，隆隆的戰鼓聲逐漸傳來。伏魯德抬頭一看，發覺母親賈里萊正在屋頂遠望，神情顯得憂心忡忡。他來到賈里萊面前，向她問道：「母親，伊朗派了一支大軍前來，請你指示我該如何應對？我們是否該與敵軍決戰？」

「伏魯德，我知道你驍勇善戰，但此刻不宜出兵。」賈里萊回答，「霍斯魯剛登基為王，他知道你就住在卡拉特，所以絕不會摧毀這座要塞。這次他派出大軍，是為了替你們的父親報仇。你也應該披甲上陣，與他們合力擊敗阿夫拉西亞伯，證明自己是夏沃什的兒子。依我看，你應該先打聽這次率軍的主帥是誰，準備好禮物款待他。」

伏魯德遵照母親的建議，帶著托哈爾登上高山，觀察伊朗大軍，看看是否有賈里萊熟識的將領。

山下，伊朗的士兵與戰馬遍佈田野，四處軍旗飄揚，金色的頭盔與盾牌在陽光下閃閃發亮。戰鼓聲不絕於耳，連兀鷹也不敢飛近。伏魯德望著這樣的軍容，不禁暗暗吃驚。他要托哈爾仔細瞧瞧，軍中大將到底有那些英雄。

托哈爾一一指認，直說每個將領都是優秀的勇士，在戰場上屢次立功。伏魯德高興地想：「霍斯魯竟派來這麼多精良的將士。看來這次遠征土蘭，有大軍相助，一定可以成功為父親報仇。」

不料就在此時，伊朗士兵發現了躲在山上的伏魯德與托哈爾。戰鼓聲突然沉默下來。圖斯命人上山，探查那兩個陌生人的身分。

「如果是我軍士兵，擅自脫離軍隊，要受兩百鞭刑懲罰。」圖斯說，「如果是土蘭的士兵或將領，就把他們綁起來帶回這裡。他們要是反抗，就當場殺了。假如那兩個人奉命前來窺探我軍軍情，那我肯定要攔腰斬斷他們，把屍體丟下山谷。」

古達爾茲的兒子巴赫拉姆自願前往，策馬直奔山頭而去。伏魯德看見有伊朗將領登山，便問托哈爾這位是什麼人物。托哈爾雖然不知道來者的名字與身世，卻猜想他肯定是古達爾茲的親族。「當初霍斯魯離開土蘭時，曾從寶庫中帶走一頂頭盔。」托哈爾說，「你看，那位將領現在就戴著那頂頭盔。或許他可以為我們帶來好運。」

巴赫拉姆抵達山頂，拔劍指向兩人：「快說，你們到底是誰？為什麼在這裡偷偷觀察我們的軍隊？」

伏魯德並不驚慌，勸巴赫拉姆冷靜下來，之後才問：「你們的軍隊主帥是誰？還有哪些著名的勇士隨行？」

巴赫拉姆於是細數軍中將領的名字。

「還有其他將領嗎？」伏魯德又問，「為什麼你沒有提到巴赫拉姆的名字？他在古達爾茲的親族裡，可是有名的英雄。」

巴赫拉姆吃了一驚。「你怎麼會知道巴赫拉姆這名字？是誰向你提過古達爾茲的親族？」

「我母親賈里萊曾提起他們。她特別叮嚀我，這次前來，一定要尋找巴赫拉姆與贊格。她說這兩位勇士曾是我父親忠誠的戰將。」

「莫非你就是伏魯德王子?」巴赫拉姆詫異地說,「快讓我看看你的手臂。如果你是夏沃什之子,手臂上一定有王室的印記。」

伏魯德伸出手臂,露出屬於王室成員的記號。巴赫拉姆確認了伏魯德的身世,連忙鞠躬致意。

伏魯德對巴赫拉姆說:「我早就聽聞你的故事,知道你功績顯赫。希望你能替我向圖斯將軍致意,告訴他,我願意款待伊朗大軍,提供你們一切所需。除此之外,我也願意隨你們出征,為我父親報仇。」

巴赫拉姆當然馬上答應,但他也警告伏魯德,圖斯生性莽撞,做事有欠考慮,未必聽得進別人的勸告。「要是下次來找你的人不是我,請務必小心。最好聽從我的建議,趕快回到要塞裡,關上大門,嚴加防守。至於圖斯將軍的答覆為何,還請你耐心等我傳遞消息。」

(二)伏魯德大戰眾將

巴赫拉姆回到伊朗軍營,向圖斯報告自己在山上的見聞,不料圖斯竟對他發怒:「我派你到山上,就是要把那兩個人帶來見我,何必和他們浪費時間?那個年輕人才不是什麼夏沃什之子,不過是個卑鄙的土蘭騙子，不只佔據了要塞，還閉門不讓我軍通行。他不過胡扯了一個王族身世，竟能讓你信以爲眞，古達爾茲的親族實在沒用。」

話畢，他轉向其他將領，問是否有人自願上山，與那位土蘭人決鬥。巴赫拉姆聞言，急忙勸阻：「伏魯德是霍斯魯國王的兄弟，我們怎能與他動武？萬一他眞的殺了我們的將領，雙方到時又該如何是好？」

將領們覺得巴赫拉姆有理，紛紛打消念頭，不願爭功。只有圖斯的女婿里夫（Rivniz）聽不得勸，直往山上奔去。

伏魯德遠遠望見一個身穿盔甲的陌生人上山，心裡便警戒起來，猜想圖斯想必拒絕了他的好意邀請。他問托哈爾來人是誰，托哈爾回答：「那是圖斯的女婿里夫，據說他詭計多端，卻又武藝高強。」

「如果我此時射箭，只殺死他的馬，你覺得如何？」伏魯德又問。

「圖斯明知你想以禮相待，卻還執意要戰，分明是存心與你的兄弟作對。你不如射箭殺死里夫，讓圖斯嘗點教訓。」

伏魯德瞄準已經拔劍的里夫，飛快射出一箭。那箭矢穿透了里夫的頭盔，刺進頭顱。里夫搖搖幾下，隨即落馬而死。

圖斯看見這情景，大驚失色，命兒子扎拉斯帕（Zarasp）出戰，爲里夫報仇。

伏魯德發覺又有一位戰士上山，問托哈爾來者何人，托哈爾回答：「那是圖斯之子扎拉斯帕，他上山來，肯定是爲了替里夫雪恥。」

伏魯德不願被敵人看扁，又射出一箭。扎拉斯帕中箭落馬，當場死亡。戰馬失去了主人，倉皇逃回軍營。

圖斯失去愛子，悲憤交加。他騎馬直奔山頂，要取伏魯德的性命。托哈爾見來者竟是圖斯本人，慌忙向伏魯德勸道：「那位高山般的戰士就是圖斯！你不要與他決鬥，趕快退回要塞吧。你既然已經殺死了他的女婿和兒子，圖斯絕對不會饒過你。」

「托哈爾，你太膽小了。管他來的是誰，如果我臨陣脫逃，還算什麼勇士？」

托哈爾急得說：「要是山下的軍隊打來，即使你有無窮的力氣也無法阻擋，卡拉特必會陷落。再說，如果你殺了圖斯，霍斯魯肯定會爲此悲痛不已，你爲父報仇的心願恐怕也難以實現。」

伏魯德看見要塞居民站在高處觀望，更加不願離去。他搭起弓箭，專心瞄準圖斯。托哈爾見他下定決心，只好嘆一口氣：「既然這樣，請你千萬別傷著圖斯，只要射中他的馬就好。」

伏魯德一箭射去，圖斯的戰馬當即倒地死去，圖斯也摔下馬來，只得用盾牌護著自己，狼狽地退回山腳。要塞居民大聲爲伏魯德歡呼，伏魯德也因此得意洋洋。

大名鼎鼎的圖斯竟然吃了敗仗，將領們議論紛紛。此時，格烏對眾人說：「就算伏魯德是夏沃什之子，也不能輕饒。他大概早就對伊朗人懷有敵意，想要破壞我們報仇的計畫。」他決定策馬上山，親自會會伏魯德。

山頂的兩人此時尚未離去。伏魯德見又有一位將領趕來，不禁無奈地長嘆。「伊朗將領只知戰鬥，有勇無謀。我擔心他們無法替我父親報仇。或許只有霍斯魯可以完成這個使命。」

托哈爾告訴伏魯德，來者是格烏將軍，當年就是他護送霍斯魯回到伊朗。「他穿著夏沃什的盔甲，任何箭矢都無法穿透。既然如此，你就射殺他的戰馬吧，格烏要是倒地，肯定不敢再來。」

伏魯德聽取他的建議，一箭射中戰馬的前胸。格烏落下馬來，急忙逃回營中，要塞居民放聲嘲笑他的失敗，讓他無地自容。

伊朗將領們看見格烏平安歸來，連忙感謝上天，只有格烏之子比讓（Bizhan）譴責父親輕易逃跑。格烏沒料到比讓竟敢責備他，一氣之下抓起鞭子，往兒子頭上打去：「你哪裡知道作戰時需要深思。像你這樣草率行事，簡直白活了。」

比讓憤恨不平，快步來到大將古斯塔哈姆（Gustaham）的營帳前，請古斯塔哈姆借他一匹戰馬上山。無論古斯塔哈姆怎麼勸告，比讓的決心毫不動搖。「如果借不到馬，要我徒步上山也行。」他堅持。古斯塔哈姆只得退讓，答應讓他任意挑選戰馬。

格烏知道兒子心意已決，只能懷著憂慮的心情，把夏沃什的盔甲賜給比讓，希望能保護他不受箭矢傷害。

伏魯德看見又有戰士執意上山，問托哈爾來者究竟是何人。

托哈爾仔細一瞧，回答：「那是比讓，格烏的獨生子，和他父親一樣武藝高強。格烏肯定把夏沃什的戰甲借給了他。你最好像上次那樣，一箭殺死他的馬，不要與他決鬥。」

伏魯德拉弓射箭，箭矢精準地射中了比讓的戰馬。不料戰馬倒地後，比讓沒有逃跑，反而徒步繼續登山。他拔劍指向伏魯德，厲聲高喊：「我即便沒了戰馬，一樣可以作戰。今天必要與你分出高下。」

伏魯德見他不願退縮，心裡頓時興起決鬥的渴望。他朝比讓射去一箭。比讓舉起盾牌，敏捷地側身躲開。那飛箭射穿了盾牌，卻沒有傷及盔甲。比讓登上山頂，舉劍朝伏魯德殺來。

伏魯德趕緊上馬，掉頭逃往要塞。比讓緊追在後，一劍砍中伏魯德戰馬的護甲。戰馬跌倒在地，伏魯德卻機靈地逃脫，退到要塞的大門後。城牆上的守衛迅速關閉大門，拋下石頭攻擊比讓。

「騎馬的人竟然打不過沒有馬的人？伏魯德，你實在不配被稱爲勇士。」比讓對著要塞大喊。伏魯德沒有理會他的挑釁，避不出戰。比讓深知自己不能在要塞門前久留，最後只能回到營中。

伊朗大軍向伏魯德宣戰，準備奪下要塞。圖斯向上天發誓，這次一定要爲兒子與女婿報仇，讓伏魯德的鮮血染紅卡拉特的土地。

（三）賈里萊喪子

太陽西沉，黑夜籠罩大地。卡拉特的士兵堅守要塞大門，暫不行動。緊張的氣氛中，只聽聞銅鈴頻頻作響，向擔心的要塞居民報更。

賈里萊徹夜難眠，爲伏魯德的命運擔憂，最後累得睡著。她在夢中看見卡拉特突然起火，烈火燒盡了山頭，要塞頓時化爲灰燼，居民沒有一人生還。賈里萊驚醒過來，害怕地登上城牆，觀望聚集在要塞外的伊朗大軍。

武器的寒光滿山遍野，賈里萊看了不禁心情沉重。她快步離去，向兒子述說她今晚的惡夢。伏魯德安慰她，勸母親不要太過擔心：「凡人的命運掌握在上天手裡。或許我的命運注定與父親相似。但我寧願在戰場上犧牲，也絕不輕易向敵軍求饒。」

太陽升起時，伊朗大軍的喊聲從四面八方傳來。戰鼓與號角齊響，催促士兵舉起武器向前。伏魯德率領手下的土蘭士兵，衝出要塞與敵軍作戰。戰馬的鐵蹄揚起了塵土，箭矢飛過天空，宛如蝗蟲過境。

兩軍交戰直到正午，伏魯德的軍隊死傷慘重，遍地都是屍體。然而他並不退縮，依然堅持苦戰。伊朗的士兵與將領無不為此稱奇。最後，要塞守軍只剩伏魯德一人，他逼不得已，才往要塞撤退。誰知比讓早在途中埋伏，一看見伏魯德敗退，立刻策馬追趕。

比讓頭盔反射的陽光洩露了行蹤。伏魯德伸手拔劍，正要砍向比讓的頭，卻在此時感覺自己身中一刀。鮮血從他身上的傷口流出。原來是古達爾茲之子魯哈姆（Ruhham）趁機偷襲。只見魯哈姆再次舉刀，往伏魯德的頭砍去。

伏魯德近乎落馬，只得緊緊抓牢韁繩撐住。比讓窮追不捨，舉起大棒打在伏魯德頭上，又抽刀砍傷伏魯德的戰馬，逼得伏魯德只能捨棄坐騎，退回卡拉特要塞，緊閉大門。

賈里萊與其他女人著急地趕來，攙扶身受重傷的伏魯德回房歇息。她們哀聲號哭，各個心裡都明白，伏魯德恐怕無法活過今天。

「請不要為我哭泣。」伏魯德勉強睜開雙眼，對賈里萊說，「伊朗大軍誓言踏平卡拉特，要塞陷落後，他們必定會大肆搶奪婦女與財物。你們要是不願落入他們手中，就從高牆跳下，一死了之吧。我真不願看見你們在哀痛裡度過餘生。」他說著，臉上漸漸失去血色，最後死在母親面前。

女人們痛哭失聲，登上要塞的城牆，從高處跳下自盡。賈里萊為兒子不幸的命運哀悼。她點燃大火，燒毀了藏在要塞裡的寶物，然後奔進馬廄，鎖上大門，殺死裡頭所有的馬。

可憐的母親渾身血汗，眼淚怎麼也止不住。她累得回到伏魯德的床邊，伏下身子，臉頰貼著兒子冰冷的面龐。賈里萊的心裡如今只剩絕望。她抽出一把匕首，毫不猶豫地刺進胸口，結束了自己的生命。

伊朗大軍攻陷要塞，士兵們四處搜括，搶奪戰利品。巴赫拉姆目睹這番情景，爲此難過不已。他來到伏魯德的床前，看見那對不幸死去的母子，眼淚終於忍不住落下。

「上天會懲罰你們的暴行！」巴赫拉姆對士兵們說，「伏魯德死得比夏沃什更慘。他的要塞被戰火蹂躪，母親還隨他死去。當初大軍出征時，霍斯魯國王特別叮嚀，要我們繞過卡拉特要塞。倘若霍斯魯之後得知伏魯德的死因，你們又該如何爲自己辯解？」

其他將領這時也來到伏魯德床邊。他們看見伏魯德的模樣，不禁想起死去的夏沃什王子，懊悔地哭了起來。

站在一旁的圖斯也十分難受。他雖然希望替親人報仇，卻不忍見到這位青年如此悲慘地死去。最後，圖斯下令爲伏魯德建造墓穴，按王室傳統安葬王子。伏魯德被埋葬在山頭，里夫與扎拉斯帕則埋在王子的墳墓一側。

眼看這些年輕的生命先一步離去，圖斯不禁心懷傷悲。淚水從他的雙眼緩緩滴落，沾濕了他雪白的鬍鬚。

（四）伊朗兵敗

伊朗全軍哀悼三天，直到第四天才吹響號角，重新踏上征途。阿夫拉西亞伯聽說伊朗軍隊來襲，趕忙召來皮蘭將軍。

「看來我們小看了霍斯魯。他沒有忘記復仇的決心，此刻已派兵前來征討土蘭。」阿夫拉西亞伯對皮蘭說道，命他立刻調集軍隊迎敵。

正當土蘭上下忙著應戰，伊朗大軍卻遇上了古怪的天氣。原本寧靜的平地突然颳起一陣強風。濃雲遮蔽天空，氣溫驟降，使得河流也結了凍。

暴風雪猛烈襲來，覆蓋大地，大軍一連七天無法生火取暖。士兵們無可奈何，只得宰殺馬匹果腹，軍隊因此損失了無數戰馬。許多士兵不敵寒冷死去，或是就此喪失了作戰的力氣。

到了第八天，太陽才重新露臉，冰雪融化成了流水。這場奇怪的暴風雪重挫伊朗大軍。儘管如此，圖斯仍設法鼓勵軍隊前行。

巴赫拉姆對他說：「這肯定是上天對我們的懲罰。當初你不聽我的勸告，執意攻陷卡拉特要塞，害死了伏魯德。如今厄運已經降臨在每個人身上，沒有人可以擺脫。」

對此，圖斯只是回答：「伏魯德之死是他命中注定。過去的事且讓它留在過去，我們誰也不要再提起。」

伊朗的軍隊深入土蘭國境時，皮蘭已經召集了十萬大軍，朝敵軍前進。途中，哨兵向皮蘭報告，伊朗的將士不再行軍，反而停下來歇息。原來圖斯因爲在土蘭境內連連獲勝，變得驕矜自滿，決定讓軍隊暫時停留休養。伊朗士兵日夜狂歡豪飲，一點也沒想到土蘭軍隊正在步步逼近。

皮蘭眼看大好機會在前，決定趁夜偷襲伊朗軍營。他調來三千精兵，在深夜時摸黑行動。伊朗軍營裡，人人喝得大醉不醒，只有古達爾茲與格烏二人尚未就寢。他們聽見夜色裡傳來喊聲，刀劍的冷光在遠處閃爍。格烏雖然還有醉意，仍然急忙跳上戰馬，直奔圖斯的營帳。

「快點起來！有人偷襲！」他對熟睡的主帥喊道，又趕回父親身邊，沿途不斷叫醒士兵。但一切爲時已晚。士兵們在半睡半醒間倉促迎敵，被土蘭人打得潰不成軍。他們只得捨棄軍營，費盡了力氣，才終於擺脫緊跟在後的追兵。

由於軍隊匆忙撤離，戰場上的死者只能橫屍荒野，無人替他們埋葬。因爲缺少醫者，傷患與病人也沒有人照顧。軍中上下士氣低迷。圖斯吃了敗仗，心中慌亂得幾乎發瘋。古達爾茲也爲他們的遭遇煩惱。眾位將領商討之後，決定派人向霍斯魯國王求救，把兵敗的緣由解釋清楚。

使者快馬加鞭趕回王宮，據實傳達了軍隊的敗況。霍斯魯聽說伏魯德戰死，又得知伊朗大軍潰敗，內心的痛苦難以形容。

他立即寫了兩封信給伊朗的軍隊。一封信痛斥圖斯的種種愚行，召他回宮受罰。另一封信則命菲里波爾茲擔任主帥，繼續帶領軍隊前進。信中不忘勸菲里波爾茲聽取旁人建言，不要再像圖斯一樣犯錯。

國王的來信鼓舞了軍隊的士氣。菲里波爾茲召開會議，宣讀霍斯魯的旨意。圖斯只好交出卡維軍旗，向新的主帥表示祝福，希望他往後在戰場上一切順利。

交接之後，圖斯一刻也不敢拖延，帶著自己的部隊返回伊朗。霍斯魯在眾臣面前痛斥圖斯：「像你這樣莽撞無能的人，不配繼續待在我的將領之列。大軍出征前，我曾告誡你不要取道卡拉特，你卻違抗我的命令，一意孤行。正是你的愚蠢讓伏魯德英年早逝。之後，你繼續率軍前行，卻只顧尋樂，害得我軍兵敗。從今以後，我的王宮不再歡迎你。念在你是王族之後，又年歲已高，我才饒你一命。不然，此刻你早已身首分離。」

在國王的命令下，圖斯被戴上枷鎖，關入大牢。霍斯魯向眾人宣布，從此以後，牢獄就是圖斯永久的居所。「他將在裡面反省自己的魯莽與過錯，直到死去。」

菲里波爾茲成為新的主帥，派魯哈姆去土蘭軍營，向皮蘭爭取休戰，讓伊朗軍隊得以醫治傷兵。

皮蘭聽了魯哈姆捎來的提議，擔心敵軍藏有詭計，因此格外謹慎應對：「伊朗大軍當初侵略我國，在土蘭邊境燒殺擄掠，如今已獲得慘痛的教訓。我答應你們，三十天內暫且不會開戰。勸你們趁這三十天撤軍，盡快離開土蘭。如果你們背棄停戰協議，我將立刻還擊。」

兩軍暫時停戰，菲里波爾茲藉此爭取到了一個月的喘息時間。他趁機重整軍力，四處招募兵員，又設法添置新的武器。

一個月後，伊朗大軍再次出擊，卻不幸被土蘭人打敗。戰況十分慘烈，屍橫遍野，倖存的士兵棄械竄逃。古達爾茲與格烏堅守在戰場上，驚覺卡維軍旗不見了蹤影，心急如焚。古達爾茲命比讓前去尋找菲里波爾茲，向他索討軍旗，重振軍隊士氣。

在一處山腰，比讓找到了躲藏起來的菲里波爾茲。「戰爭還未結束，請你立刻返回戰場，不然就交出軍旗，讓我帶回去鼓舞士兵。」

菲里波爾茲堅持不給。比讓一氣之下砍斷旗桿，強行帶走軍旗，率領士兵向土蘭大軍再次衝鋒。

菲里波爾茲的弟弟不幸在戰場陣亡，遺落了寶冠。消息傳來，巴赫拉姆不顧自身安危，衝入戰場奪回寶冠，卻不慎丟失自己珍貴的馬鞭。他擔心馬鞭落入土蘭士兵手中，被敵軍當作戰利品炫耀，決定趁夜尋回馬鞭。

巴赫拉姆不聽父親勸告，回到月光灑落的戰場上。屠殺後的景象令他心痛，為死去的同胞長嘆。突然間，他看見有一人躺在屍體堆中，低聲喘息。巴赫拉姆連忙為他照料傷口，安慰這位虛弱的士兵：「你暫且在這裡待著，不要出聲。我一找到馬鞭就回來，帶你到軍營療傷。」

他在屍體堆中尋找，好不容易才發現那沾滿血汙的馬鞭。此時忽有馬蹄聲逼近，巴赫拉姆立即射箭，擊退了皮蘭帶來的土蘭士兵。皮蘭原想留下巴赫拉姆的性命，豈料一位土蘭勇士特讓夫

（Tazhav）執意出戰，把巴赫拉姆打成了重傷。

土蘭人走後，格烏找到了奄奄一息的兄弟，哀痛欲絕。巴赫拉姆忍著疼痛，向格烏訴說自己的遭遇。爲了替兄弟報仇，格烏找到特讓夫，將他打落下馬，拖回兄弟面前。儘管巴赫拉姆爲敵人求情，格烏依然一刀砍死特讓夫。巴赫拉姆傷勢嚴重，不久便與世長辭。他的遺體被運回軍營安葬。

伊朗大軍再度吃了敗仗，只得撤出土蘭。歸鄉途中，倖存的士兵日夜哀嘆，爲斷送生命的同胞與兄弟哭泣。皮蘭看見伊朗收兵離去，心中總算不再擔憂，把這個好消息回報給阿夫拉西亞伯。土蘭全國爲勝利歡慶，阿夫拉西亞伯也賞賜皮蘭許多財寶與土地。

「不過，這次的勝利恐怕無法長久。」阿夫拉西亞伯對皮蘭說，「霍斯魯絕不會放棄，他的愛將魯斯塔姆也尚未出征。我擔心伊朗隨時又會派出大軍，你要嚴加注意敵情，切勿掉以輕心。」

皮蘭向國王承諾，自己必會克盡職守。他率兵返回駐地，隨後便派哨兵出外探查，不知霍斯魯與魯斯塔姆之後會如何行動。

第十二章 再戰土蘭

（一）霍斯魯發怒

伊朗大軍返回家鄉，飽嘗戰敗的痛苦。將領們心中既後悔又羞愧，忐忑不安地來到王宮，不知道霍斯魯將如何懲罰他們。年輕的國王一見到這些將領，抑制不住滿腔怒火，厲聲斥責他們一番，把他們全都趕出大門。他為伏魯德與那些無辜犧牲的兵將哀悼，無心接見任何人。

伊朗將領們無奈之下，只得向魯斯塔姆求情，希望他可以讓霍斯魯回心轉意。隔天一早，魯斯塔姆來到宮中，為眾位將領與圖斯說話，這才終於平息了霍斯魯的怒火。

霍斯魯深思之後，決定釋放圖斯，命他重新擔任主帥。為求謹慎，霍斯魯要求格烏必須隨時在旁監督圖斯。往後，圖斯如果沒有得到格烏同意，不得任意用兵，以免他輕信讒言，鑄下難以挽回的大錯。

伊朗大軍捲土重來，使皮蘭心情沉重。他一邊設法拖延，一邊派人趕赴王宮求救。阿夫拉西亞伯組織大軍，一連趕了十天的路程，前去援助皮蘭作戰。

土蘭軍中有位通曉法術的妖人，名叫巴祖爾（Bazur）。皮蘭派他召喚風雪襲擊敵軍，巴祖爾於是來到山頂施法。時值初夏，天上卻突然颳起暴風雪，困住了伊朗大軍。土蘭軍隊趁勢攻擊，伊朗士兵根本難以抵抗。

爲了拯救士兵，魯哈姆匆忙登上山頂，找到巴祖爾。他一刀砍斷巴祖爾的手臂，破解了法術，天空再度放晴。然而伊朗士兵依然傷亡慘重，土蘭大軍不斷進逼，終於逼得他們逃亡。

圖斯的使者趕回王宮傳達噩耗。霍斯魯立刻召來魯斯塔姆，請他率援軍趕去拯救伊朗大軍。阿夫拉西亞伯也從鄰國借來了援軍，爲土蘭壯大軍力，繼續與伊朗作戰。

深夜時分，伊朗哨兵總算看見魯斯塔姆的援軍。消息傳回軍營，將士們無不歡欣鼓舞，稱頌魯斯塔姆是英雄。

皮蘭最擔憂的事情還是發生了。他知道魯斯塔姆或許會扭轉戰爭的情勢，對土蘭不利。有位名叫卡姆斯（Kamus）的勇士挺身而出。他一點也不怕魯斯塔姆，還想與這位傳奇英雄較量較量。

卡姆斯隔天率先來到陣前，像隻憤怒的大象般尋找著魯斯塔姆的身影。他在戰鬥中殺了一位扎別爾斯坦的戰士，惹惱了魯斯塔姆。這位身經百戰的伊朗勇士揮舞大棒，策馬前來迎戰。

卡姆斯一望見魯斯塔姆，立刻向他揮劍。這一劍砍中了拉赫什的護甲，卻沒有傷及牠的身體。魯斯塔姆拋出套索，捉住卡姆斯，放任拉赫什繼續奔跑。卡姆斯拚命掙扎，卻無法擺脫套索，終究昏死過去。

魯斯塔姆見狀，這才停下馬來，用繩子牢牢綑綁卡姆斯。「從今以後，你休想再作亂。」他一邊說，一邊把卡姆斯夾在腋下，帶回伊朗軍營，丟在地上。

卡姆斯過去在戰場上殺死了許多伊朗人，士兵們看見他奄奄一息，各個迫不及待為死去的同胞報仇。他們舉起刀劍，把卡姆斯砍得四分五裂，讓他的鮮血染紅土地。

卡姆斯被處死的消息傳回土蘭軍營，統領援軍的中國汗氣得想為他報仇，派胡曼去向魯斯塔姆提議決鬥。怎料魯斯塔姆卻毫無興趣，回答：「土蘭全軍之中，我只願與正直的皮蘭將軍見面。」

皮蘭聽見胡曼帶回的答覆，內心更加憂慮。他對中國汗說：「即便阿夫拉西亞伯親征，也無法打贏魯斯塔姆。這次魯斯塔姆堅持見我一面，不知道用意為何。我怕他終將為土蘭帶來難以想像的災禍。」

「如果魯斯塔姆有意求和，我們又何苦讓士兵繼續在戰場逗留？」中國汗回道，「但是，如果魯斯塔姆執意開打，我們也只能奮力抵抗，順從上天的安排。無論如何，魯斯塔姆畢竟是凡人，我們一定有辦法打敗他。」

皮蘭只得答應赴約，好探查魯斯塔姆究竟有何意圖。他接近伊朗軍營，報上自己的名字，魯斯塔姆便出來迎接他。兩位將軍打量彼此，互相致意。

皮蘭對魯斯塔姆說：「我把夏沃什當作親生兒子看待。他的死也讓我極爲痛苦。當初我雖然無法救他一命，卻至少救出了他的妻兒。伊朗大軍如今摧毀我的家鄉，就是對我過去所做之事的報償嗎？我的弟弟已在戰場陣亡，幾位年輕勇士也先後犧牲。我只希望我們兩國可以議和，不要再讓無辜的士兵爲夏沃什之死付出代價。」

「若想議和，我這裡有兩個條件。」魯斯塔姆回答，「第一，你必須找出殺害夏沃什的兇手，讓他受到應有的嚴懲，我們絕不能輕易饒過那個卑鄙小人。第二，你要答應立刻收拾行囊，與我回國去見霍斯魯國王。國王一定會給你許多賞賜，使你再也無需回到土蘭。」

皮蘭擔心自己若選擇投奔伊朗，他在土蘭的親人或許會有危險，因此遲遲不願答應。他允諾魯斯塔姆，自己會回去好好思考這件事，順便爲魯斯塔姆傳話給阿夫拉西亞伯。兩位將軍就此道別。

（二）阿夫拉西亞伯敗逃

皮蘭趕回軍營，正要與中國汗商議，卻見到卡姆斯的親族圍著中國汗討兵，希望爲卡姆斯報仇。「我們要踏平扎別爾斯坦，絞死魯斯塔姆，然後燒毀他的屍體。」

皮蘭無法同意這個請求。「你們只懂得哀悼與復仇，怎麼沒想到土蘭就要面臨厄運？」他質問他們，「早知道會這樣，當初兩國就不要貿然開戰。」

魯斯塔姆此時也在軍營裡與將領們商討，看眾人是否願意接受皮蘭的提議，與土蘭議和。古達爾茲聽了，極不贊同：「我們都知道皮蘭無法守信。他這人一向善於說話，將軍必須小心提防。我想，他一定是看到卡姆斯慘死，明白土蘭無力抵抗伊朗，才會提議和談。你難道已經忘了我兒巴赫拉姆嗎？只要我還活在這世上，就沒有一天能遺忘喪子之痛。我也會繼續拿起武器，與土蘭作戰直到死去。」

魯斯塔姆覺得他這話多少有些道理，只好回答：「我念在皮蘭曾救了霍斯魯國王，所以才信任他。如果皮蘭反悔，決定再與我們開戰，我一定讓他好看。」

隔天早上，兩軍來到戰場。皮蘭對魯斯塔姆喊道：「我已經把將軍的答覆轉達給我軍將領，但他們各個都執意打仗。我們可以給伊朗金錢，唯獨無法交出害死夏沃什的禍首，因爲他是阿夫拉西亞伯的親人。再說，國王已經派援軍趕來，勢必無意停戰。」

魯斯塔姆忍不住破口大罵：「你這是操弄詭計，拿自己的生命當賭注。你一定會爲這個決定後悔。」

皮蘭沒有回答，返回軍隊中。雙方即刻開戰。魯斯塔姆奮勇殺敵，土蘭勇士紛紛倒下。連中國汗也成了俘虜，被牢牢綑綁起來，交給圖斯看管。戰場上屍橫遍野，軍旗斷裂傾倒。天色漸暗，土蘭人節節敗退。皮蘭深知上天已經不再看顧土蘭，帶著殘兵匆匆退出戰場。

伊朗士兵辛苦戰勝敵人後，魯斯塔姆決定讓疲倦的他們好好休養。他派比讓去打探皮蘭的去向，又命圖斯到戰場上搜刮值錢的財物。這些戰利品全得獻給霍斯魯國王，最後才能由軍中弟兄分享。

圖斯找回的金銀與武器多得可以堆成一座高山，即使在山腳用力拉弓射箭，箭矢也無法飛越山頂。魯斯塔姆不禁感到詫異。

他寫信向霍斯魯報捷，敘述伊朗士兵如何英勇擊敗土蘭。霍斯魯十分高興，命令如今娶了法蘭吉斯的菲里波爾茲帶著禮物與軍隊，前去與魯斯塔姆會合，聯手對抗阿夫拉西亞伯。土蘭國王聞訊後，也再次集結大軍，誓要擊退伊朗。

伊朗大軍在征途中來到一座堅固的大城比達德（Bidad）。城主卡夫爾（Kafur）喜愛吃人，平時都用年幼的美女烹煮成桌上的佳餚。眼看伊朗軍隊兵臨城下，比達德的守軍前來應戰。魯斯塔姆一棒打死了卡夫爾，率軍攻城。但他沒想到當年土爾建造此城時，不僅把城牆建得易守難攻，還設下咒語保護城牆，使得任何軍隊都無法攻城。

魯斯塔姆雖然失望，仍沒有輕易放棄。他命人在城牆下挖掘地道，用木柱支撐，再點燃大火。頃刻間，城牆崩塌，敵軍死傷無數。伊朗大軍順利進入城裡，大肆掠奪一番。

伊朗人連連獲勝，土蘭的情況越來越危急。阿夫拉西亞伯左思右想，決定請出住在山中的妖怪普拉德萬德（Puladwand）。

普拉德萬德奔赴戰場，一下子打倒了幾位伊朗將領，很快就與魯斯塔姆陷入苦鬥。但這個妖怪一點也不是大力士魯斯塔姆的對手。兩人搏鬥一陣，只見魯斯塔姆使盡全力，把妖怪重重摔在地上。普拉德萬德立刻動也不動，彷彿死了一般。

魯斯塔姆認爲普拉德萬德必死無疑，便把他丟在原地，策馬離去。沒想到，他才剛返回伊朗軍中，普拉德萬德突然坐直，一躍而起，騎上戰馬逃離。

魯斯塔姆發現對手竟然詐死，大吃一驚。他命人射箭，設法阻止普拉德萬德逃走。箭雨紛紛落下，卻沒有一枝射中那狡猾的妖怪。普拉德萬德對他的手下說：「我看我們還是趁早逃吧，免得最後在這裡白白送命。」於是他率軍撤退，頭也不回地逃得老遠。

土蘭大勢已去，皮蘭只得勸阿夫拉西亞伯逃走。「陛下，我軍已無力繼續戰鬥，請你盡快帶上至親與侍衛，設法逃出戰場吧。」

阿夫拉西亞伯無可奈何，只得匆匆離去。

魯斯塔姆得知伊朗已經贏了這場戰爭，便命士兵停止作戰，卸下盔甲。他四處蒐集戰利品，得到許多嶄新的衣裳與財物，分送給了將領與士兵。期間，他也曾派人去尋找阿夫拉西亞伯的下落，卻一直苦無線索。

伊朗大軍凱旋而歸，帶著戰利品回到王宮。霍斯魯在宴會上與眾將舉杯同歡，歌頌魯斯塔姆在戰場上的英勇表現。

魯斯塔姆受到國王款待整整一個月，最後忍不住思念扎別爾斯坦。霍斯魯親自送他一段路，又賞給他許多珍貴的寶物，讓這位勇士得以風光返鄉，與家人團聚。

（三）妖怪阿克旺

有天清晨，一個牧人來到王宮覲見霍斯魯。牧人恭敬地行禮吻地，對國王說：「一頭兇猛的野驢突然來到我牧馬的地方。牠像雄獅一樣，可以撲到馬的身上，一口咬斷馬頭。牠的大小和黃色大馬相比，簡直不相上下，渾身就像陽光般，從脖子到臀部彷彿畫了長長的黑線。請陛下派出勇士，幫忙除掉這頭奇怪的野驢吧。」

霍斯魯聽了，猜想這頭野驢絕非普通的驢子。從他過去聽說的奇聞看來，這應當是妖怪阿克旺（Arkwan）在民間作亂。牧人放牧的地點大概太接近妖怪的棲息處，才會不幸遇到禍害。

霍斯魯明白，在這世上只有一位勇士可以打敗阿克旺。他命人送信給魯斯塔姆，請魯斯塔姆為民除害。英雄一讀完國王的信，立刻騎上駿馬拉赫什，到牧人放牧的草原尋找阿克旺。

他在沼澤地找了三天，遲遲沒有發現妖怪的蹤影。終於，到了第四天，魯斯塔姆看見那妖怪從田野上往他走來，迅如狂風。那妖怪長相醜陋，全身散發黃色的光芒。魯斯塔姆心想：「這妖怪可能很難摺倒，但是用繩索綑綁說不定行得通。」他想要活捉妖怪，獻給霍斯魯，於是便拿出套索，往那奇怪的野驢拋去。不料，阿克旺一看見套索，眨眼間便憑空消失。

「這妖怪眞是狡猾。」魯斯塔姆咬牙，「下回要是再讓我碰見，我看就乾脆直接殺了牠吧。」

說時遲，那時快，妖怪阿克旺突然現形，又出現在前方。魯斯塔姆連忙策馬奔馳，打算朝妖怪射箭。但是，當他拉開弓弦時，阿克旺再次神奇地消失不見。

魯斯塔姆只得騎馬三天三夜，四處找尋阿克旺的下落，弄得自己又餓又累。最後，他筋疲力竭，只能到泉水邊休息，讓拉赫什喝水，自己則昏昏沉沉睡去。

阿克旺一直躲在遠處。當牠發現魯斯塔姆睡著了，便悄然來到他身旁，把他高高舉起。魯斯塔姆驚醒過來，發覺自己被牢牢抓住，無法掙脫，只好開口罵道：「你這可惡的魔鬼，竟然用這種卑鄙的圈套捉住我。」

他擔心自己要是死在妖怪手上，伊朗未來必會陷入混亂，讓阿夫拉西亞伯得逞。

阿克旺回答：「魯斯塔姆，我可以讓你選擇自己的死法。看你是要我把你拋進大海，還是丟到高山。反正你今天注定活不成了。」

魯斯塔姆知道靠蠻力掙扎沒用，便靜下心來思考如何智取妖怪。他深知阿克旺詭計多端，絕對不會遵守諾言。如果他選擇被拋到海裡餵魚，妖怪肯定會把他丟到高山，填飽野獸的肚子。

於是，魯斯塔姆說：「你可知道有位智者曾說過，一個人若是不幸在水裡喪命，那他的靈魂就必須永遠留在水裡，無法到達天堂與彼世。所以，你最好把我丟到高山上。我身強體壯，至少還可以與猛獸搏鬥。」

妖怪聽了魯斯塔姆的話，得意地哈哈大笑：「是這樣嗎？那我偏要把你丟到海裡，這樣你的靈魂就得永遠待在水底，沒辦法解脫。」

話一說完，妖怪便把魯斯塔姆拋到海裡，想讓他葬身魚腹。魯斯塔姆落水，迅速抽出寶劍。鯊魚見了他紛紛游開。他用左手與雙腳游泳，右手持劍，隨時保持警戒，最後成功回到岸上。

魯斯塔姆感謝上天保佑，快步回到先前休息的泉水邊，卻沒有見到駿馬拉赫什。魯斯塔姆雖然氣惱，也只能拿起馬鞍，循著蹄印慢慢尋找他的馬。

他走著走著，來到一片樹林。林中流水潺潺，鳥兒啼唱。阿夫拉西亞伯的牧馬人正在那兒，沉睡於美夢之中。拉赫什則待在他看管的馬群裡。

魯斯塔姆套住拉赫什，放好馬鞍，重新騎到馬背上。其他馬兒全都被他趕跑。牧馬人聽見馬兒嘶鳴，驚醒過來，連忙呼喚其他同伴前來幫忙，看看究竟是誰敢來這裡搗亂。他們拿著弓箭與繩索追趕魯斯塔姆。魯斯塔姆一看見他們，立刻拔劍，報上自己的名字。他揮劍而下，砍死了幾個牧馬人，剩下的人嚇得各自逃命。

此時，阿夫拉西亞伯恰巧來到此地，想親自視察放牧的馬群。那些倉皇逃命的牧馬人看見國王來到，哭著對他訴說剛才發生的事。隨行的將領們交頭接耳，覺得魯斯塔姆分明不把土蘭人放在眼裡，絕不能輕饒。國王與眾將於是策馬向前，帶著象隊一路追趕。

等他們接近魯斯塔姆時，英雄早已備好箭矢，一枝接一枝朝土蘭人射出，一下就殺死了六十位土蘭人。緊接著，魯斯塔姆又揮舞大棒，打死了四十位。

阿夫拉西亞伯見狀，害怕地帶著軍隊逃跑。魯斯塔姆追趕他們好一陣子，才又回到原地，搜刮戰利品。他帶走了四頭白象，還得到了一群良馬，滿足地走回泉水邊。

阿克旺看見魯斯塔姆回來，再度現身，對這位伊朗勇士說：「看來你很幸運，竟然逃離了大海。不過，我勸你別想再與我決鬥。無論如何，最終的輸家仍會是你。」

魯斯塔姆怒吼一聲，拋出套索，緊緊圈住阿克旺的腰。他舉起大棒，猛地打在妖怪頭上。阿克旺頓時腦漿四溢。最後，魯斯塔姆割下了妖怪的首級，感謝上天幫忙，讓他得以順利斬妖。

他帶著阿克旺的首級和到手的戰利品回到王宮，霍斯魯與將領們親自出來迎接。魯斯塔姆把戰馬分給其他將軍，大象則獻給國王。眾人在宴席上一邊暢飲美酒，一邊聽魯斯塔姆描述自己如何制伏妖怪阿克旺。到了最後，魯斯塔姆再度想念家鄉，歸心似箭。國王於是送他許多禮物，與他告別，讓魯斯塔姆如願返回扎別爾斯坦。

第十三章　比讓與瑪尼日

(一) 比讓鬥野豬

一天，霍斯魯國王與將領們正在宴會裡笑談，突然有侍者前來通報：「陛下，宮門外來了許多亞美尼亞人。他們從伊朗與土蘭的邊境趕來，希望能見國王一面。」

霍斯魯立刻請侍者帶這些亞美尼亞人進宮。亞美尼亞人來到霍斯魯面前，不停哭泣，向國王訴說他們遭遇的困境：「我們原本在邊境耕耘放牧，過著平靜的生活。沒想到，一群兇猛的野豬有天突然跑來，不只踐踏森林與河岸，還毀了莊稼與牲畜。我們的財產全毀，又沒有辦法阻止牠們。希望陛下大發慈悲，派一位勇士救我們脫離苦難。」

霍斯魯相當同情這些人的遭遇，對在場的將領們說：「你們之中有誰願意挺身而出，幫他們擺脫野豬的威脅？誰要是可以砍下這些野豬的頭，我一定加以封賞。」

眾位將領默不作聲，誰都不願冒險，只有比讓在此時站出來。他向國王行禮致意，表示自己願意替這些亞美尼亞人除掉野豬。他父親格烏在一旁聽了，相當焦急，連忙勸阻他：「比讓，你太年輕了，做事有欠考慮。快點退下來，不要在國王面前逞強。」

「父親，我雖然年輕，在謀略這方面可不輸給老人家。」比讓回道，「只要國王同意，我願砍下野豬的頭，帶回來獻給國王。」

霍斯魯讚賞比讓的勇氣，決定把這個重責大任交付給他，另外還指派古爾金（Gurgin）為比讓帶路，作他的助手。比讓很快穿戴好裝備，與古爾金一起踏上旅程。他們不停趕路，終於抵達野豬出沒的樹林。在那裡，野豬肆意亂闖，絲毫沒有注意到有人正悄悄接近。

比讓對古爾金說：「等會我朝野豬射箭時，你負責在水池邊埋伏。一聽見樹林裡有聲響，就趕快抓起大棒，準備就緒。只要從我這裡脫逃的野豬，你都要用大棒擊打，千萬別讓牠們逃走。」

古爾金不以為然：「你是為了賞賜才願意冒險，而我是奉國王的命令才陪你來此。我只負責帶路，沒辦法幫你捕獵野豬。」

比讓聽了這話，縱使驚訝，還是鼓起勇氣，獨自背著弓箭深入樹林。他悄悄來到野豬附近，抓緊時機射箭。箭矢如暴雨般落在野豬群上。野豬被激怒了，迅速朝比讓直撲而來。牠們尖利的獠牙掀開了地面。其中一隻野豬像魔鬼般恐怖，甚至破壞了比讓的鎖子甲。比讓拔劍反抗，樹林裡頓時一片混亂。千鈞一髮之際，比讓揮劍砍下那隻野豬的頭顱，野豬的身軀也被他劈成兩半。其他野豬見到同伴慘死，轉身想要逃命，卻一一被比讓砍殺。

作亂的野豬全數死絕，比讓心裡十分高興。他把野豬的頭綁在馬鞍上，想要帶回去讓霍斯魯國王瞧瞧，宣揚自己的戰績。

古爾金一直躲在一旁，深怕受到野豬攻擊。當他看見比讓成功斬殺野豬時，忍不住為自己的名譽擔心起來：「要是比讓回去告訴所有人這段故事，恐怕會害我名聲掃地。大家從此都會笑我膽小。」於是，狡詐的他便開始醞釀陰謀，想要陷害比讓。

他走出來，不斷稱讚比讓的英勇，又恭喜他捕獲兇猛的野豬，說盡各種好話。比讓沒有察覺古爾金別有用心，還與他一起共飲美酒，慶祝這場勝利。

兩人談得正愉快時，古爾金趁機說道：「從前，我與伊朗的英雄們曾來此地征伐，因此對這片土地有些熟悉。離這裡不遠處，約莫兩天的路程，就是阿夫拉西亞伯的領地。那裡的河岸景色優美，四處都是花園與森林，阿夫拉西亞伯宮裡的女子最喜愛在那裡遊戲。據說她們一個比一個美麗。我們趕快上路，到那裡去看個究竟，說不定還能帶幾位美女回伊朗，獻給霍斯魯國王。」

比讓禁不住好奇，同意了古爾金的提議。他們二人騎上戰馬，離開樹林，再度踏上旅程。

（二）瑪尼日公主

終於，比讓與古爾金來到了那片美麗的園地。阿夫拉西亞伯宮中的女子都聚集在那裡，為即將開始的盛宴做準備。動人的樂音伴著歌聲傳來。比讓小心翼翼地往宴會靠近，想要看清楚那些女子的面容。

他躲在一棵高大的柏樹後，靜靜觀察。古爾金說得沒錯，那些年輕的姑娘就像春天一樣美，整個世界彷彿因爲她們變得更賞心悅目。而在這些女子之中，最美麗的就是瑪尼日公主（Manizha）。比讓遠遠望著她，他的心不禁爲她悸動。

或許是命運的安排，就在這時，瑪尼日也瞧見了躲在樹下的比讓。她年輕的心爲這個陌生的青年怦怦亂跳。每年春天，她都與女伴來此地玩耍，卻從未見到外人造訪。公主好奇地派自己的奶媽去打聽，看看那位神秘又英俊的訪客究竟是誰。

奶媽依照吩咐，快步來到比讓躲藏的地方，向他轉述瑪尼日的問題。比讓一聽，臉頰飛快地紅了起來，害羞得不知所措。他對公主的奶媽說：「請轉告瑪尼日公主，我是格烏之子比讓。我爲了替亞美尼亞人殺死邪惡的野豬，從伊朗遠道而來。聽說此地正在舉辦盛宴，我一時好奇，才會造訪這片林地。沒想到竟看見了她，爲她傾心。請你幫我問公主，她是否願意與我相見？」

奶媽回到瑪尼日身旁，轉達了比讓的答覆，還忍不住誇讚這青年長得多麼俊美挺拔。公主答應了比讓的請求，囑咐他務必悄悄前來，與她見面。

兩個年輕人偷偷在公主的帳篷裡相會。瑪尼日慷慨地招待比讓，請他脫下戰袍歇息，又親自取來香水請他洗腳。比讓與公主享用了許多精美的佳餚，侍女與樂師則在一旁爲他們彈琴唱歌。

整整三天三夜，這對愛侶都陪伴著彼此，深情纏綿，幾乎忘了時間。

不過，再美好的宴席也終將散去。瑪尼日與比讓知道分別的日子將至，兩人之後恐怕難以相見，不禁陷入憂傷。

瑪尼日不願與比讓分開，私下找來侍女，請她們在酒食中下藥。比讓吃了食物，很快就昏睡不醒。侍女們這時再把他藏在籃子裡，蓋上長袍遮掩，趁夜帶回王宮。

比讓睡得安穩，直到瑪尼日給他服用一種特殊的藥水，才慢慢恢復知覺。他清醒後，發現自己竟然睡在公主的臥房裡，才驚覺事態嚴重。

「這都是古爾金的陰謀，他想要置我於死地。」比讓恍然大悟。他向上天祈禱，希望自己可以平安脫離險境，不受阿夫拉西亞伯傷害。

瑪尼日見他如此不安，在一旁柔聲安慰他。愛情使得比讓再度有了勇氣。他決定冒險留下，繼續待在公主身邊。瑪尼日也小心保密，把他藏在自己房裡，不讓她的父王知道。

（三）比讓被囚

不久之後，比讓與瑪尼日的秘密還是被一位侍者發現了。他偷偷觀察了一陣子，最後決定向國王告密。他對阿夫拉西亞伯道出自己的所見所聞：「瑪尼日公主在房裡藏了一個來自伊朗的情人。」

阿夫拉西亞伯怒不可遏，氣得渾身發抖。他找來弟弟格西烏，厲聲下令：「你現在就帶一群衛兵包圍後宮，阻斷所有出口，把那個伊朗人抓來見我。」

格西烏帶著衛兵來到後宮。那裡正在舉行盛宴，琴聲不絕。他悄悄封鎖了每個出口，截斷所有可能的逃路，然後拿起套索，快步走進瑪尼日公主的房間。比讓坐在瑪尼日身旁，暢飲美酒，臉上洋溢著幸福的神情。格西烏一見到他，氣得大吼：「你是哪裡來的流氓？今天就是你的死期，別想逃跑！」

比讓錯愕不已。他身上沒有盔甲，手邊也沒有武器，根本無法與格西烏對抗。「或許我注定死在此地。」他忍不住心想。在這危急的時刻，比讓突然想起自己在靴子裡藏著一把匕首，可以派上用場。他抽出匕首，報上自己的名字，並威脅格西烏：「如果你現在不帶我去找阿夫拉西亞伯，我一定會與你們力抗到底。」

格西烏不打算立刻殺死比讓，於是假裝好意，苦苦相勸，終於使比讓放下匕首。格西烏的侍衛趁機抓住比讓，把他像牲畜般綁起來，帶到阿夫拉西亞伯面前。

比讓對阿夫拉西亞伯實話實說，解釋了事情的來龍去脈。他提到自己如何獵殺野豬，如何遇見瑪尼日公主，又是如何與她相愛，最後藏身在公主的房裡。比讓認爲他與瑪尼日公主都沒有錯，但阿夫拉西亞伯不願聽這些解釋。他命手下在宮門前立起絞架，下令處死比讓。

比讓被侍衛押解下去，想到再也見不到家鄉，他忍不住為自己的命運落淚。「我再也無法和父親與其他將領重聚。」他一邊想著，一邊祈禱微風能吹向伊朗，把故事的眞相帶到國王耳邊。「有天，霍斯魯國王會替我復仇，嚴懲奸詐的古爾金。」

侍衛們接獲命令，忙著在宮門前架設絞架。此時，皮蘭將軍正巧遠道而來，希望覲見阿夫拉西亞伯。他望見這個情景，不免感到疑惑，便問門前的侍衛究竟發生了什麼事。

一旁的格西烏如實相告後，皮蘭便騎著馬來到比讓面前。他看見比讓站在絞架旁，赤身裸體，蓬頭垢面，雙手還被反綁在背後，絕望的樣子相當可憐。

皮蘭問他：「你怎麼會落到這樣悽慘的下場？」比讓就把自己的故事重新告訴他。皮蘭深感同情，對那些侍衛說：「你們暫且不要行刑，讓我去和國王商討此事。」

說完，他立刻入宮覲見阿夫拉西亞伯，替比讓求情：「請陛下深思，不要絞死比讓。你已經殺死了夏沃什，這次再添上比讓的性命，伊朗一定會更加痛恨我們，霍斯魯也會來為他復仇。到時，土蘭又要陷入戰火之中。」

阿夫拉西亞伯深知皮蘭的話裡藏有智慧，決定接受他的求情，饒過比讓一命。「不過，比讓與我的女兒聯手欺騙我，敗壞王室與後宮的名譽。這醜事若是傳出去，肯定會讓天下人都嘲笑我，讓我顏面盡失。」阿夫拉西亞伯說。

「陛下，既然如此，你何不把比讓囚禁在牢獄中？」皮蘭回答，「這樣一來，伊朗人便無從得知他的下落。比讓也將永遠不見天日，這輩子等於完了。」

國王覺得這方法行得通，也就如此照辦。

阿夫拉西亞伯要格西烏把比讓五花大綁，關在枯井裡。比讓的雙手被戴上鐐銬，全身也被釘牢，無法活動。土蘭人把他丟入井底，再用大象運來一塊沉重的巨石。這塊石頭曾由上天從海底撈起，留在土蘭的樹林中。他們用巨石封住井口，比讓從此再也見不到光明。

然後，阿夫拉西亞伯又召來格西烏，要他去後宮捉住瑪尼日公主：「她既然玷汙了王室的名聲，就不配留在宮裡。你把她拖到枯井邊，讓她好好欣賞情人的下場，再對她說：『如今這個伊朗人被囚禁在井裡，你既然這麼愛他，就在此與他作伴吧。』」

格西烏領命，率領手下來到後宮，大肆破壞公主的臥房。他們扯下瑪尼日的華裳與頭巾，把赤裸著雙腳的她拖出宮門，帶到枯井旁。淚水從瑪尼日的雙頰不停滾落，但格西烏一點也不同情她。

「這兒就是你的歸屬。從今以後，你就陪著這個伊朗人吧。」

他和侍衛們把瑪尼日遺棄在那，轉身離開。可憐的公主在草原上遊蕩了一天一夜，爲兩人不幸的愛情哀傷地哭泣。

最後，她回到那座枯井旁，苦思該如何救出比讓。雖然她無法推動巨石，進入井底與他重聚，但她終究發現枯井有道縫隙，足以讓一隻手穿入。

隔天朝陽升起，瑪尼日便到附近的村莊乞討食物。人們看見她楚楚可憐的模樣，根本無法猜到她竟是阿夫拉西亞伯的親生女兒。瑪尼日帶著人們好心施捨的食物回到井邊，流著眼淚，透過縫隙把食物送給比讓。

每日每夜，她都堅強地過著艱辛的生活，像最忠心的守衛，陪伴著被囚禁在井裡的比讓。

（四）霍斯魯尋找比讓

古爾金在原地等了七天，一直沒見到比讓歸返，這才感到焦急又後悔。他在樹林裡找了好一陣子，最後只找到比讓的馬。「比讓一定是眞的落入土蘭人手中，遭逢不測了。」古爾金不安地想。

他照顧比讓的坐騎，收拾行囊，滿心愧疚地返回伊朗。霍斯魯得知古爾金獨自歸來，決定先問個仔細，暫且不驚擾格烏。怎料格烏早已聽說兒子沒有跟著古爾金一起返回。他心急如焚地趕至王宮，想要知道比讓的下落。

古爾金到了王宮，一看見格烏，趕忙向他行禮，表情哀痛。「將軍，我深感慚愧，實在沒有面子繼續留在這世上。」他哭喊道。

格烏瞧見古爾金牽著的正是比讓的馬，失落地跌坐在地上。他在心裡對上天哭泣：「我這輩子就只有這麼一個兒子。難道比讓眞的遭遇不幸了嗎？」

古爾金爲了替自己開脫，向格烏道出假的故事。他說，他與比讓抵達樹林後，便著手替亞美尼亞人捕獵野豬。他們英勇地奮戰幾天，才終於剷除所有野豬，挖出豬牙當作戰利品。但是，當他們在回國的途中打獵時，一頭漂亮的野驢突然出現。野驢跑起來像飛一般迅速，彷彿神駒拉赫什。比讓爲了套住那頭驢子，窮追不捨，怎麼也不願放棄。

「我不斷尋找他的下落，卻再也沒見到那頭野驢或比讓，只找到他的馬。無奈之下，只得獨自回到伊朗。」古爾金嘆道。

格烏認爲古爾金肯定隱瞞了實情，氣得差點想殺了古爾金，好不容易才忍住。他請古爾金一起到國王面前，把事情的來龍去脈解釋清楚。

霍斯魯下令接見古爾金與格烏。格烏淚如雨下，請國王務必明查，揭發古爾金故事中的眞相。他老實地轉述古爾金說的每一句話，爲下落不明的兒子感到心急。

霍斯魯承諾會想出辦法，替格烏尋回獨子，那傷心的父親才願意離開。將領們都擔心比讓的安危，也隨格烏而去。等到眾人散去，霍斯魯才把古爾金召到王座前。

古爾金心懷愧疚，不安地發抖。他向國王吻地致意，獻上野豬獠牙，又祝國王身體健康。霍斯魯看了看野豬獠牙，隨後望向古爾金，命他再說一遍比讓失蹤的故事。

古爾金嚇壞了，說話也變得結結巴巴。他講起那頭神奇的野驢，卻因爲過度緊張，說話顚三倒四，前後邏輯不通。霍斯魯看出他在說謊，氣得把他趕離王座，命人打造沉重的鐐銬，把古爾金鎖起來。

之後，霍斯魯向格烏允諾，會立即派人到各地尋找比讓。「即使暫時沒有消息，也不要擔心。」他安慰格烏，「等新年春日——法爾瓦爾丁（Farwardin）來到，我會誠心向上天祈求，用可以一覽世界的神杯，看看比讓究竟身在何處。」

格烏這才破涕爲笑，衷心對霍斯魯致謝。國王說到做到，命騎兵出外打聽比讓的消息。然而，這些騎兵即使跑遍了伊朗，甚至去到土蘭，仍舊是一無所獲。

春天來臨，大地一片新意。格烏因爲思念兒子，悲傷得微微佝僂。他懷著最後一絲希望，到王宮覲見霍斯魯，希望國王能借上天的力量找到比讓。

霍斯魯穿上王袍，誠心對上天祈求幫助。然後，他坐上王座，拿起神杯，靜靜觀看杯中的景象。整個宇宙都容納在那只神奇的杯子裡，萬事萬物都無法逃過霍斯魯銳利的眼睛。他在伊朗的領地上尋找，卻無法見到比讓的蹤影；然後，他改變心意，轉向土蘭搜索。多虧上天協助，國王一下就發現了比讓。

霍斯魯看見比讓全身被鐐銬鎖住，囚禁在一座枯井裡。井邊還有個美麗的姑娘，日夜與他相件。

霍斯魯鬆了一口氣，對格烏說：「你大可放心，你的兒子還活著，只不過被土蘭人囚禁了。他被鎖在一座枯井裡，有個年輕的貴族女子在井外陪著他，每天以淚洗面。」

既然國王已經找到比讓的下落，現在最重要的，就是該派誰去救比讓脫困。霍斯魯認為，全伊朗只有魯斯塔姆這位英雄可以完成這項任務。除了他之外，沒有第二人選。「立即前往扎別爾斯坦，一刻也不要延遲。」霍斯魯對格烏說，「有了魯斯塔姆的幫助，我相信你很快就能從痛苦中解脫，與比讓團聚。」

（五）魯斯塔姆來到土蘭

格烏日夜趕路，好不容易終於抵達扎別爾斯坦。扎爾聽見哨兵通報，深怕來者是敵，親自前去查看。當他發現那匆匆趕來的騎士竟是格烏，又見格烏滿面憂愁時，以為國王出了大事。

格烏向扎爾述說自己失去兒子的傷痛，又問起魯斯塔姆如今身在何處。

「我兒出外打獵，恐怕要等到天亮才會回家。」扎爾回答。他極力挽留格烏，格烏不好意思拒絕，勉強回到扎爾府中敘舊。正當他打算找藉口出外尋找魯斯塔姆時，英雄滿載著獵物歸來。

格烏見到魯斯塔姆，雙眼頓時流下淚水。

「究竟出了什麼事？」魯斯塔姆趕忙詢問。

格烏把兒子失蹤的故事告訴魯斯塔姆，又說霍斯魯已經透過神杯發現了比讓的下落。他把霍斯魯的信交給魯斯塔姆，請魯斯塔姆務必幫他找回比讓。

魯斯塔姆讀完國王的信，也不禁擔心地哭了起來。當年他把女兒許配給格烏，比讓就是這個女兒所生。魯斯塔姆對格烏說：「別擔心，我一定會救出比讓，讓阿夫拉西亞伯為此付出代價。」

魯斯塔姆趕赴王宮，覲見霍斯魯，受到國王盛情款待。困在牢中的古爾金聽說魯斯塔姆來到，頓時重獲一絲希望。他期盼魯斯塔姆能替他求情，便差人去向魯斯塔姆尋求幫助。

魯斯塔姆對使者說：「古爾金這是自討苦吃。他設計陷害比讓，最後也害了自己。照理來說，我不該爲他說話，但看他落得這種下場，實在可憐。也罷，或許我能幫他離開牢獄。」

魯斯塔姆說到做到。他來到國王面前，爲古爾金求情。霍斯魯起初不願答應，魯斯塔姆又說：「古爾金確實有錯，但他已經悔改，甚至願爲贖罪獻出生命。陛下念在他曾爲伊朗打仗、爲王室奔走，應該寬恕他。若陛下不願這麼做，古爾金一輩子恐怕都會良心不安。」

國王聽完魯斯塔姆的話，謹慎考慮後，決定寬恕古爾金，讓他離開牢獄。

魯斯塔姆此行前去土蘭，深知不能驚擾阿夫拉西亞伯。他喬裝成富商的模樣，帶著訓練有素的士兵與駱駝，以及國王賜給他的各種寶物，在早晨時出發。

一行人抵達土蘭的大城和田（Khutan）。此地正是皮蘭將軍的封地。皮蘭打獵歸來，看見城民圍觀著新來的商隊，心裡十分好奇。魯斯塔姆怕皮蘭認出自己，趕快用絲綢遮掩面容，帶著裝滿珠寶的金杯進入皮蘭的家門。

魯斯塔姆宣稱希望能與皮蘭做些買賣。他不只把珠寶與金杯獻給皮蘭，還送上兩匹阿拉伯駿馬，作爲結交友誼的禮物。皮蘭沒有認出他來，只是細細打量這些貴重的禮物，對魯斯塔姆表示感激。

「歡迎你們。你在這座城裡儘管放心做生意，若需要住宿之處，可以到我家來，我會把你們當作自己的親戚般招待。」

魯斯塔姆連忙向他道謝。皮蘭請他自行選擇適合做生意的地點，又派兵站崗，守衛商隊。沒多久，消息就傳遍大街小巷。人們都聽說有支來自伊朗的商隊，不僅帶來了許多珍稀的貨物，還受到城主皮蘭的款待。

許多居民前來一探究竟，魯斯塔姆做生意的地方也變得熱鬧非凡。

瑪尼日公主聽說了伊朗商隊的消息，重獲希望。她擦乾眼淚，赤著雙腳來見這支商隊的主人，希望能請他幫助比讓。

公主對魯斯塔姆連聲祝福，隨後問道：「你們從伊朗來，可認識那些著名的將軍嗎？有沒有格烏或古達爾茲的消息？他們聽說比讓被囚的故事了嗎？有沒有人正在想辦法救他出來？比讓原是位優秀的勇士，卻被鐵鍊鎖住，困在井底。我聽著他痛苦的呻吟，夜裡無法安睡，每天淚流不止。如果你們回到伊朗，可否幫我向格烏或魯斯塔姆傳話，告訴他們比讓被關在這裡。要是他們來遲一步，或許就再也無法與比讓重聚了。」

魯斯塔姆聽見這位陌生女子的話，十分驚訝。他怕自己的僞裝被當場拆穿，便凶狠地對她大吼：「快給我滾！什麼伊朗的將軍、魯斯塔姆、格烏和古達爾茲——這些人我一個也沒聽說過。你快走吧，別在這裡找麻煩。」

「難道伊朗人都是這樣冷漠無情嗎？」瑪尼日忍不住哭了起來，「我因爲過度悲傷，早已心碎。你即使不願與我說話，也犯不著這麼粗魯地趕我離開。」

魯斯塔姆這才明白自己說得過火了，面露愧疚。「這位姑娘，我們是商人，只在乎生意。你來這裡痛哭，盡說些我們不認識的名字，只是妨礙我們做生意。」

他嘴上雖然這麼說，私下仍吩咐侍從替瑪尼日準備食物。商隊裡的其他人也來與瑪尼日攀談，問她爲什麼過著這麼悲慘的生活，又是爲什麼提到伊朗。

「我是瑪尼日公主，阿夫拉西亞伯之女。我一直待在枯井邊，聽說有伊朗的商隊來到，才趕來尋求你們的幫助。沒想到你們只想趕我離開。或許我注定要向人們乞討食物。但是，比讓被鎖在幽暗的井底，境遇比我更悲慘。上天不如讓他死了。我一想到他在受苦，內心就爲他哀泣。」

魯斯塔姆在旁聽著，不禁流下同情的淚水。「唉，你爲什麼不去拜託那些土蘭大臣，讓他們勸你父王開恩呢？」

侍從自廚子那兒取來食物，魯斯塔姆又吩咐他們替瑪尼日準備一隻烤雞與一些大餅。他趁著瑪尼日不注意，把自己的戒指藏進烤雞的翅膀裡，隨後對她說：「這隻烤雞就送給你與井底那位可憐人。這世上只有你願意關心他的遭遇，對他不離不棄。如果你還有任何需要，儘管回來找我們。」

瑪尼日帶著大餅與烤雞回到枯井邊，透過縫隙把食物遞給比讓。比讓發現今天的食物這麼豐盛，十分詫異。他呼喚瑪尼日，問她究竟是從哪裡取得這些食物。

「有個來自伊朗的商隊到土蘭做生意。他們同情我們的遭遇，給了我這些食物。」瑪尼日回答。

比讓感激地吃了起來，突然發現藏在烤雞中的戒指。他仔細檢查，發現戒指上竟然刻著魯斯塔姆的名字。「痛苦的磨難終於要結束了！」比讓高興地想著，在井底笑出聲來。瑪尼日聽見枯井裡傳來笑聲，以爲比讓終究被折磨得瘋了，擔心地問他究竟出了什麼事。

「啊，瑪尼日，看來我們或許有救！」比讓回答，「不過，我若是告訴你實情，你可要對天發誓會盡全力保密。畢竟女人的嘴巴很難守住秘密。」

瑪尼日聽了，十分生氣：「這段日子，我爲你經歷了無數苦難，你卻這樣羞辱我？爲了你，我拋棄了宮廷生活，拋棄了父親與家人，在這裡過著流浪與乞討的生活，你卻說出這些話，讓我失望。」

比讓這才明白自己說錯了話，連忙向她道歉：「對不起，這消息來得太突然了，我不知所措。我這就告訴你吧。那位好心施捨我們食物的商人，根本不是來做生意的。他是爲了救我，才從伊朗來到土蘭。我的愛，我們再也不用受苦了！你趕快去找那位商人，傳達我的口信，問他是不是拉赫什的主人。」

瑪尼日跑回城裡，對魯斯塔姆重述比讓的話。魯斯塔姆也向瑪尼日揭曉自己的身分。

「這位姑娘，你爲比讓受盡委屈，實在辛苦。但願你們可以有情人終成眷屬，永遠幸福快樂。你快回去，對比讓說：『上天派拉赫什的主人來救他了。』切記這件事不要對外人透露。夜深人靜時，請耐心等候我們到來。天黑之後，你只要點起柴火，我們就能靠著火光找到那口枯井，救出比讓。」

瑪尼日回到井邊，向比讓轉述了魯斯塔姆的計畫。兩個年輕人十分激動，誠心感謝上天派來這位英雄。

等到黑夜降臨，瑪尼日依照魯斯塔姆的指示，點燃柴火，靜靜等候。沒過多久，魯斯塔姆騎著戰馬率眾前來。他低頭觀察井底，吩咐隨行的七位戰士移開封住井口的巨石。

但是，無論那七位勇士怎麼用力，累得汗流浹背，石頭仍然一動也不動。魯斯塔姆翻身下馬，靠著對上天的信念，徒手搬起巨石，丟到樹林裡去。巨石落下時，大地都為之震動。

魯斯塔姆低頭望向井底，問比讓情況如何。比讓回答了他，也感謝魯斯塔姆前來相救。

「比讓啊，在我救你出來之前，希望你能答應我一件事。」魯斯塔姆說，「請你放下仇恨，寬恕古爾金。」

「英勇的將軍，你難道不知道古爾金的所作所為嗎？因為他的毒計，我在這井底受盡折磨。他要是敢出現在我的眼前，我肯定要讓他獲得應有的懲罰。」

「你要是不聽我的勸告，我就把你留在井底，立刻返回伊朗。」

比讓只好退讓，答應魯斯塔姆，絕不向古爾金追究。魯斯塔姆將套索投入枯井，終於把比讓救出來。

比讓的臉上滿是血汙，人變得消瘦，身上的鐵鍊也生了鏽。魯斯塔姆看見他這個模樣，又是驚訝，又是不捨。他為比讓打開沉重的鐵鍊與腳鐐，帶著比讓與瑪尼日回到商隊的住處。兩個年輕人對魯斯塔姆心懷感激，輪流向魯斯塔姆述說過去痛苦的經歷。英雄安排他們倆洗浴，又讓他們換上嶄新的衣裳。

最後，心懷愧疚的古爾金前來與比讓見面。他以額叩地，誠心表示歉意，求比讓寬恕他的過錯。比讓雖然憤怒，還是遵守對魯斯塔姆的承諾，原諒了古爾金。

（六）夜襲王宮

魯斯塔姆救出比讓後，安排同行的伊朗人回國，把貴重的寶物全數帶走。他打算與幾位勇士留下來，好好教訓阿夫拉西亞伯。

「今晚，我要趁夜偷襲土蘭的王宮。」他對比讓說，「阿夫拉西亞伯鐵定措手不及。我要砍下他的頭，帶回伊朗獻給霍斯魯國王，讓阿夫拉西亞伯成爲自己臣民的笑柄。你就和瑪尼日一起離開，隨商隊回伊朗吧。」

他沒料到比讓竟斷然拒絕。「我在戰場上一向不畏殺敵，更何況這件事是因我而起，我怎能說走就走？」

魯斯塔姆只得答應他，讓他和瑪尼日留下。到了晚上，魯斯塔姆與七位勇士騎上戰馬，趁著土蘭人熟睡時，來到阿夫拉西亞伯的王宮。魯斯塔姆一棒撞開大門，衝進宮裡。比讓也跟在魯斯塔姆身旁，一心想爲自己復仇。王宮守衛與伊朗勇士打成一片，喊殺聲不絕。

魯斯塔姆在混亂中殺入內殿，大聲喊道：「阿夫拉西亞伯！我是扎爾之子魯斯塔姆。你的死期將至，竟然還在酣睡。從前你殺了夏沃什王子，今日又想奪去比讓的性命，我絕對饒不了你。」

阿夫拉西亞伯在房裡聽見喊聲，知道伊朗人已經攻入王宮，催促衛兵前去應戰：「誰能擋住那些伊朗人，我必定賞賜金銀財寶。」

但這些伊朗勇士滿腔怒火，根本難以抵擋。宮裡的土蘭人一一被殺。阿夫拉西亞伯見情況不對，飛快地逃離了宮殿。

魯斯塔姆順利佔領王宮，把找到的財物分送給隨行的勇士們。大夥怕土蘭軍隊隨後就會趕到，決定盡速離開土蘭，一刻也沒有延遲。他們經歷一場苦戰，又不停趕路，早就疲累不堪。但魯斯塔姆還是打起精神，對其他勇士說：「在這種時候，我們更要嚴加戒備。阿夫拉西亞伯一定會趁機派軍隊阻止我們渡河。」

勇士們重新振作，舉起武器，以防敵人隨時來襲。魯斯塔姆也不斷派哨兵探查是否有追兵在後。

此時，土蘭人已經回到王宮，與阿夫拉西亞伯團聚。眾人慶幸逃過一劫，也爲這場夜襲氣憤：「都是因爲比讓，我們才會有這些麻煩。魯斯塔姆讓我們顏面掃地，以後伊朗人恐怕會把我們當作懦夫看待。」

阿夫拉西亞伯命皮蘭備好軍隊，敲響戰鼓，追趕伊朗勇士。伊朗哨兵發現了土蘭軍隊的蹤影，立即向魯斯塔姆回報。魯斯塔姆便騎著拉赫什，率領隨行的戰士與土蘭軍隊打了起來。他看見阿夫拉西亞伯也在敵軍之中，大聲怒斥土蘭國王自不量力。魯斯塔姆下定決心，這次一定要讓阿夫拉西亞伯死在戰場上。

沒多久，地上便堆滿了土蘭士兵的屍體，土蘭戰旗也遭砍斷。阿夫拉西亞伯替自己找了匹戰馬，飛速逃離戰場。伊朗人俘虜了一千多位土蘭士兵，又搜刮許多戰利品，凱旋回鄉。

霍斯魯見到魯斯塔姆順利歸來，高興地賞賜給他許多金銀財寶。隨後，國王設宴慶功，犒賞辛苦的將士們。每個人都喝得醉醺，好不快活。

隔天，魯斯塔姆來見霍斯魯，希望國王恩准他回鄉。霍斯魯賜他許多禮物與僕從，讓他啓程返回扎別爾斯坦。國王也對這次立功的將領個別封賞。大家離開王宮時都相當滿意。

等眾位勇士離去，霍斯魯才召比讓前來。他要比讓把自己如何被土蘭人囚禁，又是如何被魯斯塔姆救出的經過說清楚。比讓便把自己這段日子的經歷全數道出。

聽完比讓的故事，霍斯魯誠摯地向他表達同情，同時也敬佩對比讓不離不棄的瑪尼日。他命人從寶庫中取出上百件綴滿珠寶的華裳及許多金幣，又帶來駿馬與侍女，作為獻給瑪尼日的禮物。國王對比讓說：「從今以後，千萬別再讓瑪尼日公主煩憂。你與她要互相照顧、扶持彼此，共度往後的歲月，無論歡喜憂傷。我祝福你們。」

第十四章　霍斯魯的結局

（一）勇士對決

魯斯塔姆偷襲土蘭王宮，害得阿夫拉西亞伯顏面盡失。土蘭國王無法容忍這樣的慘敗，滿心渴望雪恥。他集結大軍，將五萬士兵交給兒子席德（Shida），命他鎮守花剌子模，另外又給皮蘭五萬士兵，命他攻打伊朗。土蘭人敲響戰鼓，鼓聲宛如雷鳴震耳。

霍斯魯接獲敵軍來襲的消息，請伊朗境內的勇士盡快召集兵馬，為戰爭做好準備。他把軍隊分給不同將軍帶領，其中第四支軍隊交到古達爾茲手上。

「你這次出征，千萬不可像圖斯當初一樣草率行事。如果你遇見皮蘭，請替我對他好言相勸。」霍斯魯特別對古達爾茲叮嚀。

大軍出征後，古達爾茲派格烏傳話給皮蘭，希望皮蘭可以同意歸降伊朗。但皮蘭已決心為阿夫拉西亞伯戰鬥，斷然拒絕了這個請求。

如此一來，兩國之間再也無法避免戰爭。雙方的軍隊隔著距離對峙了三天三夜，沒有一方膽敢輕率向前。古達爾茲與皮蘭都打算等敵人搶先行動。

到了第四天，比讓終於忍受不住，來到格烏面前，斥責古達爾茲的懦弱：「祖父無法忘記他戰死沙場的那些兒子，認爲伊朗軍隊從此無法戰勝敵人。他年事已高，如今只求安穩度日，根本無心打仗。請父親立刻賜我一千位士兵，讓我去對抗土蘭人。」

格烏雖然佩服兒子的勇氣，卻不贊同他如此數落古達爾茲。「我父親的閱歷比我們都豐富，我相信他的決定。他一定是希望土蘭軍隊率先出擊，這樣情況對我軍更有利。此刻他正在研究星象，等待時機一舉擊敗敵軍。」

比讓聽了這話，恍然大悟，爲自己的衝動感到愧疚。

在土蘭軍營裡，胡曼漸漸失去耐心。他聽不進皮蘭的勸告，執意與伊朗決戰。天色剛亮，他就帶著翻譯員策馬來到敵軍陣前。他首先想與古達爾茲之子魯哈姆單挑，但魯哈姆拒絕出戰，堅持必須等古達爾茲下令。胡曼接著又想挑戰菲里波爾茲，同樣也遭到拒絕，因爲菲里波爾茲不願違逆古達爾茲。

胡曼氣得咬牙，最後終於找到了古達爾茲。「古達爾茲，你爲什麼不願率軍出擊？不要再繼續躲藏，出來與我決鬥。」他大聲喊道，古達爾茲卻毫不動搖。

胡曼返回土蘭軍營，嘲笑伊朗人懦弱怯戰。土蘭士兵們聽了，各個高興地大笑。

比讓得知土蘭人竟如此得意，不顧父親反對，來到古達爾茲面前，求祖父准許他教訓胡曼。

古達爾茲讚揚他的英勇，總算答應了比讓的請求。格烏也把夏沃什的盔甲交給比讓，希望他穿上盔甲後可以平安歸來。

比讓傳信給胡曼，約定隔天早上決鬥的地點。兩人打鬥的過程十分驚險，又是用矛，又是拉弓射箭。之後更脫去盔甲，光著上身搏鬥。一直到了下午，兩位戰士都口渴難耐，才同意暫且休息，喝水解渴。

戰鬥不久後重新開始。上天賜給比讓無窮的力氣，他奮力提起胡曼，扔到地上，取刀割下胡曼的腦袋。年輕的戰士低聲感謝上天，終於替父親的十一個兄弟報仇。他帶著胡曼的首級回到軍營。伊朗人欣喜若狂，土蘭人則為胡曼哀悼。

皮蘭為胡曼之死感到悲痛，派手下將領夜襲伊朗人，不幸以失敗告終。為了擴增軍力，古達爾茲派人向霍斯魯求援。而皮蘭也向阿夫拉西亞伯求援，深怕霍斯魯一旦親赴戰場，將導致土蘭滅亡。

伊朗人與土蘭人繼續在戰場上廝殺，天地也為這場戰爭變得昏暗。等到夜幕降臨，兩軍才同意停戰，返回軍營休息。古達爾茲與皮蘭訂下協議，為了不讓無辜的士兵再添傷亡，隔日天明時，雙方必須各自派出軍中勇士，進行一對一決鬥。到了早上，他們帶著自己挑選的十位勇士來到戰場履行承諾。

格烏對上格魯維——當年就是他殺死了夏沃什；菲里波爾茲與卡爾巴德（Kulbad）決鬥；

魯哈姆對上巴爾曼；古拉澤（Guraza）的對手是西亞瑪克（Siyamak）；古爾金則與安達里曼（Andariman）對決；比讓對上魯因（Ruin）；贊格對上烏哈斯特（Akhast）；巴爾泰（Barta）對上庫赫拉姆（Kuhram）；福魯哈爾（Furuhil）對上贊古列（Zangula）；哈吉爾對上斯帕赫拉姆（Sipahram）。兩軍統帥古達爾茲與皮蘭則與彼此對決。

伊朗勇士接連與對手相搏，每一個都獲得勝利。菲里波爾茲把卡爾巴德攔腰劈成兩半；格烏一棒打得格魯維昏死過去；古拉澤打死西亞瑪克；福魯哈爾用飛箭射殺贊古列；魯哈姆用矛刺穿巴爾曼的心臟；比讓持劍將魯因斬首；哈吉爾一劍刺死斯帕赫拉姆；贊格以矛殺死烏哈斯特；古爾金砍下安達里曼的首級；巴爾泰則腰斬庫赫拉姆。

九個小時過去，皮蘭見到伊朗人給了土蘭人如此重創，知道在劫難逃。即便如此，他還是鼓起勇氣，繼續與命運搏鬥。皮蘭與古達爾茲陷入苦戰，彼此互相鬥智，最終是古達爾茲一箭射中皮蘭。

皮蘭的坐騎倒地不起，他自己也被壓在馬腹下。即使馬兒壓斷了皮蘭的右手臂，他還是咬牙重新爬起，找地方躲藏。

皮蘭逃上一座山，古達爾茲追在後方大喊：「你別再逃了！阿夫拉西亞伯氣數已盡，你若想活命，還是投奔伊朗吧。我會帶你去見霍斯魯國王，看在你年邁髮白，國王肯定會寬恕你。」

但皮蘭的蹤影早已消失。古達爾茲來到山上，把盾牌舉到胸前保護自己，手裡拿著武器，謹愼地尋找皮蘭的蹤影。皮蘭躲在一處，一發現古達爾茲，立刻從石頭後跳出來。他迅速擲出七首，傷了古達爾茲的手臂。

古達爾茲大怒，朝皮蘭投去一支飛鏢。飛鏢正中皮蘭的腰，穿透了血肉與肝臟。皮蘭口吐鮮血，倒地掙扎一會，就此斷了氣。

古達爾茲凝視著皮蘭的屍體，想起過去不幸戰死沙場的七十個兒子，氣得想揮劍斬下皮蘭的首級。但他最後還是動了惻隱之心，沒有下手，只是將戰旗插在皮蘭身旁，逕自回到伊朗軍營。

伊朗士兵見到年老的統帥安然歸來，都熱烈歡迎，慶祝伊朗打贏了這場仗。

霍斯魯國王終於領軍來到戰場，與古達爾茲的軍隊相會。大軍歡迎國王來到，歌頌起這次辛苦的戰鬥與得來不易的勝利。格烏把慘遭俘虜的格魯維帶來，拋到霍斯魯腳前。「感謝上天，」國王低聲呢喃，「我父親的仇人已經一一得到了報應。」

霍斯魯看見皮蘭躺在死者之中。往事重新浮現在霍斯魯的腦海裡，他想起這位年邁的英雄過去如何爲夏沃什之死哀悼，又是如何保護他們母子不受阿夫拉西亞伯傷害，不禁爲死去的恩人感到惋惜和痛心。

他吩咐左右備好香料，替皮蘭洗淨身軀，再用綢緞仔細包起來。伊朗人替皮蘭建造了一座陵墓，讓這位英雄得以在此安息。

葬禮結束後，霍斯魯命人按住格魯維，狠狠鞭笞，直到打散他的骨頭，再割下頭顱，把屍體丟進河裡。

「血債血還。我絕不輕饒阿夫拉西亞伯，一定要讓他也得到這樣悲慘的結局。」霍斯魯說道。他雖然嚴懲父親的仇敵，卻寬恕了倖存的敵軍士兵。那些土蘭人感激不已，從此心甘情願追隨霍斯魯。

（三）阿夫拉西亞伯敗亡

大軍戰敗的消息傳回土蘭王宮，阿夫拉西亞伯悲痛地大聲號哭。戰爭無情，接連奪去了他的親人與信任的將領。

「我厭倦了帝王的寶座。」他丟棄王冠，立下誓言，「從今以後，我只願與霍斯魯打仗，爲他們報仇。」

此時又有消息傳來，霍斯魯已逼近阿姆河，打算攻佔土蘭。阿夫拉西亞伯重新振作，親率大軍迎戰。

土蘭大軍搶先渡過阿姆河，與伊朗大軍對峙。三天三夜來，兩位國王都讓星相家觀察天象，希望能預測戰事的結果，卻遲遲等不到答案。

到了第四天，土蘭王子席德來到父親面前，請求與敵人決戰。阿夫拉西亞伯只得勸兒子謹愼行事，交付他新的任務：「你要替我帶口信給霍斯魯，問他爲何侵略土蘭，與外祖父打仗。他爲了替夏沃什報仇，已經害許多無辜之人喪命。但願霍斯魯能忘記殺父之仇，使我們兩國可以避免戰爭，重修舊好。」

霍斯魯聽完口信，心知阿夫拉西亞伯善於說謊，這份和談提議不過是另一個圈套。他命卡維之子卡蘭傳信，回答土蘭國王：「伊朗與土蘭早在夏沃什死前就已痛恨彼此。空虛的話語無法彌補一切，且看上天決定讓誰打贏這場戰爭。你兒子既然執意一戰，我明早就會親赴戰場，了結他的性命。你將爲他哀哭，如同卡烏斯當年爲夏沃什哭泣。」

阿夫拉西亞伯聽見這個答覆，嚇得驚惶失措。他懇求席德明日不要上戰場，但席德自信滿滿，發誓明日必會奪去霍斯魯的性命。

隔天早上，霍斯魯與席德在戰場上相見，互相廝殺直到正午。席德漸漸明瞭自己無法敵過霍斯魯，便心生一計，要求霍斯魯下馬與他搏鬥。霍斯魯雖然看穿他的詭計，還是答應了他的要求。兩人扭打在一起，滿身血汗，互不相讓。

最後，居於劣勢的席德興起了逃跑的念頭。霍斯魯看出對手的心思，用上天賜與他的所有力氣，一拳打向席德。虛弱無力的席德被霍斯魯提起來，重重拋在地上，頓時折斷了背脊。霍斯魯抽出刀來，捅進席德肋下，一舉了結他的性命。

戰鬥結束後，霍斯魯對魯哈姆吩咐：「按照王室成員的待遇，替席德建造陵墓。他畢竟是土蘭的王子，也是一位勇敢的戰士。」然後，他轉向站在一旁的土蘭翻譯員，「我饒過你的性命。請你立刻返回土蘭軍營，把這裡的見聞全都告訴我的外祖父。」

翻譯員感激霍斯魯開恩，慌忙回到軍營。阿夫拉西亞伯為席德之死悲傷不已，大軍也跟著為王子哀悼。

土蘭軍隊節節敗退，格西烏連忙勸阿夫拉西亞伯逃命。阿夫拉西亞伯原本不願離開，想與霍斯魯決一死戰，為子報仇。但他眼見士兵倉皇逃跑，認定這是不祥的預兆，終於失去了勇氣。他對伊朗人提議休息，承諾明日再戰。兩軍隨即回到各自的軍營。

夜半時分，阿夫拉西亞伯靠著夜色掩護，率軍渡過阿姆河。霍斯魯聽說了，並不急著追趕。他下令全軍歇息整裝，好好埋葬死者，等到第七天再追擊阿夫拉西亞伯。

阿夫拉西亞伯逃出土蘭國境，一路向鄰國求援，卻被緊追不捨的霍斯魯與伊朗大軍不斷逼走。

兩年後，霍斯魯覺得是時候與祖父卡烏斯重聚。他交給古斯塔哈姆一支大軍，囑咐他繼續尋找下落不明的阿夫拉西亞伯。

霍斯魯返回伊朗，卡烏斯見他平安返回，很是高興。祖孫倆慶祝勝利，向上天誠心禱告，希望可以順利尋獲阿夫拉西亞伯。

伊朗舉國歡慶時，阿夫拉西亞伯卻在荒野四處流浪。他每天過著心驚膽戰的生活，唯恐行蹤被人發現。他躲在高山的岩洞裡，爲自己過去的行爲感到懊悔。

在他躲藏的高山上，住著一位名叫胡姆（Hum）的隱士。他是法里東國王的後裔，多年來在山中苦修。有天，胡姆聽見一陣淒慘的哭聲，好像有人在哀嘆不幸的命運。胡姆聽出那哭聲說的是土蘭的語言，便四下查看，循聲來到岩洞，發現了阿夫拉西亞伯。

胡姆悄悄解下藏在衣服裡的繩子，走進洞裡。阿夫拉西亞伯驚覺有人闖入，奮力與胡姆扭打，最終還是被對方制服。胡姆緊緊捆住阿夫拉西亞伯，把他拉出岩洞，打算獻給霍斯魯。

路上，阿夫拉西亞伯苦苦哀求，可憐的模樣使得胡姆心生同情。怎料他才稍稍放鬆套索，機敏的阿夫拉西亞伯便立即跳進水裡，消失無蹤。

此時，古達爾茲正巧帶著軍隊經過，看見這位隱士望著水面發呆，手裡還拿著套索，便好奇地問起緣由。胡姆老實說出自己的遭遇，古達爾茲聽了十分驚訝，把這段故事帶回王宮，轉達給霍斯魯與卡烏斯。

兩位國王照著古達爾茲的指示，爬上高山尋找胡姆。隱士告訴霍斯魯，阿夫拉西亞伯此刻正藏身於水下：「陛下，我們可以利用兄弟之情，誘使阿夫拉西亞伯現身。你就下令捆住格西烏的雙腳，把一塊牛皮釘在在格西烏的肩膀上。這樣一來，他既難以呼吸，也無法脫困。他可憐的叫聲傳到水裡，必定會引來阿夫拉西亞伯。」

眾人於是照辦。格西烏的肩上被釘了牛皮，難受得很，大聲向上天乞求解脫。阿夫拉西亞伯聽見兄弟悽慘的哭喊，再也承受不住，浮出了水面。

「喔，偉大的一國之主。」格西烏看見他出現，哭著說道，「從前你呼風喚雨，如今卻得到如此悽慘的命運，竟要躲藏在水下才能活命。」

阿夫拉西亞伯聞言，也大聲痛哭：「生命對我已沒有意義可言。帕山之子，法里東的後人，我為你心痛，他們竟把牛皮釘在你的肩上。誰曾忍受過這樣難堪的恥辱？」

兄弟二人互訴手足之情，忘記了潛藏的危險。最終胡姆悄悄上前，投出套索，捉住土蘭國王。阿夫拉西亞伯被拖上岸來，手腳被緊緊綑綁，送到霍斯魯面前。

霍斯魯手執利劍，表情嚴肅，眼裡燃燒著復仇的決心。

「你這狂徒，難道要殺死你的外祖父嗎？」阿夫拉西亞伯怒斥道。

「你這是自食惡果。」霍斯魯回答，「當初你殺死自己的親兄弟，又害死伊朗賢王。不僅如此，你還冷血地處死我的父親夏沃什。今日落得這樣結局，是上天施行正義。」

「至少，在我死前，讓我見見你的母親法蘭吉斯。」

霍斯魯拒絕了。「當初她向你苦苦哀求，你也不曾心軟。如今該輪到你接受懲罰。」

話畢，霍斯魯舉起利劍，砍下阿夫拉西亞伯的頭。格西烏眼看兄弟死去，心知未來已沒有希望。霍斯魯細數伊朗與土蘭過去的怨仇，隨即對劊子手下令，砍下格西烏的頭。

（三）霍斯魯入雪山

夏沃什的仇已報，老王卡烏斯的心願終於完成。如今他已高齡一百五十歲，髮白如霜，沒多久便辭世而去。霍斯魯爲祖父哀泣，修建了一座宮殿般的陵墓，替卡烏斯服喪整整四十天。

霍斯魯釋放了被囚的阿夫拉西亞伯之子賈漢（Jahn），讓他繼承土蘭王位。「從今以後，你必須公正統治，絕對不能走上歧路。」霍斯魯對賈漢叮囑。賈漢承諾效忠，每年都會納貢，並不辭辛勞親自來伊朗覲見。霍斯魯也釋放了賈漢的女眷與親戚，讓他們一起返回土蘭。

六十年過去了。在霍斯魯的統治下，天下一片太平。

歲月替霍斯魯累積了許多智慧。他開始害怕惡神趁機作亂，讓他變得暴虐無道，失去上天恩寵。

霍斯魯決定專心向上天禱告，請上天引導他繼續朝正途前進。他向衛兵下令：「無論誰想來宮中見我，一律回絕請求。但要注意態度必須和善。」

之後，霍斯魯關上宮門，淨身沐浴，改穿一身潔白的衣裳。他來到祈禱的地方，向上天傾訴心事，祈求天神指引他繼續向善，遠離妖魔的誘惑。他虔誠地祈禱了七天，到了第八天，才因疲憊不堪而結束禱告。

伊朗的將領們不了解國王爲何不願見他們。終於，霍斯魯重返王宮大殿，命人開門，請英雄們進來。這些將領向國王訴說自己的擔憂。他們擔心霍斯魯心中藏有煩惱，國王卻解釋自己只是在向上天祈禱。

將領們離開後，霍斯魯再次緊閉宮門，繼續對上天禱告，一連七天都沒有出現。

「霍斯魯大概是被邪惡誘惑了，才會變得這麼奇怪。」困惑的將領們對彼此說道。最後，古達爾茲派格烏前往扎別爾斯坦，向扎爾與魯斯塔姆求援。

當霍斯魯再次現身時，眾將又對國王提起他們的擔憂。

「你們請放心，我只是在祈禱，並沒有墮入邪惡。」霍斯魯解釋完，送走了眾位英雄，繼續獨自祈求上天指引他。

霍斯魯一連禱告五個星期，不曾感到疲倦。有天晚上，他終於累得昏沉入睡。半夢半醒間，報喜的天使索魯什降臨。索魯什俯身，在霍斯魯耳邊低語：「霍斯魯國王，你已享盡世間幸福與崇高的地位，若你眞想離開人世，就把財產分送給窮人，把這個世界留給新王盧赫拉斯帕。別再留戀黑暗的塵世。往後你將與上天相伴，找到歸宿之地。」

霍斯魯爲這段話感到十分驚訝。他醒來後，雙眼含淚，讚頌上天給他這樣的啓示。「我不會猶豫，也不會拖延。」他起身換上新衣，坐到王座上，沒有戴王冠，也沒有手握權杖。

這天，扎爾與魯斯塔姆來到王宮，覲見國王。扎爾對霍斯魯說：「陛下，我服侍過許多國王，從未見到像你這樣的賢君，天下百姓因你過著幸福安穩的生活。可是，爲什麼你近日對伊朗卻如此絕情，不只緊閉宮門，還拒絕人們拜訪？」

霍斯魯知道扎爾是一片好意，便向他解釋事情的原委，還道出了天使索魯什造訪的經過。在場的伊朗人既驚訝又困惑，扎爾則長嘆一聲：「自我服侍王室以來，從未有國王說出這樣的話。雖說忠言逆耳，還是請陛下聽我一言。你的外祖父一生行惡，祖父則治國荒誕，沒想到如今你也不願繼續依循正道。若你執意如此，到時上天將離你而去，也不會再有人服從你的命令。請你盡快清醒過來，回到正途吧。」

其他勇士們聽了，也齊聲附和。霍斯魯沉默許久，最後才說：「眾位勇士，扎爾的責備我都聽進去了。但我發誓，自己絕對沒有離開正途。如今我已報了殺父之仇，也為世間剷除邪惡，繼續活在塵世對我而言已無意義。我怕有朝一日，自己也會與卡烏斯或賈姆希德一樣墮落，才祈求上天助我擺脫痛苦。我厭倦為王，準備動身尋求最後的平靜。」

扎爾聽出霍斯魯話中的真誠，滿心慚愧地請國王寬恕。霍斯魯並不追究，反而拉著扎爾到身邊就座。他請扎爾安排一切，讓眾位英雄帶上軍隊，在平地與高山之間架起帳棚。在那裡，霍斯魯向眾人宣告自己離去的意願，並大肆宴客。人們逍遙慶祝了七天，痛快地吃喝。

到了第八天，國王心知道別的日子將至。他命人打開寶庫，讓古達爾茲把寶庫裡的財產送給窮人、寡婦與孤兒。接著，他又拿出卡烏斯與自己的收藏，要古達爾茲分給眾位英雄。霍斯魯也對每位英雄一一封賞。

最後，只剩下盧赫拉斯帕（Luhrasp）這位英雄尚未領賞，名冊上卻不見他的名字。正當大家困惑不已時，國王把盧赫拉斯帕召來。霍斯魯走下王座，摘下王冠，親自將王冠交到盧赫拉斯帕手上。他對這位英雄悉心教誨，接著轉身向伊朗眾臣宣布，這就是他們的新王。

大臣與將領們十分錯愕，質疑盧赫拉斯帕不夠格繼承王位。但霍斯魯回答：「盧赫拉斯帕虔誠向善，心地純潔，也有王室血統，是不可多得的好國王。伊朗將在他的統治下繼續享有繁榮。我是順從上天旨意，才做出這樣的安排。你們若是有誰不從，上天必會降下懲罰。」

扎爾聞言，率先宣誓效忠，其他人也跟著臣服於新王之下。

霍斯魯向伊朗的英雄們告別，把他們抱在懷裡。每個人都依依不捨，泣不成聲。男女老少聚集在大街上，為國王即將離去而痛哭，彷彿在替他送葬。

霍斯魯向盧赫拉斯帕做了最後的告誡，之後便動身上路。伊朗的將領與士兵也隨他而去。大軍連走了七天，才暫停休息，喝水解渴。隔天早上，又有許多伊朗人來到，為國王哀號哭泣。

霍斯魯見狀，召來隨行的英雄，對他們說：「我做的是好事，你們為何哭泣？應當誠心感謝上天才是。也許我們很快就能重聚，何必為我的離去悲傷？」接著，他又擔心地叮囑道：「你們趕快回去，不要再送我了，留我一人在這裡。這是條漫長的路，只有靠著上天指引才能順利度過。願你們今後走的都是光明的路途。」

扎爾、魯斯塔姆與古達爾茲聽從國王的話，向他告辭離去。但是，格烏、圖斯、比讓、古斯塔哈姆與菲里波爾茲卻執意留下。眾人又走了一天一夜，才終於穿越可怕的荒漠，找到可以解渴的水源。

國王對跟隨他的勇士們說：「今夜請在此休息吧。等明天太陽升起，就是我們永別之時。我一點也不覺得後悔，反而滿心期待去見天使索魯什。」

夜深時分，國王洗淨身體，吟誦禱詞。他向英雄們道了永別。「今後若想見到我，只能在夢中相見。」霍斯魯說，「明天切勿在此逗留，這山中恐怕將有狂風肆虐。到時大雪落下，堵塞了道路，你們就難以離開。」

勇士們各個心情沉重，不願失去國王。等到隔日醒來，霍斯魯果眞消失了。他們急忙到處尋找，卻再也沒看見霍斯魯的身影。

菲里波爾茲想起國王昨夜的叮嚀，勸大家趕快下山。其他英雄卻不爲所動。他們打算今晚在水源邊過夜，一起回憶霍斯魯的事蹟。

勇士們暢談往事，各自吃了點食物，就躺下睡覺。此時，天空突然颳起狂風，大雪紛飛。轉眼間，英雄們被困在風雪之中。他們奮力掙扎，卻一個接一個逐漸失去力氣，最後氣絕身亡。

魯斯塔姆、扎爾、古達爾茲與其他戰士等候許久，仍不見勇士們歸來。到了第八天，人們以淚洗面，爲尚未歸來的人擔心。古達爾茲尤其絕望，他的家族曾如此強大，最後卻接連斷送性命，整個家族可說是命運多舛。

扎爾安慰眾人：「說不定勇士們正在回來的路上，我們應當派人去尋找。」

眾人表示同意，紛紛動身尋找其他勇士的下落，終於在途中發現了他們的遺體。大夥悲痛地把死去的勇士抬回城中，替他們建造墓穴，永遠懷念這些爲伊朗奉獻的英雄。

第十五章　埃斯凡迪亞爾的悲劇

（一）古什塔斯帕

盧赫拉斯帕有兩個兒子，古什塔斯帕（Gushtasp）與扎里爾（Zarir）。兩位王子都英俊勇敢，可是古什塔斯帕容易自滿，因而不得父王喜愛。

一天，古什塔斯帕在宴席上喝多了酒，不愼失言，要父王把王位讓給他。此話一出，激怒了盧赫拉斯帕。國王嚴厲地訓斥兒子一頓。古什塔斯帕憤然離席，帶著自己的兵馬離家出走。他的弟弟扎里爾費盡苦心，總算說服他回家。在宴席上，父子倆看似重修舊好，但好景不常。盧赫拉斯帕已選定卡烏斯的孫子爲王位繼承人。古什塔斯帕知道後，決心再次離家。

等夜色降臨，他便帶著簡單的行囊，朝羅馬的方向騎馬離去。盧赫拉斯帕聽說兒子離家，急得命人分頭去找，卻一直沒有找到古什塔斯帕的下落。王子在外流浪，國王傷心極了。

古什塔斯帕來到羅馬，隱瞞自己的身份，想找一點差事來做。他先後詢問書記官、牧人、趕駝人與鐵匠，卻一直找不到合適的工作。王子走投無路，失望地坐在樹下嘆息。這時，一位好心的村長正好發現了他。村長邀請他到家裡作客，又大方招待他。古什塔斯帕於是在村莊住下，過了好一段時日。這段期間，羅馬公主卡塔本（Katayun）已到了適婚年齡。卡塔本晚上做了一場夢，看見人群中有位如星辰般燦爛的異鄉人。她為他心動，還與他交換了手裡的鮮花。

隔天，求婚者們聚集在宮殿裡，希望能獲得公主的芳心。卡塔本手握花束，左顧右盼，卻沒看見夢中的男子，感到相當失望。

公主選婿的消息也傳到了古什塔斯帕住的村落。村長好不容易才說服這位年輕人一起進宮，碰碰運氣。年輕的王子來到王宮，卻落寞地躲在角落，不發一語。這時，卡塔本公主出現，一眼就看見古什塔斯帕。「這就是我夢中的愛人！」她驚喜地想，立刻摘下寶冠，送給古什塔斯帕。

大臣們聽說公主要嫁給一個來路不明的異鄉人，各個都嚇傻了。國王起初也不願答應，但他仔細考慮後，了解這必定是上天旨意，只得忍痛把卡塔本許配給古什塔斯帕。「你可以娶我的女兒，但別想得到我的王冠與財產。」他說完，狠心地把他們兩人趕出了王宮。

古什塔斯帕十分愧疚，但願自己能讓公主過從前的好日子，可是卡塔本並不在意，高興地與他一起回到村裡。村長替他們張羅了新家，令這對新婚夫婦相當感動。為了維持生計，卡塔本變賣了自己的珠寶，古什塔斯帕則每天出外打獵。夫妻倆雖然過著樸實的生活，卻十分滿足。

不久之後，有個名叫米林（Mirin）的羅馬人希望可以迎娶二公主。卡塔本的父親對長女嫁給低賤的異鄉人還耿耿於懷，說什麼也不願再把女兒嫁出去。他對米林提出艱難的要求，想要逼退求婚者：「要娶我的女兒可以，但有一個條件，你必須膽敢進入法斯貢（Faskun）森林，替我捕獵巨狼。」

米林深知自己無法達成這任務，只得輾轉找到古什塔斯帕，請他幫忙。米林答應他，事成之後，一定給予重賞。

古什塔斯帕來到森林中，與體型龐大的野狼搏鬥。狼雖然厲害，王子仍用劍把牠砍成兩半。米林喜不自禁，賞給古什塔斯帕許多禮物，隨後風光地回到王宮邀功，與二公主結婚。

後來，有一個名叫阿赫蘭（Ahran）的年輕人想娶小公主爲妻。公主的父親同樣出了難題：「你得像米林那樣英勇，殺死撒基拉山（Mount Sakila）的巨龍。」阿赫蘭接受了任務，效法米林，想方設法找到古什塔斯帕。王子答應幫助他完成任務，最後也勇敢地斬下巨龍的頭。阿赫蘭高興地賞給古什塔斯帕許多禮物，回到宮中順利迎娶小公主。

有天，王室在競技場裡舉行了比武大會。古什塔斯帕從村莊來到競技場，又是射箭，又是打馬球，各種武藝精湛得讓人嘆爲觀止。他的岳父沒有認出他來，只是好奇地詢問這位英雄的大名。「陛下，我是個不值一提的異鄉人，我的名字並不重要。」古什塔斯帕回答，「從前，卡塔本公主嫁給我，因此被趕出王宮，與我住在村裡。我曾殺死法斯貢森林的野狼與撒基拉山的巨龍，我家中收藏的龍牙與劍上打鬥的痕跡可以爲此作證。」

古什塔斯帕的話讓國王愧疚不已，終於悔悟。他把這對夫妻接回王宮，讓他們享盡榮華富貴。古什塔斯帕也相當爭氣，屢屢在戰場上立功，聲名遠播。

盧赫拉斯帕聽說了這段神話般的故事，懷疑那位英雄就是自己失蹤許久的兒子。他把扎里爾喚到身旁，拜託他趕快出發，去羅馬尋找古什塔斯帕。

扎里爾果真在羅馬找到了兄長。兩兄弟重聚，彼此都十分感動。古什塔斯帕知道父親已經改變心意，決定帶妻子回到伊朗。盧赫拉斯帕親自迎接他，希望父子二人再也不要分開。他心甘情願把王位讓給古什塔斯帕，此後便離開王宮，在巴赫爾（Balkh）的拜火聖壇度過餘生。

卡塔本成了伊朗王后，爲古什塔斯帕生了兩個兒子，一個叫巴舒坦（Bishutan），另一個叫埃斯凡迪亞爾（Asfandiyar）。

此時的土蘭國王是阿爾賈斯帕（Arjasp）。他動了邪念，不願再像從前的國王一樣向伊朗稱臣，反而要古什塔斯帕對他宣誓效忠。這傲慢的行爲使得伊朗國王勃然大怒，多年來的和平眼看即將瓦解。

（二）被囚的王子

兩國情勢緊張之際，先知扎爾多什特（Zarduhsht）正在伊朗四處宣揚信仰。古什塔斯帕與弟弟扎里爾都先後接受了先知的教誨。阿爾賈斯帕聽說這件事，覺得這一定是邪魔作祟。他寫信告訴古什塔斯帕：「扎爾多什特宣揚的教義並非正統，你最好放棄，盡快回到祖先的正途。如果你拒絕，我會立刻攻打伊朗，摧毀你的王朝。」

古什塔斯帕當然不可能同意。他回絕了阿爾賈斯帕狂妄的要求，決定與土蘭開戰。戰爭持續了十四天，許多英雄與士兵接連戰死，就連扎里爾也不幸死於沙場。古什塔斯帕痛失兄弟，悲傷地問伊朗的勇士們：「你們之中，有誰願意爲扎里爾報仇？我一定把我的女兒胡瑪伊（Humai）許配給他。」

即使如此，仍然沒有一人敢挺身而出。埃斯凡迪亞爾聽說王叔戰死，悲憤地來到父親面前，希望替扎里爾報仇。古什塔斯帕十分感動，向在場的勇士宣布：「我對上天、埃斯凡迪亞爾以及死去的扎里爾發誓，如果伊朗打贏這場戰爭，我會把王位直接傳給我兒埃斯凡迪亞爾，如同我父親當年傳位給我一樣。」

埃斯凡迪亞爾找到了扎里爾之子納斯圖爾（Nastur），兩人在戰場協力殺敵，替扎里爾報仇。王子奪回了扎里爾的盔甲、戰馬與旗幟，也把兇手的首級獻給古什塔斯帕。

土蘭軍隊很快便潰不成軍，阿爾賈斯帕害怕地逃亡。士兵們看見國王竟然拋下他們逃走，失望地棄械投降，求伊朗人手下留情。埃斯凡迪亞爾動了惻隱之心，命士兵停戰，寬恕了那些土蘭人。

古什塔斯帕為扎里爾之死哭泣，親自替弟弟擦去臉上的泥汙，把屍體放入金棺。戰死的王室成員也都入土為安。

伊朗人凱旋而歸，國王論功行賞，卻沒有依約把王位傳給埃斯凡迪亞爾。古什塔斯帕認為兒子太過年輕，無法穩坐王位。「你還需要多多歷練。我決定派你出外宣揚信仰，趁機磨練你的心智。」他對埃斯凡迪亞爾說。

王子順從地答應，率軍走遍各地，向世人宣揚拜火教。

此時，卻有壞人居心不軌。古拉茲姆（Gurazm）早就忌妒埃斯凡迪亞爾，不斷找機會詆毀王子的名聲。一天，古什塔斯帕正要接見大臣，古拉茲姆快步來到國王面前，對他說道：「陛下，不懷好意的兒子就是你最可怕的敵人，請你小心防備。王子若是大權在握，作父親的恐怕會大難臨頭。」

國王吃了一驚：「你這些話是什麼意思？是從哪裡聽來的？」

「陛下請稍等，我擔心在此地談話恐怕不太慎重。」

古什塔斯帕於是遣散旁人，要古拉茲姆從實招來，是不是埃斯凡迪亞爾隱瞞了什麼秘密？

「陛下啊，我出於良心，不得不向你告密。埃斯凡迪亞爾密謀叛亂，暗中集結大軍。他對你久居王位感到不滿，老早就想篡位為王。」

國王難以置信，卻越想越不安寧。他開始對兒子懷恨在心，盤算著該如何對付埃斯凡迪亞爾。古什塔斯帕召來老臣賈瑪斯帕（Jamasp），要他立刻去找埃斯凡迪亞爾。

王子接到父親召回他的命令，心知事情不妙，卻還是隨賈瑪斯帕回宮。古什塔斯帕頭戴王冠，坐在王座上等待兒子歸來。埃斯凡迪亞爾恭敬地來到父王面前，挺直地站著。

古什塔斯帕對眾臣說道：「一個父親辛苦扶養他的兒子成人，兒子在戰場上獲勝，被人稱作英雄，竟覺得王位非他莫屬。這樣的孽子為了王冠，不惜謀害自己的父親。你們評評理，這該如何是好？」

「陛下，這樣的兒子實在愚蠢，怎能在父親健在時就想篡奪王位！」大臣們喊道。

國王指向埃斯凡迪亞爾：「我說的就是這個不知感恩的兒子！我們應該狠狠責罰他，讓後世從他身上學到一課。」

埃斯凡迪亞爾試圖為自己辯護，國王的護衛卻還是捉住了他。鐵匠們帶來沉重的鐐銬與鎖鏈，牢牢綁住王子的手腳，讓他動彈不得。王子流下悲憤的淚水，無奈地束手就縛。古什塔斯帕把他送往位於山上的黑牢，由武士們嚴厲看管。埃斯凡迪亞爾自此終日在痛苦中度過。

過了不久，阿爾賈斯帕再度進攻伊朗。土蘭大軍打下巴爾赫，殺死了年邁的盧赫拉斯帕，又在拜火聖壇燒殺擄掠。經典與古書慘遭焚毀，聖火也在鮮血中熄滅。

古什塔斯帕當時正在扎別爾斯坦作客。他的後宮有位王妃膽識過人，一聽巴爾赫淪陷的消息，立刻喬裝成土蘭人的模樣，騎馬趕去見古什塔斯帕。

「陛下，你爲什麼還在此地逗留？巴爾赫的居民需要你。你身爲國王，難道要棄他們於不顧嗎？」她厲聲斥責他。

古什塔斯帕驚覺事態嚴重，這才領兵奔赴戰場。戰爭打了三天三夜，伊朗人不幸吃了敗仗。三十八個王子在戰場上全數送命，國王也只能率殘兵逃離，爬上高山躲藏。伊朗人被土蘭大軍四面包圍，處境艱困。國王不知該如何是好，只得把賈瑪斯帕召來，問他有何妙計。

「陛下，恕我直言。」賈瑪斯帕回道，「埃斯凡迪亞爾王子此刻深陷黑牢，身上綁著鐐銬枷鎖。請你下令釋放他，別再讓他繼續受苦。我相信他一定會趕來解救我們。」

古什塔斯帕也爲自己當初的作爲感到懊悔，請賈瑪斯帕趁夜趕到監獄，釋放王子。賈瑪斯帕假扮成土蘭人的樣子，趁夜獨自下山，悄悄穿越敵營，趕赴王子被囚之處。

賈瑪斯帕見到埃斯凡迪亞爾，連忙向王子求救。埃斯凡迪亞爾卻不願幫忙。「當初國王輕信小人讒言，把我打入黑牢，現在竟希望我忘記這些恥辱與仇恨，我實在無法接受。」埃斯凡迪亞爾說。

「即使你不願幫助你父親，也請想想你可憐的祖父吧。他虔誠向神，土蘭人卻殺了他，還砍下另外八十個信徒的頭。」

埃斯凡迪亞爾不爲所動。「盧赫拉斯帕的兒子還活著，讓兒子去爲父親報仇吧。」

「那麼請想想你的姊妹，土蘭人俘虜了兩位公主啊！」

「我被父王囚禁時，兩位姊妹可曾來此探望？我爲何要爲她們流血？應該讓父親拯救自己的女兒才對。」

「你三十八個兄弟都戰死沙場，無人生還！」

「我在這裡過苦日子時，他們逍遙自在，有誰替我向父親說情？如今他們已經喪命，我去戰場又有什麼用處？」

賈瑪斯帕眼看無法說服王子，心裡急得發狂，難過得流下眼淚：「是呀，殿下，你說的這些話一點也沒錯。但是你只顧自己傷心，沒考慮過你最愛的兄弟法爾希德瓦爾德（Farshidward）。他此刻遍體鱗傷，恐怕很快就要死去。你不知道我爲他掉了多少淚。」

埃斯凡迪亞爾聽說法爾希德瓦爾德正在受苦，忍不住眼眶泛淚。他答應出戰，要賈瑪斯帕立刻解開鎖鏈。鐵匠們費力想砸開鐵鍊，卻徒勞無功。最後，王子一怒之下扯斷了鐐銬，重獲自由。

埃斯凡迪亞爾沐浴潔身後，立刻換上盔甲，隨賈瑪斯帕奔赴戰場。在法爾希德瓦爾德斷氣前，兩兄弟得以見上最後一面。心痛的埃斯凡迪亞爾趕到父王身邊，幫助伊朗人擊退土蘭大軍。

埃斯凡迪亞爾領兵扭轉劣勢，獲得最終的勝利。古什塔斯帕十分驕傲，但一想到兩個女兒還在土蘭人手中，他實在無心慶祝。國王對兒子說：「你若能順利救出你的兩位姊妹，我向你保證，肯定會把王位傳給你。」

埃斯凡迪亞爾被父親說服，向眾人告別，帶著親信與隨從直奔土蘭。

（三）勇闖七關

埃斯凡迪亞爾告別父王，靠著土蘭戰俘古格薩爾（Gurgsar）指路，率軍前去搭救兩位姊妹。途中，王子問古格薩爾：「我的姊妹據說被囚禁在銅堡，去那裡的路究竟要怎麼走？要花多少時間？又有多少危險？」

古格薩爾一一為他解答。去銅堡有三條路可以選擇。一條要走三個月，一條要走兩個月，大多數土蘭人都走第一條路，因為沿途沒什麼危險；第二條路缺乏水草，又沒有地方歇息；第三條路只需七天便能走完，但是路上危機四伏，還有各種怪物猛獸。

埃斯凡迪亞爾仔細思量，最後選擇走第三條路。他召來巴舒坦，把大軍交給兄弟統領，打算自己先行探路。

埃斯凡迪亞爾騎著黑色駿馬勇往直前。他記得古格薩爾曾說過，這條路上首先會碰見兩隻巨狼，便仔細地尋找狼的蹤影，最後果真發現了牠們。野狼身強體壯，宛如妖怪，見到王子便猛撲過來。埃斯凡迪亞爾拉弓射箭，接連殺死了兩隻狼，再揮劍砍下狼頭。

成功除掉野狼後，埃斯凡迪亞爾又問古格薩爾：「接下來我們將會遇到什麼樣的怪物？」

「下一個難關是獅子，一隻雄的，一隻雌的。」古格薩爾回答。

到了隔天，埃斯凡迪亞爾又搶先大軍一步，趕到獅子居住的地方，將兩隻獅子一同斬殺。

第三天，在古格薩爾的指示下，埃斯凡迪亞爾殺了巨龍。第四天，王子殺死女妖。第五天，他殺死神鳥。第六天，他冒險走過風雪肆虐之地。第七天，伊朗軍隊驚險渡過了湍急的大河。

抵達河岸後，埃斯凡迪亞爾向眾人發誓將橫掃土蘭，替不幸陣亡的伊朗將士報仇。古格薩爾聽到這裡，終於忍不住開口詛咒埃斯凡迪亞爾，希望他不得好死。王子氣得拔劍殺死古格薩爾，把他的屍體丟進河裡。

埃斯凡迪亞爾來到銅堡附近，仔細觀察敵軍。他深知若用蠻力強攻，恐怕無法打下這座碉堡。於是他請巴舒坦留守軍中，自己裝扮成商人，打算混入堡中。

「倘若哨兵白天看見碉堡冒煙，或是晚上發現火光，那就是我發出的信號。」他對巴舒坦叮嚀道，「到時你要穿上我的盔甲，揮舞軍旗與牛頭大棒，假裝你就是我。」

埃斯凡迪亞爾喬裝打扮，把一百六十個精兵藏在上鎖的木箱裡，順利進入碉堡。事情進行得相當順利，隔日王子竟能進入宮門，與阿爾賈斯帕商談交易。

夕陽西下，兩位被俘的伊朗公主——胡瑪伊貝哈法里德（Bih Afrid）與帶著水罐走到市場。她們面色蒼白，難掩憂傷。埃斯凡迪亞爾深怕她們認出自己，連忙遮住臉。姊妹倆覺得這位商人格外眼熟，上前與他攀談，不知道商人是否有埃斯凡迪亞爾或古什塔斯帕的消息。

埃斯凡迪亞爾回答：「不要提不幸的埃斯凡迪亞爾，也不要提昏庸的古什塔斯帕。我只是個平凡的商人，爲了討生活做些買賣罷了。」

胡瑪伊公主一聽見這聲音，當下就認出這位商人是自己的兄弟。她沒有拆穿埃斯凡迪亞爾的僞裝，只是默不作聲，暗自垂淚。埃斯凡迪亞爾知道胡瑪伊已經認出他來，便不再隱瞞身份，低聲囑咐她們不要告訴外人。

待時機成熟，埃斯凡迪亞爾便來到宮中，邀請土蘭國王與眾臣參加晚宴。阿爾賈斯帕一時樂昏了頭，竟爽快地答應，還願意把王宮借給他使用。埃斯凡迪亞爾於是架起火堆，點燃熊熊大火。

碉堡外的巴舒坦看見黑煙與火光，知道是兄弟放出信號，隨即敲響戰鼓，率軍衝向碉堡。土蘭人措手不及，只能匆忙抵抗。埃斯凡迪亞爾放出躲在木箱裡的士兵，率領他們攻入王宮。最後，阿爾賈斯帕在戰鬥中身受重傷，很快就遭到俘虜，由埃斯凡迪亞爾親自斬首。

王子拯救了兩個姊妹，凱旋回到伊朗。古什塔斯帕欣喜若狂，設宴歡慶。在王宮花園裡，夜鶯啼唱了一整夜，歌聲美得令人陶醉。倘若凡人通曉鳥語，便能聽出夜鶯其實是在吟唱悲歌，爲埃斯凡迪亞爾的命運哀悼。

(四)迎戰魯斯塔姆

埃斯凡迪亞爾勇闖七關，成功救回兩位姊妹，人們都稱讚他是一位智勇雙全的戰士。他希望父親能兌現之前的諾言，於是提醒古什塔斯帕：「陛下，過去你曾發誓，若我們父子倆再次相見，你願意讓我繼承王位。如今，你應當把王冠傳給我，就像當年祖父對你履行諾言一樣。」

古什塔斯帕雖然記得自己的承諾，卻不願實踐。他想了一個辦法，希望能讓埃斯凡迪亞爾知難而退。

「我的兒子啊，如今你已是名聞天下的英雄。」古什塔斯帕說，「當今世上能與你匹敵的，就屬扎爾之子魯斯塔姆。可惜他心高氣傲，從來不把王室放在眼裡。他對從前的君王盡忠效力，卻不贊成盧赫拉斯帕爲王，對我更是不願尊敬。你應該到扎別爾斯坦去，捉拿魯斯塔姆和他的家人，讓他們爲此付出代價。到時候，憑著聖火祭壇起誓，我一定會讓你登基爲王。」

埃斯凡迪亞爾大驚失色。「陛下，這樣實在不對。魯斯塔姆是備受世人尊崇的英雄，一直爲伊朗貢獻心力。你爲何要找藉口與他挑起戰爭？」

「你若想主宰伊朗，就得聽從我的命令，擊敗魯斯塔姆。」

埃斯凡迪亞爾心知父親不願讓出王位，才會把他打發到扎別爾斯坦，置他的性命於不顧。但他無法忤逆自己的父親。

「陛下，我是你忠誠的僕人，只要是你的命令，我即使不願也只得遵從。」王子鬱鬱寡歡地告別了父王，召集軍隊，啓程前往扎別爾斯坦。

大軍開拔不久，士兵們在途中發現了一隻駱駝。那駱駝態度強硬地坐在地上，無論趕駝人怎麼用棒子敲牠的頭，依然動也不動。埃斯凡迪亞爾認爲這是不祥的預兆，命人砍下駱駝的頭，希望藉此改變運氣。駱駝死後，這個預兆仍然一直困擾著埃斯凡迪亞爾，他怎麼也無法釋懷。

軍隊快要接近扎別爾斯坦時，埃斯凡迪亞爾召來兒子巴赫曼（Bahman）。「你立刻去見魯斯塔姆，傳達我們的來意。我衷心希望他能接受我們的勸告，自願到王宮稱臣效忠。」

巴赫曼率領隨從騎馬渡河，直奔扎爾的宅第。扎爾站在瞭望台上，遠遠看見有人騎馬來到，親自出外迎接。

巴赫曼畢竟太過年輕，沒有認出扎爾，只是向他詢問：「你知道魯斯塔姆現在人在何處嗎？」

「魯斯塔姆正在打獵。」扎爾回答，「你們可以暫時在此歇息，接受我們的款待，等他歸來。」

「我們不是爲了參加盛宴而來。請你盡快找個嚮導，帶我們去魯斯塔姆打獵的獵場。」

扎爾沒有拒絕巴赫曼的要求，替他們挑選了一位嚮導。

巴赫曼來到獵場邊，看見一位身軀有如高山的勇士。「那想必就是魯斯塔姆！」巴赫曼驚訝地一邊想著，一邊觀察那魁梧的身軀，「看他這個樣子，世上恐怕沒有人可以打得過他，父親根本毫無勝算。既然如此，我乾脆直接在這裡了結魯斯塔姆的性命。」

巴赫曼爬上高山，把一塊巨石推落山頂，打算壓死魯斯塔姆。

扎瓦列發現巨石翻滾下山，急忙高聲呼喊。魯斯塔姆雖然聽見了弟弟的警告，卻氣定神閒，一點閃躲的意思也沒有。就在巨石即將砸向他時，魯斯塔姆一個抬腳，輕輕鬆鬆便把巨石踢到別處去。

扎瓦列樂得歡呼，巴赫曼卻看傻了眼。他心懷愧疚地去見魯斯塔姆，報上自己的名字與身份。魯斯塔姆誠摯地歡迎他，又是擁抱，又是與他共享美酒佳餚。

宴席間，魯斯塔姆吃下一整頭驢子，令巴赫曼驚訝地瞪大雙眼。「我的食量完全不到這位大力士的十分之一啊！」他在心裡驚嘆。

眾人吃飽喝足後，巴赫曼與魯斯塔姆騎馬同行，這才提起埃斯凡迪亞爾的要求。

魯斯塔姆深思一陣子，向巴赫曼感嘆：「想不到我過去為伊朗貢獻許多，最後卻只換來國王的猜忌。國王完全多慮了，我從未有謀反之心。請你回去告訴你父親，魯斯塔姆邀請你們在此作客，一起打獵。如果他仍執意如此，那也可以。我會隨你父親到國王面前請求寬恕，重新宣誓效忠。」

巴赫曼向埃斯凡迪亞爾傳達了魯斯塔姆的答覆，替兩位英雄安排見面。魯斯塔姆終於見到埃斯凡迪亞爾，十分高興，殷切地邀請他到家裡作客。

埃斯凡迪亞爾擔心這會違逆古什塔斯帕的命令，只得遺憾地拒絕。魯斯塔姆卻說：「那有什麼問題？我現在就回家去換套衣服，到你的營帳來作客。」話畢，他立刻騎馬離去。

埃斯凡迪亞爾命人準備酒席，卻遲遲沒有邀請魯斯塔姆赴宴。魯斯塔姆在家裡苦等許久，最後磨盡了耐心。「埃斯凡迪亞爾肯定是有意毀約，想要羞辱我。」他氣得跨上戰馬，趕到埃斯凡迪亞爾的軍營，大聲斥責王子的不是。

「勇士，請原諒。我沒有派人去請你，是因爲擔心天氣炎熱，長途旅行會使你勞累。我這會正打算親自去向你賠禮。」埃斯凡迪亞爾如此回答，這才讓魯斯塔姆稍稍減了怒氣，答應隨王子入座。

席間，埃斯凡迪亞爾不禁問起魯斯塔姆的父親。「我聽人們說，扎爾其實是魔鬼的孩子，因此才會被生父薩姆拋棄。就連神鳥也不願照顧扎爾，讓這孩子吃腐屍長大。要不是薩姆沒有兒子，根本不會想讓這個孩子回家。」

魯斯塔姆爲了反駁埃斯凡迪亞爾的話，立刻細數自己的家世。兩位英雄互相誇耀自己的出身與功績，誰也不願認輸。唇槍舌戰後，王子與魯斯塔姆約定今夜暫時拋開一切，只管輕鬆飲酒暢談，等明日再到戰場上決鬥。

臨別之際，魯斯塔姆最後一次勸王子打消念頭，不要與他對決。「殿下，請你仔細想想。如果我輸了，被你押回王宮，我一定會受人嘲笑；如果我贏了，在明天的決鬥中不幸殺死你，又該如何向國王解釋？」

埃斯凡迪亞爾不願聽勸。他認爲魯斯塔姆這麼說，不過是爲了保住自己的名譽與尊嚴。「我只負責執行國王的旨意，別的話一概不聽。請你回去好好休息，明日決鬥切勿遲到，我在戰場上等你。」

魯斯塔姆離開營帳，忍不住對著帳篷哀嘆：「坐擁這座帳篷的主人如此不講理。依我看，過去那些賢王的統治果然已成歷史。」

埃斯凡迪亞爾聽見這段話，氣得走出帳篷，斥責魯斯塔姆。但老英雄不予理會，只是策馬離去。埃斯凡迪亞爾不堪受辱，忍不住向兄弟巴舒坦抱怨。

沒想到，巴舒坦卻爲魯斯塔姆說話，勸埃斯凡迪亞爾改變心意。「如果你與魯斯塔姆成爲朋友，我相信他一定會妥協。到時候，他也會心甘情願與我們回宮，安撫父王。」

但是埃斯凡迪亞爾心意已決，怎麼也聽不進巴舒坦的勸告。最後，巴舒坦只能哀嘆：「爲什麼你的心思再也無法遠離戰爭？如今你滿心仇恨，失去了理智，再也聽不進一句忠言。啊，埃斯凡迪亞爾，見到你變得如此，我實在爲你心痛。」

（五）神鳥拯救魯斯塔姆

隔日天明，魯斯塔姆騎著戰馬拉赫什前往戰場。扎瓦列也帶著軍隊來到河邊，陪伴他的兄長。

「我打算隻身赴會，你千萬別輕舉妄動。」魯斯塔姆囑咐扎瓦列，「除非埃斯凡迪亞爾的軍隊先攻打我方，否則你絕不能讓任何一人加入戰鬥。」

魯斯塔姆與埃斯凡迪亞爾在約定的地點相見，互相問候後，便舉起武器開始廝殺。他們一下用劍，一下又用大棒，兩人都使出了全身的力氣搏鬥。最後武器用盡，他們便赤手空拳扭打。

眼看魯斯塔姆逐漸居於劣勢，扎瓦列一時心急，讓手下將士擺出預備攻擊的陣勢，惹惱了敵軍。埃斯凡迪亞爾之子努什阿扎爾（Nush Azar）氣不過，帥軍向前殺去。兩軍立即交戰。在一片混亂中，扎瓦列殺死了努什阿扎爾，法拉瑪茲殺死了埃斯凡迪亞爾的另一個兒子邁赫爾努什（Mihr-i-Nush）。

巴赫曼看見兩個兄弟戰死，趕忙向父親通報他們的死訊。埃斯凡迪亞爾悲憤不已，對魯斯塔姆大吼：「你這個背信之人！當初你向我承諾，旁人絕不會參與這場戰鬥，如今卻輕易毀棄諾言。你讓兩個親人殺死了我的兩個兒子，還絲毫不覺得羞恥。」

「這場戰爭不是出自我的命令。等一切結束後，我一定會嚴懲草率行動的人，為你的兩個兒子討公道。」魯斯塔姆回答。

「你還是多關心自己的下場吧。」埃斯凡迪亞爾怒斥道，「我要讓你命喪於此，爲我的兒子報仇，從此再也沒有人敢忤逆王室。」

兩位勇士繼續戰鬥，各自找到弓箭，朝對方射出箭矢。魯斯塔姆與拉赫什身中數箭，埃斯凡迪亞爾卻毫髮無傷，一次又一次地躲過魯斯塔姆的飛箭。

「難道眞如傳言所述，沒有武器傷得了埃斯凡迪亞爾嗎？」魯斯塔姆驚訝地想。

據說先知扎爾多什特曾讓埃斯凡迪亞爾吃下一顆神奇的石榴，王子從此獲得了神力，得以刀槍不入。正因如此，無論魯斯塔姆怎麼攻擊，都無法讓埃斯凡迪亞爾受傷。

魯斯塔姆受了重傷，眼看難以戰勝敵人，只好找機會逃跑，挽救自己的性命。埃斯凡迪亞爾不禁哈哈大笑：「魯斯塔姆，你也不過如此啊！當年那樣威武的戰象，如今竟然變得如此懦弱。」

魯斯塔姆成功逃回山中，找到扎瓦列，請他趕快回去向父親求救。這時，埃斯凡迪亞爾已經追到山腳，要魯斯塔姆認錯，與他一起回去見古什塔斯帕。

「現在天色已晚，我們誰也無法再戰。還是各自回去休息，明天再繼續吧。」魯斯塔姆回道。

「不，你休想再用詭計騙我。別以爲你今天回得了家。」埃斯凡迪亞爾說。

魯斯塔姆沒有理會他的威脅，硬是帶傷渡河離去。埃斯凡迪亞爾見到這情景，相當詫異。「魯斯塔姆果然不是等閒之輩。他即使沒有騎戰馬，一樣能登上高山。就算遍體鱗傷，也可以渡過湍急的河水。」埃斯凡迪亞爾在心中自忖，「不過，他已經受了重傷，即使平安返家，肯定熬不過今晚，很快就會死了。」他想到這裡，決定不再追擊，任憑魯斯塔姆遠去。

魯斯塔姆歷經艱辛，總算回到家裡。他的親人看見他嚴重的傷勢，都爲此深深憂慮，就連魯斯塔姆自己也感到絕望。他對親人說：「我走遍天下，遇過無數敵手，像埃斯凡迪亞爾這樣刀槍不入之人，我至今未曾見過。幸好夜色降臨，我才有藉口回家養傷。照這樣看來，埃斯凡迪亞爾明天一定能取走我的性命。」

扎爾安慰兒子，勸他不要爲此心急。「我可以請神鳥斯姆爾格來一趟。如果牠願意幫助我們，扎別爾斯坦或許能繼續安享和平。」

爲了拯救魯斯塔姆，扎爾率眾登上高山，點燃三個火爐。他從袋子裡取出神鳥的羽毛，放在火上焚燒。過了一個時辰，神鳥翩然降臨，扎爾這才鬆了一口氣，感謝牠沒有忘記牠的養子。

神鳥開口問道：「我的孩子，你爲何神色憂愁？爲何召喚我前來？」

扎爾這才道出魯斯塔姆受傷的原因。神鳥柔聲安慰扎爾，請他盡快把拉赫什與魯斯塔姆帶上山來，讓牠替他們療傷。

神鳥仔細地替魯斯塔姆治療。牠以鳥喙吸出膿血，用羽毛輕撫傷口。魯斯塔姆逐漸找回力氣。神鳥告訴他：「把我的一根羽毛浸泡在牛奶中，敷在你的傷口上。過了七天，你的傷口便不會再感到疼痛。」隨後，牠又用同樣的方法治療拉赫什。

英雄與戰馬保住了性命，高興得大笑。神鳥卻顯得憂心忡忡：「我的英雄，你與埃斯凡迪亞爾決鬥，實在是玩火自焚。大家都知道他受到保護，可以刀槍不入。」

魯斯塔姆回答：「如果他沒有執意羞辱我，我也不會發怒。雖然我無法戰勝他，但我寧願一死，也不願自己名聲掃地。」

「聽我的忠告，不要再與埃斯凡迪亞爾作對。曾有預言說過，凡是殺死埃斯凡迪亞爾之人，將不得善終。明天，你就誠心地向他道歉。如果他不願接受，你再採用我的計謀。現在跟我來，讓我把擊敗王子的方法告訴你。」

魯斯塔姆騎上拉赫什，跟著神鳥來到一座樹林。那裡有一棵珍貴的檉柳，從小用葡萄的汁液澆灌長大。神鳥用羽毛輕撫英雄前額，對他說：「你要從那棵檉柳上找一根挺直又細長的樹枝。先用火烤扳直樹枝，再裝上兩支箭鏃，三片羽毛。照我的話做，這根樹枝做成的箭矢必將奪去埃斯凡迪亞爾的生命。」

魯斯塔姆回家後，立刻照著神鳥的指示製作箭矢。斯姆爾格再次現身，叮囑魯斯塔姆：「如果埃斯凡迪亞爾執意一戰，你必須對他好言相勸，盡量避免與他決鬥。如果他不聽勸告，你就把這浸泡過藥酒的箭矢搭上弓弦，全力朝他的雙眼之間射去。」

話畢，神鳥再次與扎爾道別，展翅朝天際飛去。

（六）埃斯凡迪亞爾之死

靠著神鳥的幫助，魯斯塔姆的傷口完全痊癒。隔日，他策馬重返戰場，令埃斯凡迪亞爾十分驚訝。王子對巴舒坦說：「這一定是扎爾的魔法。我早就聽說他精通法術，甚至可以隨意摘取日月星辰。」

縱然訝異，埃斯凡迪亞爾還是鼓起勇氣，發誓一定要殺死魯斯塔姆。

「殿下，我勸你打消這個念頭。」魯斯塔姆對他喊道，「我們可以握手言和，避免一戰。」但埃斯凡迪亞爾不願相信他，說什麼都要再戰一回。幾番勸告無效後，魯斯塔姆終於認清事實。或許是命運的安排吧，埃斯凡迪亞爾怎麼也不願接受他的勸告。

埃斯凡迪亞爾大喝一聲，策馬向前奔馳，想要再次挑戰魯斯塔姆。魯斯塔姆把檉柳之箭搭上弓弦，在心裡爲王子的命運哀嘆。

埃斯凡迪亞爾見魯斯塔姆還在猶豫，放聲大喊：「英雄魯斯塔姆，你這是畏戰還是懦弱？以古什塔斯帕與盧赫拉斯帕之名，看我一箭！」

話音剛落，他便放開弓弦，一箭射中魯斯塔姆的頭盔。於此同時，魯斯塔姆也射出了檉柳之箭。箭矢刺進王子的雙眼之間，埃斯凡迪亞爾頓時只見一片黑暗。他發覺自己即將落馬，想要伸手抓穩，卻不幸撲空，悽慘地跌在地上。

王子努力振作，硬是拔出染滿鮮血的箭矢。巴赫曼與巴舒坦趕到他身邊，扶起埃斯凡迪亞爾的頭，一邊擦去他臉上的血汙，一邊爲他痛哭。

「不要爲我哭泣。」埃斯凡迪亞爾安慰他的兒子與兄弟，「我命喪於此，乃是天意所致。」

魯斯塔姆也來到王子身旁，眼看埃斯凡迪亞爾即將氣絕，他不禁掉下眼淚。「殿下，像你這樣少見的英雄，不該如此年輕就死去。這樁悲劇是我一手造成的，從此以後，世人都將怪罪是我殺了你。」

埃斯凡迪亞爾沒有責怪他，反而請他站向前來：「戰鬥已經結束，你我二人應該盡釋前嫌。尊敬的英雄，請聽我死前最後的願望。在這世上，我最放心不下的就是我兒巴赫曼。請你帶他回去，盡你所能地扶養並教導他。願他能安然長大，不受邪惡所擾。」

扎爾、扎瓦列與法拉瑪茲這時也趕到魯斯塔姆身邊。扎爾看見情況已無可挽回，只能對兒子嘆道：「如今預言勢必成眞。誰若殺死埃斯凡迪亞爾，未來必定遭逢厄運。」

對此，埃斯凡迪亞爾卻說：「不，殺死我的人並非魯斯塔姆。這樁悲劇完全起自我父親古什塔斯帕。他寧願犧牲親生兒子的性命，也要保住他的王冠。現在他終於如願以償。」他轉向巴舒坦，對兄弟叮囑道：「把我的屍體帶回去，送到父王面前。這樣一來，他的心總該感到羞愧。是他親手斷送了我的生命。」這位命運多舛的王子說完，沉重地長嘆一聲，與世長辭。

魯斯塔姆誠心為埃斯凡迪亞爾哀悼。扎瓦列卻擔憂巴赫曼心懷仇恨，長大後會為父報仇，讓扎別爾斯坦陷入戰火。「等你一死，我們的領土必定會被戰爭摧殘，最後合併到伊朗的疆域中。」扎瓦列對魯斯塔姆說。

「倘若這是上天的旨意，那我們也只得順從。」魯斯塔姆回答，「無論巴赫曼日後怎麼選擇，你現在都不該對他猜忌。」

巴舒坦為埃斯凡迪亞爾打造了一具精緻的棺材，用織金錦緞做成王子的裹屍布。魯斯塔姆找來四十隻駱駝，護送埃斯凡迪亞爾的棺材返鄉。王子的死訊傳遍伊朗，人們哀傷地哭泣，為他們貪婪的國王感到羞愧。

埃斯凡迪亞爾的母親與姊妹聞訊心碎，哭著來見他最後一面。巴舒坦終於忍無可忍，怒斥古什塔斯帕害死了埃斯凡迪亞爾。胡瑪伊與貝哈法里德也指責父王，怎能如此無情，斷送埃斯凡迪亞爾的前程：「有哪個國王為了保全王位，寧願害死自己的親生子女？埃斯凡迪亞爾只是希望繼承王位，你怎能如此狠心？當年你對你的父親提出同樣的要求，他可沒有如此對待你。你逼著他與魯斯塔姆宣戰，最終使他無法活著歸來。」

古什塔斯帕為自己的過錯懺悔，終於與魯斯塔姆言歸於好。老英雄也放心了。魯斯塔姆遵守與埃斯凡迪亞爾的約定，對待巴赫曼有如親生。

時光流轉，巴赫曼長大成人，已是一位英俊聰明的青年。賈瑪斯帕透過占卜得知，未來伊朗王位必定屬於巴赫曼。他請國王寄信到扎別爾斯坦，邀巴赫曼回宮。魯斯塔姆讀了國王的信，十分欣喜，準備了許多禮物送給巴赫曼，還親自護送巴赫曼一大段路。

古什塔斯帕與巴赫曼重聚，想起了不幸死去的兒子，內心悔恨交加。他擦乾淚水，在心中感謝上天，但願巴赫曼能代替埃斯凡迪亞爾，繼續在這世上生活。

第十六章　魯斯塔姆之死

（一）兄弟沙卡德

從前，在扎爾的眾多僕人中，有位侍女善於奏樂與歌舞。她爲扎爾生了一個兒子。嬰兒出生時，許多智者與星相家都受邀前來，替這個孩子占卜。星相家仔細觀察天象，最後不禁面面相覷，對扎爾據實以告：「大人，這實在不幸。這孩子長大後，必會毀滅薩姆的親族與後代。全伊朗的百姓將因爲他身陷苦難，而他本人也無法在世上長存。」

扎爾聽了，感到十分心痛。雖然如此，他沒有殘忍地拋棄這個孩子，反而把他留下來，取名沙卡德（Shaghad）。

多年後，沙卡德平安長大，變成一位外貌英俊、能言善道的青年。扎爾派他去見喀布爾國王。國王十分賞識這位青年，甚至高興地讓女兒嫁給他。沙卡德因此在宮廷過著美好的生活，一切都令他相當滿意。

由於喀布爾向扎別爾斯坦稱臣，魯斯塔姆每年都會向喀布爾國王徵收一袋金幣。但現在國王卻不願繼續進貢。

「我既然已是沙卡德的岳父，再怎麼說，都是扎爾的親家。魯斯塔姆實在不該再要我進貢。」國王抱怨道。

沙卡德也對魯斯塔姆的態度感到氣憤。不過，他不曾與他人談論心事，只是私底下與國王一起策劃陰謀。

兩人徹夜未眠，商討該如何對付魯斯塔姆，讓這位英雄從此一蹶不振。沙卡德對國王提議：「我們可以舉辦一場盛宴。在宴席上，你刻意對我口出惡言，好像打從心底看不起我的出身。我再假裝受辱，回到扎別爾斯坦訴苦。等我對父親與兄弟數落完你的不是，魯斯塔姆一定會勃然大怒，堅持來喀布爾為我討公道。到時候，你就在獵場裡選好適合的地點，在魯斯塔姆必須經過的路上挖幾個坑洞，把各種武器藏在裡面——記得讓刀尖朝上。我這個計畫絕對可行，你既然知道了，千萬不要對外洩露。」

國王允諾保密，接著就照沙卡德的計畫行事，一一做好安排。在喀布爾國王的宴席上，沙卡德假裝遭到羞辱，悲憤地返回扎別爾斯坦，向父親與兄弟訴說自己的委屈。

魯斯塔姆聽完沙卡德的遭遇，果然氣得發怒：「這個喀布爾國王竟敢當眾羞辱我的兄弟，我要讓他為此付出代價。到時他的王國滅亡，他與他的親族全數死去後，我要擁戴沙卡德坐上他的王位，統治喀布爾。」

幾天後，魯斯塔姆從軍中挑出許多精兵，要他們準備隨他出征。沙卡德來到魯斯塔姆身旁，對他說：「你不需大費周章，帶著這麼多士兵對喀布爾開戰。依我看，國王或許已經爲他的言行後悔，正在考慮道歉。只要你親自出現，這世上還有誰敢與你作對呢？」

魯斯塔姆覺得他這話有理，打消了開戰的念頭。「我就只帶一百名騎兵與一百名步兵，再邀扎瓦列與我同行。這樣應該已經足夠了。」魯斯塔姆決定之後，便帶著扎瓦列與一小隊兵馬前往喀布爾。

（二）誤入陷阱

喀布爾國王早已在野地裡選好了適合設下陷阱的地點。他挑選出幾位士兵，讓他們在那些地方挖洞。一個又一個陷阱裡放滿了尖銳的武器。等到陷阱布置好後，士兵們小心地蓋住陷阱，以防被魯斯塔姆等人發現。

沙卡德隨魯斯塔姆出發，派信使通報國王：「魯斯塔姆即將抵達喀布爾。他聽了我的建議，沒有帶軍隊前來。你要親自迎接他，假裝道歉，謙卑地向他認錯。」

國王接獲消息，立刻動身出發，前去歡迎魯斯塔姆。他一見到英雄，便假惺惺地掉下眼淚，俯身以臉觸地，爲羞辱沙卡德道歉：「我當時喝多了酒，一時失去理智，才會這麼衝動地失言。請你大發慈悲，寬恕我的過錯。」

他赤著雙腳向前，模樣惹人同情，卻沒有人看出他心裡其實懷著詭計。

魯斯塔姆見國王如此眞誠，決定饒恕他。喀布爾國王命人設宴，讓遠道而來的貴客們可以享用美食，聆聽樂師演奏。趁著這個機會，國王問魯斯塔姆：「不知道你是否願意賞臉，到我的獵場走走？那裡緊鄰山丘，四處都有獵物。只要你騎上拉赫什，我深信無論是羚羊或野驢，你都能輕易捕獲。」

魯斯塔姆聽了十分心動。他吩咐手下準備好獵鷹，自己也騎上拉赫什。鷹隼振翅飛起，英雄也帶著弓箭，與眾人一同出發打獵。

狡詐的沙卡德跟著他們前往獵場，一邊監視魯斯塔姆與扎瓦列。兩兄弟一心期待著打獵，哪裡猜得到自己正一步步接近死亡？突然間，拉赫什嗅到了新翻泥土的味道，緊張地弓起後背。牠不喜歡泥土潮濕的氣味，用馬蹄不斷跺地，接著縱身一躍，正好落在兩個陷阱的中間。

魯斯塔姆生氣地揚起馬鞭，抽在拉赫什身上。拉赫什原本已腳步不穩，正在努力掙扎。這會被馬鞭一抽，牠的前腳頓時落入陷阱。陷阱底部的武器把拉赫什刺成重傷，魯斯塔姆的腿與雙肩也受了傷。爲了拯救主人，拉赫什使盡全力跳起，這才把魯斯塔姆帶出陷阱。

魯斯塔姆渾身是傷，血流不止。他總算看清了沙卡德的眞面目，明白自己不幸被陰謀所害。

其他跟隨魯斯塔姆的人也不愼掉進陷阱，再也沒有人可以幫助魯斯塔姆。

「沙卡德，你竟如此不知羞恥！」魯斯塔姆喊道，「但願你遭到報應，不得善終。」

沙卡德回答：「唉呀，英雄魯斯塔姆，這可是上天賜給你的禮物啊！過去你到處燒殺擄掠，不知造成多少傷亡。今天，惡神阿里曼就要來取走你的性命啦。」

喀布爾國王這時也來到獵場，看見魯斯塔姆身上滿是鮮血，還刻意裝成一臉哀傷的模樣：「偉大的英雄，你怎麼受了重傷，躺在這裡？我現在就請醫生來替你療傷。」

「你這心腸惡毒的傢伙，少裝模作樣了。」魯斯塔姆怒斥，「我雖然無法活命，你終究也將一死。我兒法拉瑪茲得知我的死訊，一定會來此爲父報仇。」然後他轉向沙卡德：「世人都會記得你忘恩負義。把我的弓拿來給我，這樣或許可以減輕你的罪孽。切記上緊弓弦。這樣若有猛獅出現，我至少還可以保護自己，不至於淪爲獅子的食物。」

沙卡德雖然猶疑，終究在心裡說服了自己：「魯斯塔姆死期已到，我還怕他做什麼？」於是他取來魯斯塔姆的弓，調整好弓弦，把弓交給魯斯塔姆，露出得意的微笑。

就在這時，魯斯塔姆忍住痛苦，將箭矢對準了沙卡德。沙卡德驚覺情況不對，拔腿往身邊的梧桐樹逃去，想要躲在樹後。可惜一切爲時已晚。

魯斯塔姆奮力射出一箭，直取沙卡德的性命。這可憎的叛徒發出一聲淒厲的尖叫，倒地而死。

「讚美上天。至少我能在生命結束前，親手殺死陷害我的仇人。」魯斯塔姆說完這段話，隨即斷氣。扎瓦列困在陷阱裡，不久也隨兄長死去。

（三）英雄的葬禮

有位伊朗勇士僥倖活下來，飛快地逃回扎別爾斯坦，向眾人通報這則不幸的消息：「英雄魯斯塔姆已死，扎瓦列與其他士兵也命喪異鄉。」

扎別爾斯坦的人民既憤怒又悲傷，爲死去的戰士們哭泣。扎爾哀痛欲絕：「我的兒子死了，生命與名譽再也沒有意義。魯斯塔姆與扎瓦列都是英雄，卻被沙卡德的奸計陷害。如今只剩我一個老人繼續苟活。即使毀滅整個世界，也無法安慰我的心。對我而言，這個世界已一文不值。」

他派法拉瑪茲率軍攻打喀布爾，把戰士們的遺體帶回扎別爾斯坦。法拉瑪茲帶著扎別爾斯坦的大軍來到，卻發現喀布爾的人民早已聞風逃離，留下空蕩的城市，顯得分外淒涼。

他來到獵場，找到了陷阱，把父親的遺體搬出來。法拉瑪茲先爲魯斯塔姆解下腰帶與衣裳，再替他擦洗身體，縫好刀傷。年輕的勇士親自爲父親梳理銀白的鬍鬚，再把父親的遺體裹在潔白的錦緞中，撒上麝香、樟腦與玫瑰花瓣。魯斯塔姆的身軀高壯，即使擺了兩張靈床都不夠用。最後，人們只得用高大的柚樹爲他打造棺木，再以金釘與象牙裝飾外觀。

扎瓦列的遺體也被搬出陷阱，細心地洗淨與整理。他的棺材是用榆樹打造而成，同樣撒上麝香、樟腦與玫瑰香水。人們也替忠心耿耿的戰馬拉赫什洗淨身軀，披上馬衣。

眾人忙碌了整整兩天，終於帶著勇士們的棺材回到扎別爾斯坦，途中不曾停留歇息。他們在花園裡挖了墓穴，讓兩位英雄得以在家鄉安息。扎別爾斯坦的居民全都前來致意，對魯斯塔姆與扎瓦列表達無盡的思念。墓穴封閉後，人們從此與傳奇英雄永別。

法拉瑪茲辦完喪事，率軍重新出征，攻打喀布爾的王宮。爲了提振士氣，他打開父親的寶庫，把財寶分送給每一個士兵。軍隊殺氣騰騰地趕赴喀布爾王宮，成功生擒國王，喀布爾的殘兵也倉皇逃離。

喀布爾國王被押送到魯斯塔姆喪命的獵場。他的雙手被緊緊綑綁起來，弓弦穿透了他的後背，使他的骨頭顯露在外。扎別爾斯坦人讓他的頭朝下，整個人倒懸在陷阱中。國王渾身泥汙，嘴裡吐出鮮血。他的四十個親人都被丟進火裡。沙卡德的屍體也被搬來，與一棵樹同時在火中焚毀。熊熊烈火不斷燃燒，直竄天空。

儘管軍隊凱旋而歸，扎別爾斯坦人依舊忘不了失去英雄的傷痛。整整一年，他們都穿著黑或藍的衣裳，表現哀悼之意。

魯達貝無法承受喪子之痛，一整個月不願進食。她的身形變得消瘦，神智也漸漸混亂。魯達貝把喪禮當成酒宴，還想從水裡抓出死蛇，當作食物吞下。侍女們看見了，嚇得把她帶回臥房，想盡辦法讓她恢復平靜。在侍女們的照顧下，魯達貝勉強吃了一餐，懷著憂傷睡去。

等魯達貝醒來，她望向守在她身旁的扎爾，輕聲說道：「我們的兒子已死，你我很快也會跟著離世。在最後的日子來臨前，我願把生與死的命運留給上天裁決。」她重新振作，把財產分送給窮人，並虔誠地爲兒子的靈魂祈禱。

魯斯塔姆的故事於斯結束，這就是英雄最後的結局。

第三部

神話生物

甘達爾弗（Gandarv）是住在海裡的怪物，形貌與龍相仿。牠的身軀異常龐大，站起來時，頭頂可與太陽同高，即便是深海的水面也只能淹到牠的膝蓋。牠的胃口非常大，據說一次可吞下十二個省份。英雄凱雷薩斯帕曾被牠拖進海裡，與牠大戰九天。最後，凱雷薩斯帕剝下了甘達爾弗的龍皮，用它緊緊綁住甘達爾弗。

（一）龍

在瑣羅亞斯德教的記載中，曾出現龍或類似龍的生物。

阿日達哈克（Aži Dahāka）長得像龍。牠有三顆頭，共有三雙眼睛與三張嘴。阿日達哈克也許是可以化爲人形的龍，或是可以化爲龍形的人。他與英雄伊麻（Yima，即《列王紀》中的賈姆希德）是死敵。阿日達哈克與伊麻的兄弟斯皮圖爾（Spitiyura）聯手，伊麻被他們鋸成兩半而死。最後，阿日達哈克被聖火之神擊敗。他的形象後來演變爲《列王紀》裡的蛇王佐哈克。

瑣羅亞斯德教的經文也曾提及一隻沉睡的龍。有天，英雄凱雷薩斯帕（Kərəsāspa）來到一座山丘休息，想要好好吃個午餐。他不知道這座山丘其實是隻睡龍。凱雷薩斯帕正在做飯時，龍被煙燻得驚醒，逼得英雄放棄午餐，盡速逃離。後來，凱雷薩斯帕重返舊地屠龍，爲失去的午餐報仇。據說這隻龍不僅頭上長角，還有巨大的眼睛與耳朵，有些被牠吃掉的人類甚至卡在牠尖銳的牙齒上。牠的身軀極長，凱雷薩斯帕在牠的背上跑了半天，才終於抵達牠的頭頂，用長矛殺死牠。

甘達爾弗（Gandarv）是住在海裡的怪物，形貌與龍相仿。牠的身軀異常龐大，站起來時，頭頂可與太陽同高，即便是深海的水面也只能淹到牠的膝蓋。牠的胃口非常大，據說一次可吞下十二個省份。英雄凱雷薩斯帕曾被牠拖進海裡，與牠大戰九天。最後，凱雷薩斯帕剝下了甘達爾弗的龍皮，用它緊緊綁住甘達爾弗。他筋疲力盡，決定暫時休息一會，請他的同伴負責看守。沒想到甘達爾弗竟趁機擺脫束縛，抓走了凱雷薩斯帕的家人與同伴。凱雷薩斯帕醒來後，潛入海底拯救他們，終於殺死了甘達爾弗。

在波斯文學裡，像龍這樣的生物常被描繪成巨蛇，或是有翅膀的蜥蜴。牠有一顆頭與一張嘴，嘴裡還會噴火冒煙。傳說中著名的屠龍勇士眾多：

一、法里東：在《阿維斯塔》裡，法里東殺死了阿日達哈克，成為偉大的屠龍英雄。而在《列王紀》裡，他不再是屠龍勇士，他的宿敵也變成了蛇王佐哈克。當法里東想要判斷如何分封國土時，他也曾變身為龍，考驗他的三個兒子。

二、凱雷薩斯帕：凱雷薩斯帕十四歲時，佐哈克派他前去屠龍。這隻龍在一場風暴後從海裡出現，自此盤踞在山上。為了抵抗龍的劇毒，凱雷薩斯帕在出發前先服用了解毒之藥。他用特製的弓射箭，正中龍的喉嚨，隨後再朝龍嘴射出長矛，用刻有龍頭形狀的棒子打死了龍。凱雷薩斯帕屠龍歸來，命人製作一支戰旗，旗桿頂端是金獅與月亮，旗上的圖案則是一隻黑龍。這支旗子代代相傳，之後來到魯斯塔姆手上。

三、薩姆：與他的先祖一樣，薩姆也曾在海邊用特製的長矛殺死了巨龍。

四、魯斯塔姆：魯斯塔姆屠龍的故事在《列王紀》與口述傳說裡都曾出現。有隻巨龍每隔七天都會在海邊出沒，魯斯塔姆便用牛皮包裹石頭與生石灰，帶到海邊當作誘餌。飢餓的龍一口吞下魯斯塔姆帶來的誘餌，胃隨即被炸開。龍死後，魯斯塔姆剝下龍皮，製成衣裳。後來，在他勇闖七關時，也有隻龍住在通往馬贊得朗的路途中。魯斯塔姆不知道自己誤闖了龍的領地，呼呼大睡。那隻會說話的龍從地底爬了出來，想趁英雄熟睡時偷襲，幸好神駒拉赫什及時警告，魯斯塔姆才能擊敗惡龍。

五、法拉瑪茲：身為魯斯塔姆之子，法拉瑪茲也曾經屠龍。在比讓的幫助下，法拉瑪茲殺死了一隻住在印度花崗岩山頂的龍。兩人躲在箱子裡，讓龍一口吞下，並用琥珀與麝香阻擋龍體內的惡臭。由於他們先前已服下解毒之藥，無法被龍的劇毒傷害。最後法拉瑪茲成功殺死惡龍。

六、古什塔斯帕：古什塔斯帕流落到羅馬時，除了替米林殺死住在森林中的巨狼，也在阿赫蘭的拜託下殺了一隻盤據山頭的龍。

七、埃斯凡迪亞爾：為了拯救落難的兩位姊妹，埃斯凡迪亞爾勇闖七關，並在第三關屠龍。

在民間故事中，龍通常與魔法一起出現。牠的體型龐大，猶如巨蛇，還會噴出可怕的烈火。龍有時住在水裡或水邊，有時住在地底的洞穴，有時則住在高山上。有些龍懂得用魔法隱形。龍通常負責守護成堆的寶藏、或是各種神奇的寶物與樹木。牠也會控制水源，以此強逼人們獻上少女或公主給牠當作食物。

有些故事裡的龍知恩圖報。牠會報答曾經救過牠的人，幫助他迎娶公主為妻。除了替主角吃掉危險的野獸，龍有時也會送給他帶有魔法的禮物。

（二）神鳥

神鳥斯姆爾格（Simurgh）築巢在擁有治癒能力的白赫姆樹上，此樹位於奧爾卡夏海中央。植物的種子從這棵樹的樹枝掉落於世，再由雨神蒂什塔爾降雨，讓雨水帶著種子流進田地。

神鳥的對手是一隻巨大的鳥怪。鳥怪現身時，可以讓大地陷入乾旱。只要牠張開雙翅，就能遮蔽整個世界，雨水紛紛落在牠的翅膀上，滑回大海。人們因缺水紛紛死去時，飢餓的鳥怪也趁機吞食動物與人類。最後，英雄凱雷薩斯帕挺身而出，射殺了鳥怪，替世間除去禍害。

斯姆爾格可能還有同名的邪惡化身，住在高山上，宛如一團烏雲。這個邪惡化身可以輕鬆抓起鱷魚、豹或大象，且育有兩隻幼鳥。埃斯凡迪亞爾在勇闖七關時，於第五關殺了牠。

在《列王紀》裡，斯姆爾格是扎爾的導師兼守護者。扎爾出生時有著老人般的白髮，父親薩姆認爲他是不潔的妖魔，因此把他遺棄在厄爾布爾士山。斯姆爾格出外替幼鳥覓食時，恰巧發現了這個棄嬰。神鳥把飢餓得嚎哭的嬰兒帶回鳥巢，讓他與幼鳥一起長大。牠總是讓扎爾吸吮最柔軟的肉，讓肉中的血代替牛奶餵養這個嬰兒。

因爲這段經歷，世人常認爲扎爾通曉妖術。有些人爲了侮辱扎爾，就譏諷他曾在野外長大的這段過去，說神鳥當初之所以不吃他，只是因爲覺得噁心。其實斯姆爾格一直將扎爾視如己出。

扎爾成年後，薩姆做了一場怪夢，爲當初遺棄孩子感到懊悔。他來到厄爾布爾士山，希望能與兒子團聚，神鳥便將扎爾歸還給他。臨別之際，斯姆爾格拔下自己的一根羽毛，送給扎爾。將來只要他焚燒這根鳥羽，牠就會立即趕到他身邊。

扎爾第一次焚燒神鳥的羽毛，是在魯斯塔姆誕生時。斯姆爾格現身，教人們以酒替扎爾的妻子魯達貝麻醉，剖腹取出孩子，救了母子二人的生命。

扎爾第二次也是最後一次召喚神鳥，是爲了拯救重傷的魯斯塔姆與拉赫什。英雄與駿馬被埃斯凡迪亞爾用弓箭所傷。神鳥幫忙取出箭矢，治癒他們的傷口。牠也警告魯斯塔姆，殺死埃斯凡迪亞爾之人必會遭到詛咒。隨後，牠帶魯斯塔姆去尋找檉柳，教他製作神箭，破除了埃斯凡迪亞爾刀槍不入的神力。

（三）獨角巨獸

獨角巨獸（Karkadann）與西方傳說的獨角獸不同。牠的外表像犀牛，尾巴卻是獅尾。有些人認爲，獨角巨獸的形象實際上來自眞實世界裡的犀牛。獨角巨獸誕生於戰爭之中，因此生性好鬥，異常兇猛。牠的尖角是純金的，每隻腳上都長有三個蹄。在某些故事裡，獨角巨獸除了擁有三雙眼睛與九張嘴，還能任意變換外表。

民間傳說獨角巨獸喜歡聽鳥兒鳴唱。牠會痴痴地在鴿子築巢的樹下等待，只爲讓鴿子停在牠的尖角上歇息。

（四）神駒

拉赫什是英雄魯斯塔姆的駿馬，牠的名字意爲「光芒萬丈」。

魯斯塔姆初次遇見牠時，是爲了替自己尋找適合的戰馬。拉赫什的毛色猶如玫瑰葉子灑落在番紅花上。牠的體型雄壯，不僅擁有媲美獅子的前胸與肩膀，還有大象般的力氣。眾馬之中，拉赫什是魯斯塔姆唯一可以騎乘的馬，只有牠可以負載這位力大無窮的勇士。聰明絕頂的牠對魯斯塔姆非常忠心，常常拯救英雄脫離危險。拉赫什相當長壽。當魯斯塔姆被沙卡德陷害而死時，忠誠的拉赫什也隨主人而去。

貝赫扎德是夏沃什王子的駿馬，牠的名字意爲「擁有夜色的純種馬」。夏沃什被誣陷時，曾騎著牠穿越熊熊烈火，證明自己的清白。王子死後，他的兒子霍斯魯找到貝赫扎德，重新馴服了牠。霍斯魯晚年消失在風雪中，不知所終。傳說他並沒有死去，有天將騎著貝赫扎德重返人間，實行公理與正義。

莎布迪茲（Shabdiz）是薩珊王朝「得勝王」霍斯陸二世的駿馬，名字意為「午夜」或「夜色」。牠的毛色恰如其名，渾身烏黑。傳說莎布迪茲是世上跑得最快的馬。在愛情史詩《霍斯陸與席琳》裡，詩人描述莎布迪茲如何幫助主人贏得美人芳心：為了讓霍斯陸與席琳相見，莎布迪茲偷偷把席琳帶到霍斯陸面前，撮合了這對愛侶。

（五）妖魔

妖魔（Dīv）是有別於凡人的生物。他們的外型龐大又恐怖，通常是黑色的，渾身長滿毛髮，還有著長長的尖牙與利爪。有的妖魔耳朵巨大，有的長著一個以上的頭。有時候，妖魔也吃人果腹。

妖魔通常在白天睡覺，到了晚上才會出外活動。有些妖魔可以肆意變形，不只能變成獅子、馬或野驢這些動物，甚至可以變成龍或人類。他們也懂得使用魔法。在《列王紀》中，白妖施展法術，弄瞎了卡烏斯國王的眼睛。最後是魯斯塔姆殺死白妖，將白妖之血塗在國王與士兵的眼睛上，讓他們重見光明。《列王紀》的作者菲爾多西常用妖魔指稱邪惡之人，但他們也可能是驍勇善戰的敵軍戰士。

在遠古時代，國王會率領動物組成的大軍對抗妖魔。倘若妖魔被國王或英雄擊敗，並且倖存下來，他就會自願成爲忠心的奴隸。塔赫姆列斯與賈姆希德都曾經控制妖魔，塔赫姆列斯因此還獲得「降伏妖魔之人」的稱號。妖魔通常會把一些特別技能傳授給他們的主人，譬如書寫文字或是如何建造宏偉的建築。傳說魯斯塔姆曾與妖魔戰鬥，最後成功制服妖魔，讓他成爲自己的僕人。法拉瑪茲在打敗妖魔後，用馬蹄鐵穿過妖魔的耳朵，來表示收他爲奴。這個妖魔自此全心侍奉法拉瑪茲，還替他向公主求親。事實上，在民間故事裡，妖魔與英雄摔角時會承諾：「如果你贏了，我就當你的奴隸。」而輸掉摔角的妖魔也會遵守諾言。

《列王紀》裡的扎爾生來有著白髮，因此被父親遺棄。但是在另一個版本的傳說裡，他出生時有著一頭金髮，他母親爲此想要殺死他，甚至得到妖魔的幫助。

民間故事裡的妖魔不一定總是反派，他們有時也是主角的得力助手。主角只需焚燒一撮妖魔的毛髮，就能召喚他們前來。這些妖魔可以保持清醒或沉睡很長一段時間，也懂得變形與使用魔法。關於妖魔還有其他傳說。曾有故事提到一座妖魔之島，島上居民不僅有自己的語言，還非常喜愛鐵。他們會游泳，用寶石向經過的船隻交換鐵。

有時，妖魔會把自己的姊妹嫁給人類。也有妖魔覬覦人類女子，強娶她們爲妻。妖魔的巢穴通常設在井底，他會躲在那裡，把頭靠在人類新娘的大腿上熟睡。這些新娘大多對妖魔丈夫深惡痛絕，但也有少數新娘喜歡上了她們邪惡的丈夫，反過來與他一起迫害人類。

英雄總會趁著妖魔熟睡時刺傷妖魔的腳，與之大戰，最後砍斷他們的手或腳。但是，只有摧毀妖魔的靈魂才能眞正殺死他們。爲了保住性命，妖魔會將自己的靈魂藏在某個地方，譬如盒子、魚或是其他動物體內。英雄最終會找到方法殺死妖魔，或者選擇留下妖魔的性命。

（六）惡夢女妖

在民間故事裡，惡夢（Baktak）是一位有著恐怖外貌的女妖。

據說她原本是亞歷山大大帝的女奴，與眾人一起陪伴亞歷山大尋找生命之水。人們發現生命之水後，立刻把水倒進羊皮囊裡收藏。但在他們帶走水之前，一隻烏鴉突然飛來，用鳥喙刺破皮囊。水漏了出來。女奴趕忙用雙手接住，喝下了生命之水，她與烏鴉因此獲得永生。亞歷山大震怒，命人砍下女奴的鼻子，這也是爲什麼惡夢女妖從此只能用陶土替自己捏一個假鼻子。

惡夢女妖據說知道寶藏藏匿的地點。只要女妖出現在一個睡覺的人身上，那個人就會被惡夢所擾，這時如果他醒來，可以用力抓住女妖的鼻子。女妖爲了保住鼻子，會說出寶藏的所在地。所以，如果想要驅走惡夢，只要動動手指就好。

後記

打開通往古老傳說的門

初次接觸波斯神話，很難不為它的淒美壯烈而感動。正是這些傳說，以及詩歌傳唱的人物，構成我們今日所知的波斯神話故事。但願讀者能藉由本書，打開另一扇通往古老傳說的門。

書中收錄的故事分爲三部分。第一部講述善惡二神的對立，內容與譯名參考E・W・韋斯特（E. W. West）翻譯的波斯經書《班達希申》（The Bundahishn，意爲「創世」），以及元文琪翻譯的古經《阿維斯塔》（Avesta）。第二部述說列王與英雄的事蹟，取材自波斯詩人菲爾多西（Ferdowsi）的史詩《列王紀》（Shahnameh），內容與譯名則參考張鴻年、宋丕方翻譯的版本，以及亞瑟・喬治・華納（Arthur George Warner）與艾德蒙・華納（Edmond Warner）兩兄弟翻譯的英文版。第三部介紹神話生物，主要由「伊朗百科」（Encyclopædia Iranica）及各處資料集結而成。

在波斯神話故事裡，最令人難忘的可說是列王與英雄的傳奇。藉由詩人菲爾多西的文字，他們的事蹟得以流傳後世。菲爾多西在西元十至十一世紀間，耗費三十五年完成巨作《列王紀》，歌頌波斯的不朽神話與歷史。

這些故事有著許多奇特又鮮明的人物，譬如白髮勇士扎爾、大力士魯斯塔姆。諸王之中，有賢主也有昏君。女性角色不只有美麗的公主、堅毅的母親，也有邪惡的王后，以及不讓鬚眉的女戰士。

《列王紀》共有四大悲劇，亦收錄於本書中。伊拉治、蘇赫拉布、夏沃什、埃斯凡迪亞爾四位王子，他們的悲劇都源自父子之間的矛盾，富有濃厚的淒美色彩。在悲傷的故事外，有血腥的戰爭，也有圓滿的喜事。有英雄與公主的愛情，也有妖魔帶來的威脅。然而最動人的，莫過於英雄們逐漸隨時間老去。他們若不是在戰場上犧牲，便是於紛飛大雪中，或是與生命最後一搏之際，離開了這個世間。

本書讓列王與英雄的故事隨魯斯塔姆之死結束。其實，《列王紀》在之後還講述了許多精彩的故事，登場的角色也各有迷人之處。然而，魯斯塔姆之死或許是最適合告一段落的篇章。他既是這些故事裡最著名的英雄，他的死也標誌著神話的結束。

時光流逝，英雄衰老死去。他們留下的故事仍像一首悠長的歌謠，繼續向世人講述那些值得銘記的傳說。

國家圖書館出版品預行編目資料

波斯神話故事【更新版】／邱劭晴著
—— 二版. ——臺中市：好讀出版有限公司, 2024.6
面：　公分，——（神話誌 ；7）

ISBN 978-986-178-722-0（平裝）

1.神話　2.波斯

283.61　　113005997

好讀出版

神話誌 7

波斯神話故事【更新版】

作　　者／邱劭晴
總 編 輯／鄧茵茵
文字編輯／莊銘桓、鄧語葶
美術編輯／鄭年亨
發行所／好讀出版有限公司
台中市407西屯區工業30路1號
台中市407西屯區大有街13號（編輯部）
TEL:04-23157795 FAX:04-23144188
http://howdo.morningstar.com.tw
（如對本書編輯或內容有意見，請來電或上網告訴我們）
法律顧問　陳思成律師

填寫讀者回函
獲購書優惠卷

讀者服務專線／ TEL：02-23672044 / 04-23595819#212
讀者傳真專線／ FAX：02-23635741 / 04-23595493
讀者專用信箱／ E-mail：service@morningstar.com.tw
網路書店／ http : //www.morningstar.com.tw
郵政劃撥／ 15060393（知己圖書股份有限公司）
印刷／上好印刷股份有限公司
如有破損或裝訂錯誤，請寄回知己圖書更換

二版／西元 2024 年 6 月 1 日
定價：250元

Published by How Do Publishing Co. ,LTD.
2024 Printed in Taiwan

ISBN 978-986-178-722-0

讀者回函

只要寄回本回函，就能不定時收到晨星出版集團最新電子報及相關優惠活動訊息，並有機會參加抽獎，獲得贈書。因此有電子信箱的讀者，千萬別吝於寫上你的信箱地址

書名：波斯神話故事

姓名：＿＿＿＿＿＿＿＿ 性別：□男 □女 生日：＿＿年＿＿月＿＿日

教育程度：＿＿＿＿＿＿＿＿＿＿＿＿＿＿

職業：□學生 □教師 □一般職員 □企業主管

□家庭主婦 □自由業 □醫護 □軍警 □其他＿＿＿＿＿＿＿＿＿＿＿＿

電子郵件信箱（e-mail）：＿＿＿＿＿＿＿＿＿＿＿＿＿＿ 電話：＿＿＿＿＿＿＿＿＿

聯絡地址：□□□＿＿＿＿＿＿＿＿＿＿＿＿＿＿＿＿＿＿＿＿＿＿＿＿

你怎麼發現這本書的？

□書店 □網路書店（哪一個？）＿＿＿＿＿＿＿＿＿＿ □朋友推薦 □學校選書

□報章雜誌報導 □其他＿＿＿＿＿＿＿＿＿＿＿＿＿＿＿＿＿＿＿＿＿＿＿＿

買這本書的原因是：＿＿＿＿＿＿＿＿＿＿＿＿＿＿＿＿＿＿＿＿＿＿＿＿＿

□內容題材深得我心 □價格便宜 □封面與內頁設計很優 □其他＿＿＿＿＿＿＿

你對這本書還有其他意見嗎？請通通告訴我們：

＿＿＿＿＿＿＿＿＿＿＿＿＿＿＿＿＿＿＿＿＿＿＿＿＿＿＿＿＿＿＿＿＿＿＿

你希望能如何得到更多好讀的出版訊息？

□常寄電子報 □網站常常更新 □常在報章雜誌上看到好讀新書消息

□我有更棒的想法

是否能與我們分享您嗜好閱讀的類型呢？

□文學 / 小說 □社科 / 史哲 □健康 / 醫療 □科普 □自然 □寵物 □旅遊 □生活 / 娛樂

□心理 / 勵志 □宗教 / 命理 □設計 / 生活雜藝 □財經 / 商管 □語言 / 學習 □親子 / 童書 □圖文 / 插畫 □兩性 / 情慾 □其他

我們確實接收到你對好讀的心意了，再次感謝你抽空填寫這份回函，請有空時上網或來信與我們交換意見，好讀出版有限公司編輯部同仁感謝你！

好讀的部落格：http://howdo.morningstar.com.tw/

好讀的粉絲團：https://www.facebook.com/howdobooks

填寫本回函，代表您接受好讀出版及相關企業，不定期提供給您相關出版及活動資訊，謝謝您！

請填妥後對折黏貼，直接投郵即可，無須貼郵票。

廣告回函
臺灣中區郵政管理局
登記證第 3877 號
免貼郵票

好讀出版有限公司　編輯部收

407 台中市西屯區何厝里大有街 13 號
電話：04-23157795-6　傳真：04-23144188

沿虛線對折

購買好讀出版書籍的方法：

一、先請你上晨星網路書店 http://www.morningstar.com.tw 檢索書目或直接在網上購買

二、以郵政劃撥購書：帳號 15060393 戶名：知己圖書股份有限公司並在通信欄中註明你想買的書名與數量

三、大量訂購者可直接以客服專線洽詢，有專人爲您服務：客服專線：04-23595819 轉 230 傳眞：04-23597123

四、客服信箱：service@morningstar.com.tw